KB233392

최신 보건의료법정책
세미나 I

한국학술정보㈜

최신 보건의료법정책 세미나 I

송기민 지음

한국학술정보㈜

머리말

　우리나라는 1960년대 정부 주도의 경제성장을 추구하면서 빠른 경제성장과 많은 사회발전 변화를 이루었다. 삶의 질도 빠르게 개선되어 평균수명은 늘고 영아사망률은 크게 줄어들었다. 정치적으로는 권위주의에서 탈피하여 민주주의적 사회질서가 정착되어가고, 국민의 교육수준과 국민의 권리에 대한 의식도 향상되었다. 또한 세계화 등 국제환경의 변화와 더불어 저출산·고령화시대가 도래하여 많은 사회문제를 야기하고 있고, 앞으로도 지속화될 것으로 전망되고 있다. 이러한 국내외적으로 변화하는 가운데 우리 사회는 '복지' 논쟁이 뜨겁다. 그 논의의 쟁점 가운데는 사회보장제도가 있고, 그 핵심에는 보건의료제도가 있다. 즉, 복지의 중심에는 보건의료제도가 있다고 해도 과언은 아닐 것이다. 이러한 보건의료 분야는 참으로 다학제적인 연구가 필요하다. 특히 이를 실현하고 정하는 법제적인 측면에서의 접근은 더욱 그러하다.

　일반 국민들은 보건과 복지에 대해 민감하다. 매달 지불하는 사회보험료와 민간보험료를 비롯하여 본인과 가족이 이용하는 병원과 의원 등 의료제도에 대해서도 그러하다. 즉, 건강보험, 산재보험 등 사회보험과 개인적인 민영의료보험과 연금보험에 대해서도 관심이 많다. 보험료가 오르는 것은 이해할 수 있다 하더라도 언제까지 올라가야 하는지는 답답하다. 사회보험료는 분명 중산층 가계의 가처분소득을 약화시킬 것이며, 이는 소비감소로 이어질 것이다. 저소득층 위주의 복지정책은 중산층의 추락을 촉진할 것이고, 이는 사회보험 재정에 악영향을 가져올 것이다. 이러한 암울한 시나리오는 저출산·고령사회를 만나 그 속도에 불을 지필 것이다.

　보건의료정책은 어느 한 학문분야에서만 접근하는 것은 안 된다. 법, 행정, 보건, 의료, 보험, 복지, 정책 등 다양한 학제 접근이 필요하다. 필자는 대학에서 강의하면서 이러한 고민 끝에 최근 이슈화되고 있는 보건의료법 정책에 대해 화두를 던지고자 한다. 그 주제로 의약분업정책, 보건의료기술발전과 임상시험, 건강증진과 담배사업규제정책, 건강보험과 자동차보험, 사회보험의 권리구제정책, 보건의료인력의 수급정책, 응급의료미수급대불정책과 이미 시작된 저출산·고령화의 재앙을 막기 위한 저출산·고령사회 대응 정책을 선정하였다. 하나하나 고민해볼 필요가 있고, 우리 사회가 해결해 나아가야 하는 주제라 생각된다. 이러한 주제는 헌법, 형법, 민법, 행정법, 의료법 등 법률, 보건행정, 보건경제 등 보건정책, 정의, 형평성 등 의료윤리, 건강보험, 자동차보험 등 사회보험 등이 걸쳐 있는 내용으로 각 주제마다 다양한 전문가가 접근해야 한다. 지금 우리 사회에서 일어나고 있는 복지논쟁은 사회복지전공자들만의 힘으로는 결코 풀 수 없다. 각 분야의 전문가가 다 머리를 맞대고 고민하여 미래사회에 청사진을 던져 줄 수 있어야 한다. 필자는 오래전부터 현 사회보험의 범위에 자동차보험과 노인장기요양보험이 포함되어야 한다고 생각해오고 있다. 이러한 생각에서 망설이다가 보건의료법 정책 분야에 다양한 전문가들의 논의가 이루어질 수 있는 계기가 되길 바라는 마음에서 부족한 글을 출간하기로 하였다.

본 저서의 내용에 대해 심층적이고 발전적인 논의가 이루어져서 실질적인 복지국가에 한 걸음 나아가길 바라는 마음 간절하다.

"구하라, 그러면 구해질 것이요. 찾으라, 그러면 찾아질 것이요. 두드리라, 그러면 열릴 것이니라(Ask, and it will be given to you; seek, and you will find; knock, and it will be opened to you)."

2012. 2
행당동 캠퍼스에서
송기민

CONTENTS

CONTENTS

제1장 의약분업정책

-의약분업 10년 현재와 미래에 대한 국민평가

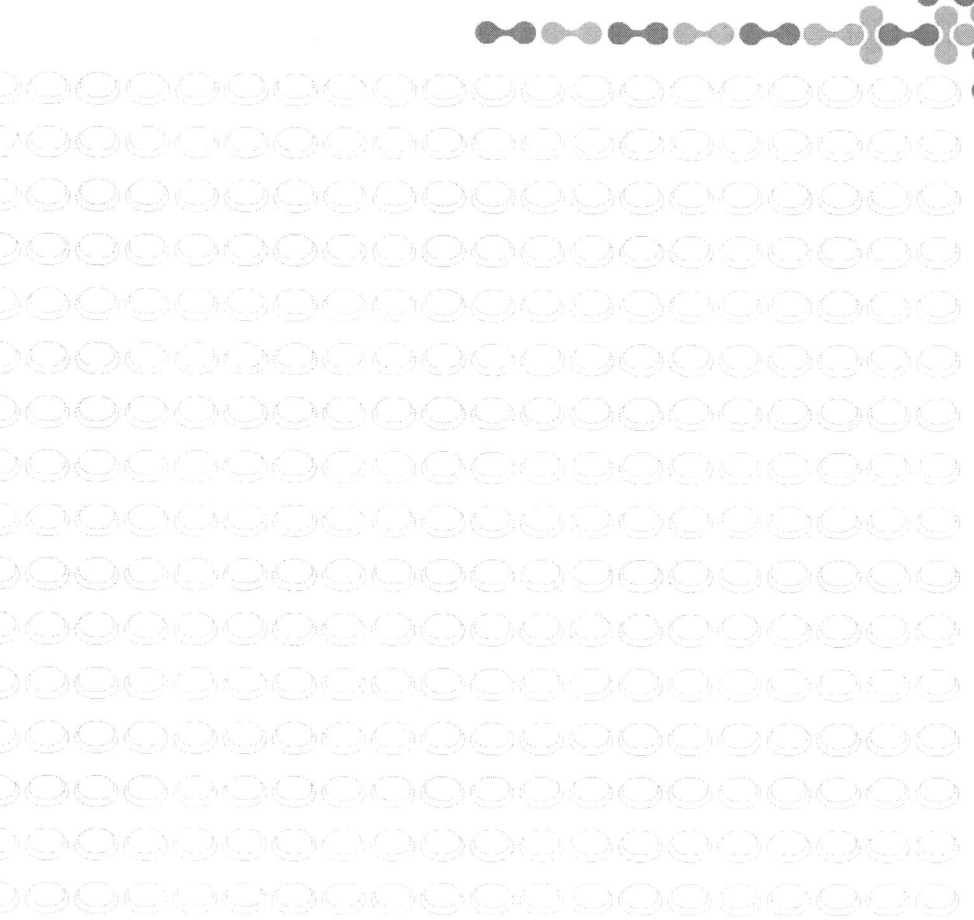

Ⅰ. 서론

　2000년 우리나라 보건의약계에 큰 획을 그은 사건은 바로 의약분업이다. 이해당사자 간의 의견이 첨예하게 대립되어 갈등이 심화된 가운데 2000년 8월 의약분업제도는 실시되었다. 이러한 의약분업에 대해 당초 기대효과를 이루지 못하고 보험재정과 환자불편만 야기했다는 비판과 의약품의 오남용을 감소시켰다는 긍정적인 평가가 엇갈리고 있다. 하지만 의약분업제도는 공과를 떠나 우리나라 의약계에 커다란 변화를 가져온 사건임에는 틀림없다. 의약분업제도라 함은 항생제 사용량 감소와 의약품 오남용방지, 의사와 약사 등 직업 간 분업화와 환자의 알 권리 신장, 질병의 조기발견 등으로 도입된 새로운 의약질서로서, 의약품을 전문의약품과 일반의약품으로 분류하여 전문의약품은 의사의 처방에 의하여 약국에서 조제·투약받을 수 있도록 하는 제도를 말한다.

　이처럼 의약분업은 국민의 생명과 건강을 위해 의사와 약사가 처방과 조제의 영역을 분리하여, 양질의 의료·약료 서비스를 제공함은 물론 환자에 대한 정보를 제공하여 알 권리를 충족케 함으로써, 무분별한 약물 남용을 예방하여 약으로 인한 피해를 줄이는 것이 의약분업정책의 궁극적 목적이라 할 수 있다. 이에, 의약분업이 누구를 위해 왜 만들었는지, 국민 편익과 권리보장 등 국민입장에서 과거보다는 미래지향적 차원에서 접근하여 그 의미를 알아보고, 발전적 개선책을 제시함과 아울러서 현행 공급자중심의 의·약서비스공급체계를 소비자중심으로 전환될 수 있도록 하는 재평가 촉구의 계기로 삼는다. 또한 2010년은 의약분업 실시 10년이 되고, 65세 이상 고령인구비율이 11.0%를 넘어서는 인구구조의 경고를 본격적으로 보내는 해이기도 하다. 이처럼 의약분업제도가 10년이 지난 지금에 국민의 건강과 사회보장차원에서, 또한 우리나라 보건의약계의 근간이 되는 제도로서 향후에도 저출산·고령사회에 부합될 수 있도록 하기 위함에 있다.

과거 우리나라 의료서비스 정책은 양적 성장정책에 초점을 두고 발전해왔다. 1977년 의료보험제도의 도입 이후 정부 의료정책은 공급기반의 확대에 주력하였다(이규식, 1995).[1] 우리나라 의약품은 광복 직후 소매·도매상이 혼재하여 공급되었고, 약사가 아닌 판매상에 의한 의약품 판매도 이루어졌으나, 의사와 약사 등 전문인력이 늘어나면서 보건의료 전문인력에 의해서만 의약품이 공급되었다. 그러나 의사의 직접조제, 약사의 임의조제 등 인력의 역할 구분이 명확히 이루어지지 않은 채 의약품이 공급되고 의약품 오남용 문제가 방치되는 실태가 수십 년간 해결되지 않고 있었다.

<표 1-1> 우리나라 의약품 발전의 시대별 주요 연혁

시대	연도	내용	비고
태동기	1945~1961	▷ 광복 직후 비타민, 항생제 등 기초적인 의약품에 한정되고, 그나마 대부분 수입에 의존함 ▷ 약사법 제정(1953), 의약품 생산을 국산화(1960), 수입의약품 공급체계	
기반 확충기	1962~1976	▷ 의약품의 국산화, 제약 산업의 성장 등 ▷ 의약품 관련 규정과 행정 정비 ▷ 1963년 약사법 개정으로 의약분업 원칙 최초 규정	
양적 확대기	1977~1994	▷ 1977년 건강보험 도입 ▷ 제약 산업의 질적·양적 성장 ▷ 1977년 '우수의약품제조 및 품질관리기준(KGMP)' 제정 고시 등 선진의약품 관리체계 도입 등	
건강 정책기	1995~1999	▷ 1994년 우루과이라운드협상과 1995년 세계무역기구(WTO) 출범과 가입 등 ▷ 의약품 시장의 세계화에 따른 약가제도 개편과 의약분업 추진 ▷ 국내최초 신약개발-위암치료제 '선플라주(1999)'	
질 향상과 선진화기	2000년 이후	▷ 의약분업 실시(2000.8) ▷ 우수원료의약품생산 및 품질관리기준(BGMP, 2002)	

자료: 『한국경제 60년사 Ⅴ』(2010)의 재구성.

---

1) 의료접근도 향상은, 외형상으로 볼 때 의사의 수는 OECD 평균에 근접하고 급성기 병상 수(5.2)는 OECD 국가 중앙값(3.1)의 2배에 이르는 양적인 성장을 이루었다.

당시, 의사가 의약품을 직접 조제하는 것이 가능, 약사들도 진료행위에 해당하는 행위를 하고 약의 남용을 부추겨 국민들은 의사의 처방전이 없어도 약국에서 항생제 등 전문의약품을 마음대로 구입할 수 있었다. 이 때문에 분업 전에는 처방의 오류뿐만 아니라, 항생제의 내성률이 의약분업을 실시하고 있는 국가에 비해 6~7배 이상 높고, 건강보험 환자의 약 60%가 항생제 처방을 받는 등 의약품 오남용이 심각하였다. 전체 의료비 중에 약제비 비중도 높아 의약품의 과잉 투약을 방지하고 불필요한 의약품 사용량을 줄이며 의약품 거래의 투명성을 제고하여 약제비를 절감해야 한다는 필요성이 대두되었다. 이에, 2000년 8월 정부는 의약품 오남용 방지, 약화사고 예방, 과잉투약 방지, 불필요한 의약품의 소비감소, 국민의료비용의 대폭 절감 등을 목적으로 의약분업정책을 시행하게 된 것이다.

II. 의약분업의 효과

의약분업 실시로 인한 직접적인 영향과 효과 파악부터 평가가 시작되어야 한다. 이를 위해 시행 당시 전후 비교가 직접적인 효과 파악에 적합하다고 본다. 10년이 지난 현재의 평가는 또 다른 차원으로 해석될 수 있다. 즉, 시행 당시와 현재 사이에 관련된 의약정책의 시행과 사회여건의 변수 개입 및 불편의 체감도 등은 의약분업과 그로 인한 변수가 복합작용된 것으로 볼 수 있다. 따라서 본 장에서 제시하는 효과는 의약분업 실시 당시 전후 비교이며, 현재의 상황과는 다소 차이가 있다.

1. 의료기관 이용 증가

한국보건사회연구원(2002)의 연구결과에 의하면 2001년을 기준 의약분업 이후 외래환자 방문수는 10.08%, 실인원수는 연간 약 200만 명 정도 증가한

것으로 나타났다[2])

2. 건강보험 재정지출 증가

『한국경제 60년사』(2010)에 의하면 의약분업 실시에 따른 2000~2001년 직접적인 건강보험 재정지출은 의료기관 외래방문증가, 처방료와 조제료 신설, 수가인상 등으로 총 1조 3,410억 원이 증가되었다고 한다(<표 1-2>).

<표 1-2> 의약분업 실시에 따른 재정지출 증가분

구분	재정지출 증가분	비고
총	1조 3,410억 원	
의료기관 외래방문 증가	2,882억 원	
처방료와 조제료 신설 증가	5,952억 원	
수가인상 등 복합요인	4,576억 원	

자료: 『한국경제 60년사 Ⅴ』, 한국경제60년사 편찬위원회, 2010, 102면의 재구성

3. 항생제 사용 감소

장선미(2004) 연구는 1999~2002년 각 연도의 진료개시일이 2월과 8월인 의료기관 심사 데이터 분석[3])에 의하면 항생제 처방률 감소, 항생제 사용량 감소 결과를 나타내고 있다. 우선, 항생제 처방률 감소를 보면, 의원 외래의 항생제 처방률(<그림 1-1>)을 2월분끼리 비교할 때 1999년 58.69%에서 2002년 45.36%로 감소했으며, 8월분도 1999년 50.64%에서 2002년 41.43%로 줄어들었다.[4])

---

2) 과거 약국 조제 건수의 추정치가 연간 2억 1천만 건이며 2001년 의료기관 외래 순 증가분이 연간 약 4천 3백만 건이므로, 약국 조제 이용 건수 중 약 20.5%가 의약분업 이후 의료기관 외래로 이동한 것으로 추정됨. 또한 의료이용은 종별기준으로 볼 때 의원급 의료기관 이용의 증가가 두드러짐. 종합전문: -5.91%, 종합병원: -5.95%, 병원: -3.27%, 의원: +14.81%, 보건기관: -17.00%.
3) 계절별 질병구성의 차이를 보정하기 위해 각 연도 동일 월(2월분, 8월분)끼리 비교함.

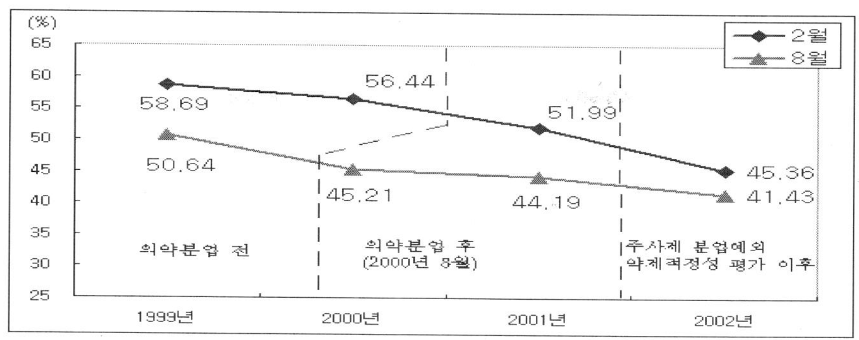

<그림 1-1> 건당 항생제 처방률(의원 외래)

그리고 사회전체의 항생제 사용량 변화를 보면, 한국보건사회연구원(200 2)[5] 표준단위(DDD: Defined Daily Dose)를 적용하여 항생제의 함량, 단위 차이를 표준화한 후, 의약분업 전후 사회 전체의 항생제 사용량 변화를 파악한 결과에서도 전체 항생제 사용량은 의약분업 이후 지속적으로 감소하였다.[6]

<표 1-3> 표준단위(DDD: Defined Daily Dose)를 적용한 항생제 사용량 변화

구분	1998년	1999년	2001년	2002년	비고
사용량	28.8	31.8	21.8	19.7	

4. 방문당 투약일수 증가

장선미(2004) 연구는 1999~2002년 각 연도의 진료개시일이 2월과 8월인 의

---

4) 종합전문병원 외래는 의약분업 이전부터 항생제 처방이 15% 미만이었음. 호흡기계 질환의 경우 동일 질병에서 의원외래에 비해 종합전문병원외래의 항생제 처방률이 낮음(<표 1-8> 참조).

5) 한국보건사회연구원, 『항생제 내성발생요인에 관한 상관성 연구』, 한국보건사회연구원, 2002.

6) 의약분업 전: 1998년 28.8(DDD/1,000명/일), 1999년 31.8(DDD/1,000명/일), 의약분업 후: 2001년 21.8(DDD/1,000명/일), 2002년 19.7(DDD/1,000명/일).

료기관 심사 데이터 분석에 의하면 방문당 투약일수 증가, 투약일당 약품비 증가 결과를 나타내고 있다. 의약분업 이후 방문당 투약일수가 증가하였는데, 이는 의료기관 및 약국 이중방문에 따른 환자 불편을 고려하여 투약일수를 증가시키는 방향으로 진료행태가 변화된 것으로 판단되고(<그림 1-2>), 만성질환의 경우 지속적 방문당 투약일수 증가는 바람직한 것으로 볼 수 있다. 투약일당 약품비는 증가하였다. 투약일당 약품비는 의원 외래, 종합전문병원 외래 모두 의약분업 이후 증가하고 있고 이는 상대적으로 가격이 비싼 의약품 선호 현상으로 해석된다.

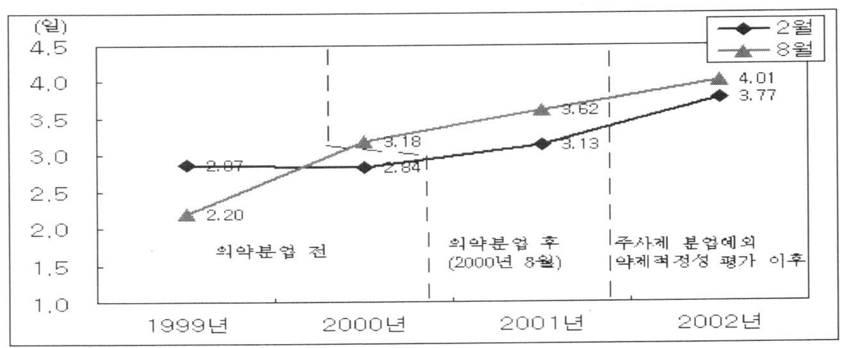

<그림 1-2> 방문당 투약일수(의원 외래)

5. 의약분업 실시 이후 만족도

국민의 불편을 초래하였다. 신의철(2002.3) 등 조사에 의하면, 국민들의 89.9%가 의약분업 제도가 변경되어야 한다고 응답하였고, 이 중 개선이 필요한 부분으로 비용 측면 80.4%, 소요시간 측면 77.0%, 절차 측면 75.2%로 조사되었다. 또한 한국보건사회연구원의 연구조사에서는 80% 이상, 한국갤럽(2001.7) 실시 여론조사에서 의약분업에 대해 70.7%가 불편함을 지적하였다. 특히 병원에서 약국 이동이 가장 불편하였다. 불편사항을 보면 병원에서 '약국으로의 이동(40%)'이 가장 많고, 처방전 발급에서 조제까지 '절차 복잡(26.7%)', 처방받은 '약의 미구비(13.4%)' 등으로 조사되어, 제도 시행 초기 익숙지 못한 것에서 비롯되는 불편함으로 해석된다. 또한 약 구입을 위해 '여러 약국 방문'을 불편사항 중 주요한 것으로 나타났다. 이처럼 약의 미구비로 인해 '여러 약국 방문'에 대한 임국환(2006) 연구에 의하면, 첫 번째 약국에서 조제 못한 경우가 23.8%이고, 세 번째 약국에서 구입한 경우가 25.2%, 다섯 번째 약국에서 구입한 경우가 25.2%인 것으로 조사되었다. 이렇게 여러 약국을 찾아다닌 이유는 처방약품이 없어서가 30.4%이고, 대기시간이 길어서 이동한 경우도 33.1%나 되었다. 그리고 불편함으로 인하여, 의약분업평가단(2001)에 따르면 '아프지만 참는다'는 비율이 의약분업 전 2.6%에서 분업 후 10.1%로 증가하였고, 감기와 같은 가벼운 질환 시 63.3%가 의료기관을 이용한다고 하였으나(2000.11, 의약분업평가단 조사 시), 2002년 5월, 한국보건사회연구원 실시조사에서는 '그냥 참는다'가 41.6%로 조사되었다.

6. 알 권리의 신장

의약분업 실시로 인하여 환자가 받는 의약서비스의 내용인 처방전이 최초로 공개되었다. 의사가 진료한 후 투약할 약품의 명칭 이외에도 환자의 인적사항, 의료기관 관련사항, 질병분류기호, 처방의사 인적사항, 처방의약품의 명칭, 투약량 등의 의약정보가 담긴 처방전을 환자보관용과 약국제출용 2매를 발행하게 함으로써, 환자의 알 권리 신장에 크게 기여하였다. 또한 의약품의 포장마다 제조업소명 및 제품명의 표시, 복약지도 등도 환자가 복용하는 약에 대한 정보를 제공하여 환자의 알 권리 신장에 기여하였다.

Ⅲ. 의약분업 실시에 대한 타당성 논의

1. 의약분업 시행에 의한 명암

　의약분업의 실시로 인한 긍정적 측면이 있다. 전문의약품에 대해서는 처방전 없이 구입하지 못하도록 함으로써 약물의 오남용에 대한 책임소재를 명확히 할 수 있게 되었다. 또한 항생제 및 주사제 소비에 대한 경각심을 확대, 의사의 처방 공개로 환자의 알 권리가 신장, 국민들이 제도 운영 주체의 하나라는 인식 확대 등 의사와 약사의 역할 변화를 통해 환자에게 보다 나은 의약서비스를 제공할 수 있게 되었다. 그 반대로, 의약분업의 실시로 인한 부정적 측면을 살펴보면, 임의조제가 금지된 이후 환자들의 의료기관 이용이 증가하였으나 의료기관에서 고가 약 처방이 줄지 않고 과잉투약의 문제가 많아졌다. 의약품 리베이트가 횡행하면서 약품비가 크게 증가하였다. 파업의사들을 진정시키기 위해 의료수가를 4차례 인상했고 약사들에게는 약국관리료, 기본조제기술료, 복약지도료, 조제료, 의약품관리료 등 새로운 수가를 인정해주면서 건강보험재정의 악화로 나타났다. 국민들은 약국으로의 이동 불편과 처방전 발급에서 약 조제까지 절차가 복잡하고 시간이 많이 걸리게 되면서 불편을 호소하고, 분업 이후 약품비 적정화 방안을 추진하려고 했던 노력이 의료계가 동의하지 않아 실효성을 거두지 못했고 의약분업을 통한 국민의 권익과 알 권리 확대수준이 기대했던 것에 비해 미흡한 점이 지적된다.

2. 의약분업 결과의 양면적 함의

　의약분업의 실시는 앞에서 살펴본 바와 같이, 직접적으로 의료기관 이용 증가, 재정지출 증가, 항생제 사용 감소, 투약일수 및 투약일당 약품비 증가, 국민 불편 증가와 그로 인한 가벼운 질병은 참는 결과 및 환자의 알 권리 신장의 결과를 가져왔다. 재정지출 증가의 주요 요인 중 하나인 약제비 증가는 배은영 · 최상은(2006)[7]의 연구결과에 따르면, 의약품 사용량의 증가와 고가의 약품의 사용경향이 주도한 것으로 보고하고 있다. 이 중 의약품 사용량의 증가는 건당 처방일수의 급격한 증가로, 그 원인은 당뇨 · 고혈압 등 만성질환 진료 건수 증가로 나타났다.[8] 이러한 고혈압 · 당뇨 등 만성질환의 증가로 인한 처방건수 및 건당 처방일수, 약제비 증가가 건강보험 등 재정지출을 야기한 것이다. 하지만 만성질환의 특성상 지속적 관리가 필요하고, 꾸준한 복약이 합병증, 사망률 등을 낮출 수 있는 방안이므로, 이들 약제의 사용 증가를 부정적으로만 볼 수는 없다.

또한 의료기관 이용증가도 재정지출 증대와 질병조기발견 등의 효과를 동시에 갖고 있고, 병의원 및 약국방문에 따른 이동, 대기, 절차 등의 불편함은 '참음'으로 이어져 불필요한 의약남용을 방지할 수 있는 반면, 의료서비스의 접근도를 떨어뜨려 질병의 조기발견을 어렵게 하는 요인으로 해석될 수도 있다. 이처럼 의약분업 실시에 따른 분석결과가 주는 함의는 양면적이라 할 수 있다. 또한 의약분업의 영향이 광범위하고, 비교적 장기간 지속적으로 시행되는 특성상 순수하게 의약분업만의 영향을 평가하기에는 어려운 점이 많다.

3. 평가방법의 한계

국민의 불편과 향상된 편익 등의 평가에 한계가 존재한다. 삶의 질 향상, 노동생산성의 증대, 치료효과 및 사회적 질병비용의 감소 등 의약분업에 따른 성과를 계량화하는 데 한계가 있고, 계량화하여도 그 평가의 설득력을 담보할 수 있을지도 의문이다. 의약분업 실시 이후 주요한 의약정책들이 시행되었는데 처방일수 60일 제한폐지(2001.7), 약제적정성 평가실시(2001.9), 약가 재평가(2002), 항생제 처방률 공개(2006.2), 보험의약품 선별등재제도 · 약가협상제도 · 사용량

---

7) 배은영 · 최상은은 2001년 상반기~2004년 상반기 건강보험 약품비 증가율을 기여요인별로 분석하였다.
8) 의약품 사용량은 처방 건수, 처방전당 의약품 품목 수, 처방 건당 처방일수의 영향을 받으나, 약품목 수, 처방 건수에는 큰 변화가 없는 반면 처방일수는 급격히 증가하고 있다.

- 약가 연동제(2006), 건강보험의 정착화, 실거래가 상환제도, 신의료기술 등(미결정행위 등) 상대가치점수 및 상한금액, 의약품경제성평가의 신청 등 중요 이슈가 많았다. 이처럼 의약분업 시행 이후 관련된 많은 의약정책들이 추가 시행되고 병행되어, 의약분업 효과만을 별도 분리 판단하기에는 한계가 있다.

4. 대내외적 여건의 변화와 성숙

한국은 1960년대 정부 주도의 경제성장을 추구하면서 빠른 경제성장과 많은 사회발전과 변화를 이루었다. 우선 한국의 1인당 국민소득은 2008년 가격으로 1960년 148만 원에서 2008년 2,120만 원으로 14.3배 증가하였고, 미국 대비 비율은 1970년 16%에서 2007년 54%로 상승하였다(『한국경제 60년사 I』, 2010, 1면). 이와 함께 삶의 질도 빠르게 개선되어 평균수명은 1960년 52.4세에서 2007년 79.6세로 1.5배 늘어났으며, 영아사망률은 1960~1965년 출생 1,000명당 70.0명에서 2008년 3.4명으로 크게 줄어들었다. 정치적으로는 권위주의에서 탈피하여 민주주의적 사회질서가 정착되어가고 있다(『한국경제 60년사 I』, 2010, 1면). 또한 국민의 교육수준도 1970년 고등교육 취학률이 11.4%에서 2008년 70.5%로 향상되고, 국민의 권리에 대한 의식도 향상되었다. 또한 세계화 등 국제환경이 변화하였다. 세계무역기구(WTO), 도하개발어젠다(DDA), 자유무역협정(FTA) 체결 등 보건의료를 둘러싼 국제환경도 변화되었다.

고령화의 심화와 질병패턴이 변화되었다. 세계에서 가장 급속한 인구고령화는 급성기 질환에서 만성질환의 증가와 노인의료비의 증가 및 사회보장 부담의 증가 등으로 많은 사회문제를 야기하고 있고, 앞으로도 지속될 것으로 전망되고 있다.

5. 환자 중심의 의료패러다임 전환

과거 동양의학체계에서 서양의학체계로의 전환과 의약의 독점적 권력집중을 분산시키고, 의료소비자로서의 환자권리를 신장시키는 환자중심의료는 의료패러다임이 진화하는 필연적 과도기적 산물이다. 의료서비스에 대한 수요가 질적으로 변화하고, 양적으로 증대되고, 의료공급의 계속적인 확대와 의료공급체계 간의 경쟁이 늘어나면서 기존의 의료패러다임이 변화하고 있다. 이러한 변화는 질병의 구조변화가 기인한 점이 있다. 즉, 질병의 '불확실'하다는 특징과 지속적 관리를 요하는 노인성 질환과 암, 고혈압, 당뇨 등과 같은 만성질환이 급증하여 질병과정이 평생 진행된다는 특성 때문에 질병에 대한 관념또한 변화하게 되었다(황주성, 2005). 즉, 의사에게 전적으로 맡기지 않고 환자스스로 관리하여야 할 건강으로 인식하고 있다는 것과 의료공급자들이 의료경영의 한 방법으로 환자 중심의 병원 마케팅 개념을 도입하게 된 것에 기인한다(주영수, 2005). 근대 의료서비스는 근거중심의학(evidence-based medicine)과 환자중심의학(patient-centered medicine) 두 가지 주요 패러다임에 의하여 영향을 받았다.9) 근거중심의학은 질병-지향적(disease-oriented)이고 의사-중심(doctor-centered) 접근이지 환자-지향적(patient-oriented)이 아니다. 즉, 환자중심은 질병중심과 의사중심의 반대개념으로, 환자의 요구 및 기대에 따라 상담의내용이 다루어지는 의사와 환자의 의사소통을 중시하는 개념으로 패러다임이전환되고 있다.

6. 타당성에 대한 법적 검토

가. 의약분업의 법적 근거

의약분업의 법적근거는 「약사법」 제23조(의약품조제) 내지 제30조(조제기록부)의 규정과 「의료법」 제18조(처방전 작성과 교부)의 규정에 직접적인 근거를 두고 있다. 또한 「약사법」의 규정에 의한 약사의 조제권은 「약사법」 제

---

9) 환자중심의학의 개념 자체는 인류에 대한 의료의 역사와 동일하게 발전해왔다. 다만 사전고지의무 등과 같이 환원주의적 의과학 체계에서 근래 재발견한 것이라 할 것이다(Bernat과 Petersno, 2006).

23조의 규정에 의하여 조제권을 보장하고 있으며, 제3조의 규정에 의하여 면허제도로서 보장하고 있고, 의료법에 의한 의사의 진료권은 「의료법」 제12조의 규정에 의하여 진료권을 보장하고 있으며, 제5조의 규정에 의해 면허제도로서 보장하고 있다.

나. 면허제도

의사의 진료권과 약사의 조제권은 관련 법령상의 근거규정 이외에도 면허제도로서 두텁게 보장하고 있다. 이러한 의사와 약사의 면허제도는 다른 자격제도와 달리 배타적 특혜와 이에 따른 일정 의무를 법에 의하여 부여하고 있는 것이다.

다. 건강권

건강권의 헌법적 근거로는 「헌법」 제10조[10]의 행복추구권, 제34조[11] 및 제36조 3항[12]에서 건강권에 대해 규정하고 있고, 「보건의료기본법」 제10조는 "모든 국민은 이 법 또는 다른 법률이 정하는 바에 의하여 자신과 가족의 건강에 관하여 국가의 보호를 받을 권리를 가진다"고 명문화하고 있다.

라. 진료권과 조제권의 권원(權原)

진료권과 조제권을 비롯하여 의사 및 약사의 면허는 법에서 부여한 권한이

---

10) 「헌법」 제10조 모든 국민은 인간으로서의 존엄과 가치를 지니며, 행복을 추구할 권리를 가진다. 국가는 개인이 가지는 불가침의 기본적 인권을 확인하고 이를 보장할 의무를 진다.
11) 「헌법」 제34조 모든 국민은 인간다운 생활을 할 권리를 가진다. 국가는 사회보장, 사회복지의 증진에 노력할 의무를 진다. 국가는 재해를 예방하고 그 위험으로부터 국민을 보호하기 위해 노력해야 한다.
12) 「헌법」 제36조 ② 모든 국민은 보건에 관하여 국가의 보호를 받는다.

고, 이 권한은 「헌법」 제1조13)를 비롯한 법치주의14) 등 근본정신에서 비롯된 것이다. 즉, 법은 곧 국민의 주권에서 비롯되는 것이므로, 결국 국민은 의사와 약사에게 국민의 건강을 책임 지우면서 해당 분야에 독점권을 인정한 것이다. 따라서 약사와 의사는 자신의 노력이나 약사회와 의사회가 부여한 권한으로 해당 직업을 갖게 되고 그 직업수행의 특권을 갖게 되었다고 생각하는 것은 곤란하고, 주권자인 국민이 법에 의해 권한과 책임을 부여하였음을 알아야 한다.

마. 알 권리의 확대

알 권리(Right to know)라 함은 모든 정보원으로부터 일반적 정보를 수집하고 처리할 수 있는 권리를 말하는 것으로서, 「보건의료기본법」 제11조15)에서는 보건의료에 관한 알 권리를 명문화하고 있다. 의약분업은 처방전 발행으로 헌법상 보장된 행복추구권, 인간존엄성과 가치권, 건강권 및 보건의료기본법상의 보건의료에 대한 알 권리의 실현과 알 권리의 신장 및 의료선택권 등 기본권 보장을 확대하였다.

---

13) 「대한민국헌법」 제1조 ① 대한민국은 민주공화국이다. ② 대한민국의 주권은 국민에게 있고, 모든 권력은 국민으로부터 나온다.

14) 법치주의 개인의 자유과 권리 등 기본권을 보장하기 위하여 법률로써 행정을 규제하여 자의를 막으려는 데에 근본취지가 있는 주의로서, 우리 헌법 전반에 걸쳐 그 이념을 선언하고 있다.

15) 「보건의료기본법」 제11조(보건의료에 관한 알 권리) ① 모든 국민은 관계 법령이 정하는 바에 의하여 국가 및 지방자치단체의 보건의료시책에 관한 내용의 공개를 청구할 권리를 가진다. ② 모든 국민은 관계 법령이 정하는 바에 의하여 보건의료인 또는 보건의료기관에 대하여 자신의 보건의료와 관련한 기록 등의 열람이나 사본의 교부를 요청할 수 있다. 다만, 본인이 요청할 수 없는 경우에는 그 배우자·직계존비속 또는 배우자의 직계존속이, 그 배우자·직계존비속 및 배우자의 직계존속이 없거나 질병 기타 요청을 할 수 없는 부득이한 사유가 있는 경우에는 본인이 지정하는 대리인이 기록의 열람 등을 요청할 수 있다(시행 2010.12.30; 법률 제9847호, 2009.12.29, 타법개정).

Ⅳ. 선진화된 의약관리체계 구축

서구에서는 이미 800년 전부터 의(醫)와 약(藥)이 나뉘었고 200년 전 산업혁명 이후 의약분업이 본격화되었다. 반면 한국은 수천 년 동안 동양철학적이고 관념적 문화로서 19세기 말 서양의료가 전파됐지만 의약이 분리되지 못했다. 이런 차이를 극복하고 지난 2000년에 의약분업을 도입하고, 처방과 조제를 분리할 수 있었던 것은 미래의 보건의료로 나아가기 위한 단초를 마련했다고 볼수 있다. 의료공급자와 의약품 공급자 간의 심각한 갈등 야기와 이해당사자 및 국민들이 부담한 사회적 비용도 크고, 국민 입장에서 의약분업 시행은 장기적으로 약의 오·남용 및 약화사고를 막아 국민건강 증진에 기여한 점이 있는 반면, 환자는 의료기관과 약국을 이중으로 이용함에 따른 번거로움, 교통비용, 이동시간, 진료비 추가 부담 발생으로 번거롭고 불편한 제도로 인식되었다(신현택, 2005).

그러나 이 제도의 도입과 시행으로 진료와 처방은 의사에게, 조제와 투약은 약사에게 각각 받음으로써 의사와 약사의 역할을 명확히 하였고, 보다 전문적인 보건의료서비스 혜택을 받을 수 있게 되었다. 또한 항생제와 같은 전문의약품 오남용의 주요 원인을 근원적으로 차단할 수 있게 되었고, 처방전이 공개되고 약사에 의해 점검받게 됨으로써 의약품 사용의 질적 향상을 도모할 수 있게 되었다. 더욱이 비합리적인 의약품 공급관행을 개선, 의약품의 공급과정을 합리적으로 관리하기 위한 제도의 토대를 마련하는 성과를 거두었다고 할수 있다.

즉, 의약분업을 계기로 의약품 분류를 체계화하였고, 의사의 처방, 약사의 조제라는 질서를 갖춤으로써 의약품 처방행태를 모니터링하여 의약품 사용을 적정화하는 약제급여적정성평가를 시행할 수 있었으며, 금기약물 처방과 중복처방을 방지하기 위한 의약품사용평가사업(DUR) 등을 실시할 수 있었다. 이처럼 의약분업은 의약 관련 다른 정책들이 효과를 발휘할 수 있는 환경을 마련하는 선진화된 의약관리체계의 기반을 구축하는 성과를 거두었음은 틀림

없다.

Ⅴ. 의약분업의 발전방향

의약분업제도의 성공적인 운영과 국민건강을 위한 제도 도입의 성과를 극대화하기 위해서는 다음과 같은 보완 대책 노력이 지속적으로 수반되어야 한다.

1. 국민의 진정한 알 권리 확대와 충족

가. 처방전 2매 발행 의무화

의약분업의 당초 목적 중 하나는 처방전을 공개하고 발급함으로써 국민의 알 권리를 충족시키는 것이었다. 현행 「의료법」 제18조[16) 규정에서는 환자의 알 권리 충족을 위한 「의료법」상 처방전의 작성 및 교부의무를 규정하고, 동법 시행규칙 제12조[17)의 규정에서는 처방전 2매 발행을 의무사항으로 규정하

---

16) 「의료법」 제18조(처방전 작성과 교부) ① 의사나 치과의사는 환자에게 의약품을 투여할 필요가 있다고 인정하면 「약사법」에 따라 자신이 직접 의약품을 조제할 수 있는 경우가 아니면 보건복지부령으로 정하는 바에 따라 처방전을 작성하여 환자에게 내주거나 발송(전자처방전만 해당된다)하여야 한다. ② 제1항에 따른 처방전의 서식, 기재사항, 보존, 그 밖에 필요한 사항은 보건복지부령으로 정한다. ③ 누구든지 정당한 사유 없이 전자처방전에 저장된 개인정보를 탐지하거나 누출·변조 또는 훼손하여서는 아니 된다. ④ 제1항에 따라 처방전을 발행한 의사 또는 치과의사(처방전을 발행한 한의사를 포함한다)는 처방전에 따라 의약품을 조제하는 약사 또는 한약사가 「약사법」 제26조 제2항에 따라 문의한 때 즉시 이에 응하여야 한다. 다만, 다음 각 호의 어느 하나에 해당하는 사유로 약사 또는 한약사의 문의에 응할 수 없는 경우 사유가 종료된 때 즉시 이에 응하여야 한다(각호 생략).
17) 제12조(처방전의 기재 사항 등) ② 의사나 치과의사는 환자에게 처방전 2부를 발급하여야 한다. 다만, 환자가 그 처방전을 추가로 발급하여 줄 것을 요구하는 경우에는 환자가 원하는 약국으로 팩스·컴퓨터통신 등을 이용하여 송부할 수 있다.

고 있다. 이러한 처방전 발행으로, 의사가 발행하는 처방전이 공개됨으로써 환자 자신이 복용하는 약의 정보에 대하여 알 수 있게 되었다. 현행 관련법령에서는 의사의 처방전 교부를 환자보관용과 약국제출용 각 1매씩 총 2매를 의무적으로 교부하도록 하고 있다. 임국환(2006) 조사에 의하면 처방전으로 약국조제용 1부만 받은 경우 44.0%에 이르고, 경실련(2002) 조사에 따르면 2매를 발행하는 경우가 51.4%에 머무르고 있다고 밝히고 있다.

현행 「의료법」 제18조는 처방전의 작성과 교부의무를 규정하고 있으며, 그 세부사항에 대해서는 보건복지부령으로 위임하고 있다. 「의료법 시행규칙」은 법 제18조의 규정에 위임받은 사항에 대해 동법 시행규칙 제12조 제2항에서 처방전 2부 발행을 의무화하고 있고, 단서조항으로 환자가 처방전의 3장 이상 추가발급을 원하는 경우에 대해서도 송부할 수 있도록 규정하고 있다. 「의료법」 제66조에서는 자격정지 처벌규정에 대해 규정하고 있고, 제68조의 규정에서는 이러한 행정처분의 세부기준에 대해 별도의 보건복지부령에 위임하고 있다. 위임받은 '의료관계 행정처분 규칙' 제4조 규정에 따라 별표 '행정처분기준'에서는 '법 제18조를 위반하여 처방전을 환자에게 발급하지 아니한 경우'에 대해 자격정지 행정처분기준을 정하고 있다.

본 규정에 따라 의사가 처방전을 1장만 발행한 경우, 의료법상 처벌이 가능한가의 여부에 대한 법적 검토가 필요하다. 처방전 2매 발행의 입법취지를 살펴보면, 「의료법」 제18조, 제66조 및 제68조의 규정을 볼 때, 의료법에서 처방전이 갖는 의미와 의약분업 시행 당시 처방전으로 하여금 환자 알 권리 충족 등 입법취지 등을 고려해볼 때, 환자보관용과 약국제출용으로 처방전 2매를 발행하고 이에 대해 위반 시 처벌규정을 두어 환자의 권리보호의 실효성을 확보하고 있는 것으로 파악된다. 또한 시행규칙 제12조는 실효성이 없는 선언적 규정인가? 만약, 의료법상 처방전 발행이 1매만을 의무적으로 하기 위한 입법이었다면, 「의료법 시행규칙」 제12의 규정에 의한 처방전 2매 발행의무규정은 단순히 선언적으로서, 시행규칙 제12조는 강행규정이 아니라 임의규정으로 '처방전 2매를 발급할 수 있다'고 입법되었어야 한다. 더욱이 그러한 1매 규정이라면 위임하지 말고 「의료법」 제18조에서 직접 규정되어야 하는 입법행위의 심대한 오류로 남게 된다.

결론적으로, 「의료법」 제18조, 제66조 및 제68조와 동법 시행규칙 제12조는 처방전 발행 의무매수를 2매로 해석되어야 한다. 따라서 현행 「의료법」 제18조와 시행규칙 제12조는 위임관계의 하나의 규정으로서, 법에 위임받은 처방전 2장 발행은 의무사항으로, 약국제출용 1장만 발행하는 것은 의료법상 의료관계 행정처분 규칙에 따라 자격정지 처분을 하여야 한다.

만일 위의 관련 규정을 1매 발행 의무로 해석하는 경우 죄형법정주의 원칙에 따라 구성요건 해당성 여부와 그 법정형을 명확히 규정하여야 함에도 불구하고, 중요한 부분의 발행매수에 대해서는 위임범위의 한계를 일탈하였다고 볼 수 있어, 위헌적 요소, 법적효력 상실, 공권력에 도전 등 심각한 법적, 행정집행의 오류를 갖게 된다.

◇ **의료법**

제18조(처방전 작성과 교부) ① 의사나 치과의사는 환자에게 의약품을 투여할 필요가 있다고 인정하면 「약사법」에 따라 자신이 직접 의약품을 조제할 수 있는 경우가 아니면 보건복지부령으로 정하는 바에 따라 처방전을 작성하여 환자에게 내주거나 발송(전자처방전만 해당된다)하여야 한다.
② 제1항에 따른 처방전의 서식, 기재사항, 보존, 그 밖에 필요한 사항은 보건복지부령으로 정한다.
③~④ (생략)

제66조(자격정지 등) ① 보건복지부장관은 의료인이 다음 각 호의 어느 하나에 해당하면 1년의 범위에서 면허자격을 정지시킬 수 있다. 이 경우 의료기술과 관련한 판단이 필요한 사항에 관하여는 관계 전문가의 의견을 들어 결정할 수 있다.
1.~9. (생략)
10. 그 밖에 이 법 또는 이 법에 따른 명령을 위반한 때
②~③ (생략)

제68조(행정처분의 기준), 제63조, 제64조 제1항, 제65조 제1항, 제66조 제1항에 따른 행정처분의 세부적인 기준은 보건복지부령으로 정한다. 〈개정 2008.2.29, 2010.1.18〉

◇ 의료관계 행정처분 규칙

의료관계 행정처분 규칙[18] 제4조(행정처분기준) 「의료법」 제68조와 「의료기사 등에 관한 법률」 제25조에 따른 행정처분기준은 별표와 같다.

별표: 행정처분기준

위반사항	근거법령	행정처분기준
법 제18조를 위반하여 처방전을 환자에게 발급하지 아니한 경우	법 제66조 제1항 제8호	1차 위반: 자격정지 15일 2차 위반(1차 처분일로부터 2년 이내에 다시 위반한 경우에만 해당한다): 자격정지 1개월

◇ 의료법 시행규칙

○ 의료법 시행규칙 제12조(처방전의 기재 사항 등) ① 법 제18조에 따라 의사나 치과의사는 환자에게 처방전을 발급하는 경우에는 별지 제9호 서식의 처방전에 다음 각 호의 사항을 적은 후 서명(「전자서명법」에 따른 공인전자서명을 포함한다)하거나 도장을 찍어야 한다. 다만, 제3호의 사항은 환자가 요구한 경우에는 적지 아니한다.

1.~7. (생략)

② 의사나 치과의사는 환자에게 처방전 2부를 발급하여야 한다. 다만, 환자가 그 처방전을 추가로 발급하여 줄 것을 요구하는 경우에는 환자가 원하는 약국으로 팩스, 컴퓨터통신 등을 이용하여 송부할 수 있다.

③~④ (생략)

---

18) 시행 2010.3.19; 보건복지부령 제1호, 2010.3.19, 타법개정.

나. 조제내역서 발행 의무화

의약분업의 가장 큰 성과는 소비자의 알 권리 확보인데, 현재로서는 미완의 상태이다. 그 주된 이유는 의료기관의 처방전 2매 발행 미이행과 약국의 조제 내역서 미발급이라 할 수 있다. 이 중, 약국의 조제내역서 발급은 전혀 이루어 지지 않고 있어서, 의료소비자는 자신이 복용하는 의약품에 대한 구체적인 정 보를 알 수 없다. 심지어 처방전과 다르게 조제되는 경우에도 알 수가 없다. 최근 약국에 대한 현지조사 시 처방전과 다르게 조제하고 건강보험청구는 고 가의 처방전 약으로 청구하되 실제 조제는 저가의 약으로 교부하는 허위청구 등의 대다수의 사례가 적발되었다. 그러나 현지조사 이외는 알 길이 없어, 국 민입장에서는 약국의 조제내역서 발급 없이는 의약분업의 완성이라고 보기 어렵다.

2. 일반의약품 판매제도 개선−국민 편의성 확보와 접근성 향상

가. 자유판매약 약국 외 판매 허용

의약분업 시행 이후 약국이 병의원 주변으로 이동하고 영업시간 단축 등으 로 인해 약국이 문을 닫는 시간에는 간단한 일반약조차 구할 수 없어 국민들 의 불편이 가중되어 왔다. 휴일과 심야시간대 약국 이용에 대한 불만 가중으 로 국민들의 불편을 해소하고 가벼운 질환에 대한 자가 치료를 통해 의료비용 을 줄이는 등 기본적인 의료이용권을 보장할 수 있어야 한다. 의약분업 시행 이후 약국 분포의 변화(약국이 병의원 주변으로 이동, 동네 약국의 감소)와 영 업시간 단축 등으로 인해 국민들, 특히 농어촌 지역이나 중소도시, 저소득층 의 의약품 접근성이 떨어지고 있어 이 제도의 도입 필요성이 더욱 높아졌 다.19) 의약분업을 하고 있는 나라의 대부분이 가벼운 증세 완화를 목적으로

---

19) 경실련은 "대통령까지도 감기약 등 일반약의 슈퍼마켓 판매에 대한 필요성을 지적한 상황

가정상비약 수준의 범위에 대해서는 국민들이 자유롭게 선택할 수 있도록 일반약의 소매점 판매를 제도화하고 있다. 통상 자유판매약이라는 이름으로 간단한 소화제나 영양제 등은 선진국에서는 처방이 필요 없이 약국이 아닌 도소매 판매점에서 소비자들의 편의를 고려하여 구입할 수 있는 약을 분류하여 판매하고 있다. 가령, 드러그스토어(drugstore, 스위스), OTP(Out of The Pharmacy, 캐나다), GSL(General Sale List, 영국), 자유판매약(Freiverkauflichtig, 독일), OTC Drugs(Over-the-counter Drugs, 미국) 등 대다수의 선진국들의 자유판매약은 일반화되어 있다. 하지만 우리나라의 경우 모든 약이 약국으로 집중되어 약 판매에 대한 독점적 권한이 부여되어 있어 약국이 문을 닫는 시간에는 가정상비약 수준의 간단한 일반약조차 구할 수 없게 되어 있다.

현행 외국의 경우 자유판매약으로 인하여 약화사고 위험이 높다는 보고는 없다. 또한 현재 우리나라 약국은 위험성이 전혀 없는 아이들 '젓가락'도 판매하는 등 '위험성'이 약국판매의 기준이 될 수는 없다. 앞의 위험성으로 약국에서만 판매되어야 한다는 논리이다. 하지만 미국, 일본, 영국, 독일 등의 선진국과 비교할 때, 우리나라의 현행 의약품분류 체계 및 판매 방식은 필요 이상의 규제로 인해 국민들이 안전성이 입증된 일부 의약품을 구입하고자 할 때에도 많은 불편과 제한을 주고 있다. 즉, 소비자보다는 공급자 위주의 전형적인 사례라 할 수 있다. 2005년도 전국에서 발생한 도로, 철도, 해운 및 항공분야의 교통사고를 종합해보면 총 21만 5,623건의 교통사고로 인하여 6,711명이 사망하고 34만 2,596명의 부상자가 발생하였다. 교통사고에 대한 사회적 비용은 2005년 기준으로 약 14조 3천억으로 추정되며 이는 2005년 우리나라 국내총생산(GDP)의 1.77%에 해당하는 수치이다.

에서 주무부처를 책임지고 있는 복지부가 여전히 이를 회피하고 있다는 것은 국민의 불편과 요구를 외면한 무사안일의 전형"이라고 꼬집었다. 심야응급약국과 같은 전시행정용 미봉책으로는 국민적 요구에 부합할 수 없을 뿐 아니라 약사의 이권을 위해 국민들의 불편을 강요하는 것에 불과하다는 것이다. 앞서 진행된 조사결과에 따르면 심야응급약국 시범사업에 참여한 약국 수는 약 2만 개의 전체 약국 중 0.3%, 이 중 50% 이상이 서울, 경기지역에 집중된 것으로 나타났다(데일리메디, 2010.12.27).

<표 1-4> 2005년 교통사고 현황 종합

구분	사고건수(건)	사망자수(명)	부상자수(명)
도로	214,171	6,376	342,233
철도	791	148	246
해운	658	186	113
항공	3	1	4
계	215,623	6,711	342,596

자료: 한국교통연구원, 2005년 교통사고비용 추정, 2007.5.

이렇듯 우리 주위에는 자동차, 비행기, 의료사고, 스포츠 활동 등 신체와 생명을 해할 가능성 있는 상황이 항상 존재하고 있다. 이렇게 사회생활상 불가피하게 존재하는 법익침해의 위험수반 행위에 대해, 사회적 유용성을 근거로 법익침해가 발생하더라도 일정한 범위 내에서는 허용된다는 법리가 '허용된 위험'의 법리(法理)이다. 즉, "모든 위험을 금지한다면 사회는 정지한다"는 기본적 사고에 근거하고 있다. 이처럼 의약품에 대한 국민의 편의와 접근성 향상이라는 사회적 가치를 위하여, 일정 위험이 존재할 수 있어도 일부 의약품의 약국 외 판매는 반드시 허용되어야 한다. 따라서 현재의 일반의약품 중에 오남용의 우려가 없고 사용법이나 효능이 일반화되어 소비자에게 널리 알려져 있으면서 의사의 처방이나 약사의 전문지식을 필요로 하지 않는 단순의약품 중에서 안전성과 유효성이 검증된 가정상비약 수준의 일반의약품의 경우는 약국 이외의 판매가 가능하여야 한다. 가령, 국민들이 자주 찾고 안전성이 검증된 소화제, 두통약, 지사제, 멀미약, 밴드, 반창고, 파스, 안약, 위장약, 감기약 등 가정상비약 또는 고속도로 휴게소에 비치된 구급약 수준은 가칭 '자유판매약'의 예시라 할 수 있다. 이는 소비자 선택권의 문제가 이해관계자들 간의 이권다툼의 문제로 변질되어서는 안 될 것이라는 당위성 차원에서 추진되어야 한다. 이로 인하여, 심야응급상황에 적시에 대처, 국민 불편 감소와 최소화를 위한 노력, 기본적인 약에 대한 접근성 제고 및 선택권을 보장하는 방향으로 제도개선이 이루어져야 할 것이다.

나. 의약품 3분류 체계로의 개선

의약품의 분류도 의약분업이 시행되는 그해 분류된 의약품을 10년 동안 그대로 사용하고 있어 전반적으로 재분류되어야 한다. 현재 우리나라에서 시행되고 있는 의약품 분류체계는 2000년 5월 의약계의 의견 대립으로 대부분의 미분류 처방에 대해 결정을 내리지 못한 것을 보건복지부가 최종적인 결정을 위임받아 분류결과를 발표한 이후 현재까지 그 분류에서 벗어나지 못하고 있다. 또한 일반의약품과 전문의약품 분류에 대해 외국의 경우와 같이 의약품 분류군 간의 이동을 유연하게 하여 의약 산업발달과 의약품 정보 축적에 따라 국민의 이익과 입장에 맞추어 분류될 수 있는 체계를 갖추어야 한다. 즉, 일반의약품의 약국 외 판매에서 문제가 발생하는 경우 의약품의 안전성과 유효성에 대해 지속적인 감시를 토대로 상시적으로 기존의 의약품 분류체계를 재분류할 수 있다면 언제든지 문제가 발생한 의약품에 대하여 약국에서만 판매하는 일반의약품으로의 전환이 가능하며, 반대로 약국에서만 판매하는 일반의약품의 경우 일정기간 동안 그 부작용이 관찰되지 않는 경우 약국 외 판매가 가능한 품목으로의 전환이 가능해지는 시스템이 되어야 한다.

장기적으로 의약품 분류 및 전환이 자유로워졌을 때 올바른 약국 외 판매를 확대할 수 있고 이로부터 국민의 편의성과 국민건강 증진에 기여할 수 있다. 따라서 현행 전문의약품과 일반의약품의 의약품 2분류 체계를 처방전 없이 약국 이외의 국민이 편하게 구입할 수 있는 제3의 분류체계를 마련하여야 한다. 의약품 3분류 체제로 개선하고 분류 실무는 위원회를 구성하되 시민참여가 보장되어야 한다.

<표 1-5> 가칭 '자유판매약'을 통한 의약품 3분류체계(안)

전문의약품	일반의약품	자유판매약(가칭)	비고
현행과 동일	가칭 '자유판매약'을 제외한 현행과 동일	▷ 처방전 불요 ▷ 약국 및 약국 외 판매 가능 ▷ 예시) 소화제, 두통약, 지사제, 멀미약, 밴드, 반창고, 파스, 안약, 위장약, 감기약 등	- 고속도로 휴게소에 비치된 구급약 수준 - 가정상비약 수준

3. 의약품 유통구조 개선

가. 약가제도 및 의약품 유통 개선

의약분업의 성과 극대화를 위해 의약품 유통의 투명성을 확대하고 의료기관의 약가마진을 줄이기 위한 실효성 있는 제도와의 연계가 필요하다. 현재와 같이 의료기관에 대한 제약회사의 리베이트 관행이 사라지지 않으면 의약품 처방 조제량은 줄지 않거나 고가 약 처방 가능성은 여전히 존재할 수밖에 없다. 공정거래위원회의 조사에 의하면 의약품의 리베이트가 약가의 20% 정도라고 하고 리베이트 쌍벌제가 우여곡절 끝에 지난 국회를 통과하였으나 그동안 리베이트에 대한 처벌이 솜방망이 수준에 불과하여 제약회사나 의료인의 리베이트 관행을 제어하지 못하였다. 2010년 10월부터 정부가 저가구매인센티브 방식으로 실거래가상환제도를 개선하였으나 제도 실효성의 문제는 불투명한 상황이다. 또 약가뿐만 아니라 치료재료에 대해서도 거품에 대한 대책도 거의 없는 실정이며 소비자가 비용을 지불하고 있는 의약품과 치료재료의 결정과정에서 건강보험 가입자의 의견이 실질적으로 반영될 수 있도록 제도 개선이 필요하다. 특히 건강보험 약가 및 치료재료가격의 거품을 제거하기 위해서는 산정기준이 개선되어야 하며 가격결정과정이 모두 공개되어야 할 것이다. 즉, 왜곡된 의료관행을 막고 약에 의한 이윤 획득을 근절하기 위해서는 의약품 가격을 인하하고 약가심의제도와 의약품 유통의 투명화를 위한 정책적 노력이 강화되어야 할 것이다.

또한 기등재 목록정비사업도 재추진되어야 한다. 의약분업에도 불구하고 의약품 사용량과 약가인하가 나타나지 않는 주요 이유는 15,000여 품목에 이르는 과다한 의약품이 건강보험 급여목록에 등재되어 있고, 대체가능한 의약품 간 경쟁이 전혀 나타나지 않아 고가 약의 처방이 절대다수를 차지하기 때문이다. 나아가, 신약가 보험급여 결정시스템의 구조적 개선이 필요하다. 선진국처럼 건강보험 급여 의약품의 목록수를 줄여 값싸고 질 좋은 의약품을 국민들에게 공급되도록 정책 방향을 잡아야 한다. 이는 현행 건강보험 급여결정시스템 구조개선과 관련된 것으로서, 현행 신약제가 안전성·유효성 및 경제성 평가를 통해 보험급여 진입 시, 비교된 약제의 가격인하 또는 퇴출을 유도할 수 있는 급여결정 시스템이 작동되어야 한다.

나. 의약분업 예외 약국 특별관리 필요

2000년 의약분업 추진 당시 의료기관이 1km 이상 떨어져 있어 지역 주민이 의료기관을 이용하기 어렵다고 인정하는 읍, 면, 도서지역 주민의 불편을 해소하고자 의약분업 예외지역을 지정하였다. 이들 약국은 그간 건강보험 요양기관 수가 2000년 61,776개소에서 2010년 6월 81,142개소로 크게 증가하였음에도 지난 2005년 292곳에서 2009년 다시 292곳으로 증가해 별다른 변동이 없는 실정이다.

<표 1-6> 의약분업 예외약국 수

구분	2005년도	2006년도	2007년도	2008년도	2009년도
의약분업 예외약국 수	292개소	286개소	290개소	287개소	292개소

또한 최근 이들 의약분업 예외약국에 대한 현지조사결과, 타 지역 거주자들이 처방전 없이 오·남용이 우려되는 의약품을 구매하는 등 의약분업의 취지

를 훼손하는 요인으로 작용하는 행태가 적발되는 등 예외 지역에 대한 특별관리가 필요하다.

4. 고령화시대 노약자·만성질환자 불편 최소화 노력

2010년 총인구 중 65세 이상 노인인구가 차지하는 비율은 11.5%이며, 독거노인 가구는 100만 가구로 추계된다. 우리나라 고령화의 특징은 매우 빠르게 진행되는 것이며, 이에 그 대비도 신속히 이루어져야 한다는 데에 있다. 또한 이러한 고령화는 만성질환자의 증가, 치매환자의 증가와 더불어 사회가치관의 변화와 더불어 독거노인 등 부양가족이 필요한 노인의 증가가 빠르게 진행될 것이다.

<표 1-7> 전·후기 고령인구비율

구분	2010년	2015년	2020년	2025년	2030년
65세 이상 전기고령	11.0%	12.9%	15.6%	19.9%	24.3%
75세 이상 후기고령	4.1%	5.3%	6.5%	7.7%	9.6%

이에, 의약분업제도는 현행 정부에서 추진 중인 선택의원제와 연계하여 후기고령자(75세 이상), 만성질환자 및 농촌독거노인 등에 대해 불편을 최소화하여 적기에 적정한 의료서비스를 받을 수 있는 기회를 보장할 수 있도록 노력하여야 한다.

VI. 결론 및 제언

1. 선진화된 의약관리체계 구축 성과

의약분업의 실시는 의료기관 이용 증가, 재정지출 증가, 항생제 사용 감소, 투약일수 및 투약일당 약품비 증가, 국민 불편 증가 및 환자의 알 권리 신장의 결과를 가져왔고, 그러한 결과들이 주는 함의는 양면적이라 할 수 있다. 또한 경제성장과 국민의식 향상, 고령화와 질병패턴의 변화 및 환자중심 의료패러다임 등의 변화는 의약분업의 시행이 선택적 사항이 아닌 역사적 발전과정의 순리였음을 알 수 있고, 건강권·진료권·조제권을 비롯해 의약분업의 법적 검토를 통해서도 시행의 타당성은 확보되었다고 평가할 수 있다. 이로써 의약분업 시행 10년이 지난 현재 바라보는 의약분업은, 수천 년 동안 동양의학 중심에서 19세기 말 서양의료의 전환, 그리고 2000년 의약분업의 도입은 미래 보건의약체계로 나아가기 위한 단초를 마련했다고 볼 수 있다. 즉, 의약분업은 선진화된 의약관리체계 기반을 구축하는 성과를 거두었다고 평가될 수 있다.

2. 의약분업의 발전방향

Issue & Focus(2010.9.10)[20])에 따르면, 2010년 현재 65세 이상 고령인구는 전체 11%, 2009년 기준 건강보험 전체 대상자의 9.9% 의료급여 27.4%를 차지하고 있다. 노인의료비는 빠른 증가를 보이고 있는데, 전체 의료비 중 노인의료비의 비중은 2003년 21.2%에서 2009년 31.4%이며, 노인 1인당 진료비는 2009년 64세 이하 건강보험 1인당 진료비에 비해 4.14배 많다. 이처럼 과거 시행된 의약분업 제도가 현재와 미래 보건의료시대에 부응하기 위한 보완과 대비가 이루어져야 한다. 또한 미래환경 변화에 부합되는 의약분업이 되어야 한다.

---

20) Issue & Focus 제53호(2010-36, 2010.9.10).

저출산·고령화로 인한 인구구조의 변화, 만성질환의 증가 등으로 인한 질병패턴의 변화, 의료정보, 권리의식 등 환자중심 의료패러다임 등을 고려한 개선이 요구된다. 특히 의약분업의 의료기관 방문횟수 증가 및 약국 방문횟수 증가로 행위별 수가제인 현 의료체계는 고령사회 대비에 매우 취약한 의료구조를 갖고 있고 이러한 요인의 고령화와 질병패턴의 변화로 더욱 재정 등에 취약한 구조를 나타낼 것이다. 즉, 고령화의 심화와 만성질환자의 증가는 의약분업의 필연적 방문횟수 증가를 초래할 것이고, 이는 현행 행위별 수가제를 취하고 있는 건강보험 지불제도와 복합적으로 작용하여 재정악화로 심화시킬 수 있다. 더욱이 현행 건강보험의 재정의 주 수입구조가 보험료에 의존하고 있어 건강보험 악화는 보험료 인상으로 이어지고 이는 곧 국민의료비의 증가와 재정 부담으로 작용하게 될 것이다. 이에 대한 대비는 거시적이고 미래적이며 국민입장에서 준비되어야 한다.

3. 정부의 발전적 방안 모색을 위한 평가와 개선

의약분업이 실시된 지 10년이 되는 시점에서 의약분업에 대한 종합적이고 발전적인 평가가 필요하다. 의약분업이 도입 당시 정치성을 갖고 있었으므로 이를 평가하는 것이 쉽지는 않겠지만, 국민의 불편과 재정적 부담을 감내하면서 이루어진 것이라면, 주권이 국민에게 있는 우리나라에서는 당연히 그 정책을 평가하고 보완해야 하는 것은 두말할 필요가 없다. 다만, 평가에 앞서 기본 전체를 갖춘 후 평가되어야 한다. 그리고 평가실행기구 및 담당부서의 신설이 필요하다. 보건복지부 소속하에 가칭 '의약분업 평가 및 발전 위원회'를 구성하여 평가실행조직을 구성하여 평가하여야 한다. 또한 현행 보건복지부는 보건의료정책실-보건의료정책관 내 의약품정책과에서 담당하고 있으나, 그 의약품정책과 본연의 업무21)를 보면, 의업과 약업 및 국민의 권리를 보장하는

---

21) 의약품정책과 업무내용 1. 의약품(마약류를 포함한다)·의약외품·화장품·의료기기 및 실험동물(이하 "의약품 등"이라 한다) 관련 정책에 관한 종합계획의 수립 및 조정, 2. 의약품 등 관련 법령에 관한 사항, 3. 의약분업제도의 수립 및 운영, 4. 의약품 안전정책의

보건의약 전반에 걸친 의약분업을 담당하기에는 적합하지 않다. 따라서 의약
분업 정책을 지속적으로 보완 발전시킬 수 있는 부서를 보건복지부 내에 신설
하여야 한다. 보건의약관계 정책과 제도의 주권자이고 소비자인 국민이 참여
하는 것은 당연할 것이다. 더 나은 보건의약서비스를 제공하기 위한 기반 마
련을 위해, 국민의 불편과 재정 부담을 제공하여 이룩된 선진화된 의약관리체
계가 더 발전할 수 있는 논의와 결정과정에 국민이 실질적인 참여가 보장되어
야 한다.

수립 및 조정, 5. 약사인력제도에 관한 연구, 6. 의약품등에 대한 유통정책의 수립 및 조
정, 7. 중앙약사심의위원회 및 의료기기위원회의 운영.

제2장

보건의료기술 발전과 임상시험정책
- 보건의료기술 발전을 위한 임상연구비 부담에 관한 의견을 중심으로

Ⅰ. 서론

연구중심병원 지원을 위해 연구개발을 위한 신의료기술 등을 임상연구 대상자에게 사용하는 경우 국민건강보험법상의 비급여 대상으로 인정하고, 그 대조군에 대해 요양급여를 인정한다는 것을 주요 내용으로 하고 있는 「보건의료기술 진흥법」 개정안(대안)에 대한 내용 중 '연구중심병원 지원 등(안 제17조)'에 대한 법률적 타당성을 검토한다. 본 내용은 의료행위 이전 단계로서 안전성·유효성이 입증되지 아니한 연구대상행위에 대해 연구대상자인 환자로부터 비용을 받아 연구할 수 있도록 한다는 것과 당해 연구에 대조군으로 분류된 연구대상자에게는 건강보험을 적용하겠다는 것을 주요 내용으로 하고 있다. 이러한 본 사안에 대해 국민의 생명권 보호와 과학기술의 발전, 임상시험 및 의료윤리, 의료의 본질과 법적성질, 신의료기술평가 등 건강보험급여 등과 관련하여 의료행위를 중심으로 검토의견을 제시하고자 한다.

Ⅱ. 법률적 검토

1. 의료행위의 적법성

가. 의료행위의 개념

현행 의료행위에 대한 우리나라의 학설은 다음과 같다. 현행 보건의료 관련 법령상 의료행위의 개념이 명확하지 아니한 상황에서 의료행위를 규정함은 '의학의 발달과 사회의 발전에 따라 변경될 수 있음을 전제'하고 사회통념에 비추어 판단하여야 한다면서 i) 사람의 생명, 신체나 일반공중위생상 위험을 초래할 염려가 있는 행위는 의료행위에 포함될 가능성을 인정하여야 한다는 견해, ii) 의료행위는 반드시 질병의 치료와 예방에 관한 행위만에 한정되지 않고, 그와 관계없는 것이라도 의학상의 기능과 지식을 가진 의료인이 아니하면 보건위생상 위해를 가져올 우려가 있는 일체의 행위가 포함된다.

우리나라 판례의 입장으로 의료행위에 대한 대법원 판례[22]의 내용을 정리하여 보면 i) 질병의 예방과 치료행위, ii) 의료법의 입법목적을 감안한 사회통념에 의하여 판단, iii) 의료인이 행하지 아니하면 보건위생상 위해가 생길 우려가 있는 행위, iv) "의사의 의학적 판단 및 기술로서 행하는 것이거나 보건위생상 위해를 발생시킬 우려가 있는 행위" 등으로 개념을 정의하고 있다.

일본의 경우, 일본의 의료행위의 정의에 대한 과거 통설은 "의료행위란 사람의 질병의 진찰, 치료 혹은 예방을 목적으로 하는 행위"라는 입장을 취하였고, 이 외에도 "현대의학을 기본으로 그 이론을 임상에 응용하는 행위가 의료행위다"고 하였다. 하지만 최근 일본의 의료행위에 대한 유력한 정의는 "의료행위란 의사의 의학적 판단 및 기술로서 행하는 것이거나 보건위생상 위해를 발생시킬 우려가 있는 행위다"라고 하여 "의사의 의학적 판단 및 기술로서 행하는 것이거나, 보건위해상 위해를 발생시킬 우려가 있는 행위"가 의료행위에 대한 정의로서 최근 유력한 학설이라 할 수 있다.

의료행위에 대한 일본의 판례의 입장은 질병의 치료라는 행위의 실질에 따른 해석을 하였다가 나중에는, 의학상의 지식과 기능을 가지지 아니한 자가 함부로 이를 행할 때, 위험에 있는 정도에 달하는 경우 이를 의료행위라 인정하는 것으로 보인다. 따라서 일본의 판례를 통하여 의료행위의 요건은 i) 사람의 질병의 진단·치료에 행하여진 행위이어야 하고, ii) 그 행위가 현대의학의 원리에 적합하여야 하고, iii) 의사가 행하지 아니하면 보건위해상의 위해를 생기게 할 염려가 있는 행위이어야 한다고 한다. 이 중에서 현재는 의사

---

22) 의료행위란 "의료인이 의학의 전문적인 지식을 기초로 하여 경험과 기능으로서 진찰, 검안, 투약 또는 외과수술 등 질병의 예방이나 치료행위를 하는 것(대판 1987.11.24, 87도1942)." 의료행위는 질병의 예방과 치료행위뿐 아니라 의료인이 행하지 아니하면 보건위생상 위해가 생길 우려가 있는 행위(대판 1995.5.22, 91도3219). 의료행위는 어떤 행위가 의료행위인지의 여부를 판단함에 있어, 질병의 예방과 치료에 사용된 기기가 의료기기냐 아니냐 하는 것은 문제되지 아니하며, 의학적 전문지식이 없는 자가 이를 질병의 예방이나 치료에 사용함으로써 사람의 생명, 신체나 공중위생에 위해를 발생시킬 우려가 있느냐의 여부에 따라 결정하여야 한다(대판 1989.9.29, 88도2190).

의 의학적 판단 및 기술로서 행하는 것이나, 보건위해상 위해를 발생시킬 우려가 있는 행위가 의료행위라는 것이 유력하다.

의료법은 의료인의 자격에 대한 엄격한 요건을 규정하고 있는바, 이는 일반인이 의료행위를 함으로써 생길 수 있는 사람의 생명, 신체나 일반공중 위생상의 위험을 방지함에 그 목적이 있다고 할 수 있다. 위와 같이 의학상의 전문지식이 있는 의사가 아닌 일반사람에게 어떤 수술을 하게 함으로써 사람의 생명, 신체상의 위험이나 일반공중 위생상의 위험이 발생할 수 있는 여부 등을 감안한 사회통념에 비추어 의료행위의 내용을 판단하여 의료행위를 정해야 한다고 한다. 따라서 위의 내용을 종합하여 보면, 의료행위라 함은 의학적 전문지식을 기초로 하는 경험과 기능으로 진찰, 검안, 처방, 투약 또는 치료행위 및 그 밖에 의료인이 행하지 아니하면 보건위해상 위해가 생길 우려가 있는 행위를 의미한다고 정의할 수 있다.[23]

나. 의료행위의 적법성

의료행위는 환자의 생명과 신체에 위협이 되는 침습행위를 한다는 점에 있어, 그 정당성에 대한 근거를 어디에서 구할 수 있는가라는 형법상의 의미와 의료행위를 요구하는 환자와 이를 제공하는 의사와의 관계가 민사상 갖는 의미를 검토함으로써, 의료행위의 의미와 법적 성질을 파악할 수 있다. 이를 위해 우선 의료행위를 정당화하는 이론을 살펴보면, 의사가 치료행위를 하면서 타인의 신체를 상해했어도 주관적으로 치료목적이 있고, 객관적으로 醫術(lege artis)에 맞추어 행했다면, '業務로 인한 行爲'로서 위법성이 없다는 것[24]

---

[23] 현대에 들어와서 의료는 급속한 발전을 가져왔고, 과거 병상의 치료행위만을 의료행위로 이해하던 전통적 의료행위의 의미가 오늘날에는 의학지식의 진보와 의료기술의 혁신, 의료행위에 대한 개인과 사회의 기대변화에 의하여 다양하게 변화하고 있다. 이렇듯 변화·확대되어가는 의료행위를 보았을 때, 의료행위의 개념은 역사와 시대의 변화에 따라 변하는 것이고, 결국 그 개념은 의학의 발달과 사회구조의 복잡, 다양, 사회 및 개인의 가치관의 다양화 등에 수반하여 변화될 수 있는 것이어서, 사회적으로 승인되고 있는 의학의 실천, 즉 질병의 치료·예방 등을 위하여 의학을 환자에게 응용하는 것을 개념의 핵심적 요소로 하고 있다고 할 것이다(이덕환, 2003).

이 종래 우리나라 다수설과 판례의 입장이었다(김일수·서보학, 2006; 배종대, 2008). 이러한 견해에 대해, 의사의 통상적인 치료행위는 환자의 건강을 침해하는 것이 아니라 개선, 회복시키는 행위이므로, 피해자의 승낙유무에 의한 結果反價値 欠缺 여부를 따지기 전에 이미 상해의 고의가 없기 때문에 傷害에 해당하지 않아, '行爲反價値의 欠缺로 構成要件該當性이 排除'되는 것으로 보아야 한다는 견해(김일수·서보학, 2006; 안동준, 1998; 이재상, 2005; 이형국, 2007; 진계호·이존걸, 2007)도 있다.

또한 피해자의 승낙에 의한 違法性 조각으로 보는 입장은 피해자의 승낙이란 피해자가 자기의 법익이 침해되어도 좋다고 이를 허락하는 경우이다. 그리고 이 승낙이 있으면 침해행위의 위법성을 조각하는 태도는 일찍부터 확립되었다(안동준, 2002). 독일의 학설과 판례는 의사의 치료행위를 피해자의 승낙 또는 추정적 승낙의 문제로 취급하고 있다(김일수·서보학, 2006). 대법원도 의료행위의 위법성과 환자의 동의에 대하여 근래에는 유효한 동의를 의료행위의 위법성조각사유로 보고 있다(범경철, 2003.12). 따라서 의료행위를 과거 「형법」 제20조에 의한 업무로 인한 정당행위로 보는 견해와 구성요건 해당성 배제로 보는 견해보다는 피해자의 승낙 내지 추정적 승낙의 문제로 파악하는 견해가 타당하다고 판단된다.[25)

다. 의료행위의 요건

의료행위는 침습성을 가지지만 의료행위로 인하여 타인의 신체를 상해하더라도 민·형사상 아무런 책임을 지지 아니한다. 이는 의료행위가 건강보호 및 증진을 위해 치료의 목적으로 이루어지며, 환자의 동의를 받아서 이루어지기

---

24) 우리나라 「형법」은 제20조 이하에서 정당행위, 정당방위, 긴급피난, 자구행위, 피해자의 승낙을 위법성조각사유로 규정해 놓고 있다. 이러한 위법성조각사유 가운데 정당방위, 긴급피난, 자구행위는 소위 '긴급행위'라는 점을 가지고 있지만, '피해자의 승낙'은 긴급상황을 전제로 하지 않고 인정되는 위법성 조각사유이다(신동운, 2006).

25) 송기민, 『가족의 치료중단요구와 의사의 생명보호의무』, "제1절 의료행위에 대한 법적의미" 참조, 한국학술정보, 2011.2.

때문이다. 하지만 의료행위라 하더라도 모두 그 정당성이 인정되는 것이 아니라, 그러한 의료적 침습행위가 의학적으로 필요하고 그 방법이 적정한 때에만 그러하다 할 것이다. 일본판례에 의한 의료의 적법성을 살펴보면, 의료행위가 "사람의 질병치료를 목적으로 현대 의학이 시인하는 방법에 의해 진료, 치료를 할 것, 즉 주관적으로는 질병치료를 목적으로 하며, 객관적으로는 그 방법이 현대의학에 바탕을 두는 것으로 진단치료 가능한 것일 것"을 요한다.

(1) 치료의 목적

의료행위가 질병의 치료, 예방이라고 하는 의학의 근본이념의 실현을 목표로 하는 것이기 때문에, 행위자가 주관적으로 치료의 목적을 가지지 아니한 경우에는 결과적으로 치료의 효과가 생겼다고 하더라도 정당한 의료행위의 범주에 속한다고 할 수 없다.

(2) 의학적 적응성(Medizinische Indiziertheit)

의료행위는 인신에 대한 위험을 수반하는 것이기에 건강보호 및 증진을 위해 필요하며 타당한 것이 아니라면 용서되어서는 안 된다.

(3) 의료기술의 정당성(Medizinische Kunstgerechtigkeit)

의학적으로 인정된 방법으로 이루어지지 않으면 안 된다(의료수준에 따른 진료).

(4) 환자의 승낙 또는 결정

의료행위의 수용여부에 대한 환자의 결정.

2. 안전성 유효성이 입증되지 아니한 의료행위의 법적 검토

가. 합법적 의료행위의 기준-안전성·유효성

위에서 살펴본 바와 같이, 침습적 행위가 의료행위로서 정당화되기 위해서는 치료의 목적을 가지고 환자의 동의에 의해 이루어지는 경우를 주요한 사항으로 하고 있다. 따라서 안전성 유효성이 입증되지 아니한 임상시험의 경우 치료의 목적을 인정하기 어려우며, 그러한 경우 법적 의미를 살펴본다.

안전성 유효성이 입증되지 아니한 의료행위에 대해 의료행위인지 아닌지는 형법상 중요한 의미를 갖는다. 주지하는 바와 같이 의사의 치료행위는 「형법」 제257조의 상해죄의 구성요건 해당성은 존재하는 위법성 단계에서 「형법」 제20조 정당행위 중 업무에 의한 행위로 위법성을 조각시키게 되는 위법성조각사유이다. 따라서 의사의 치료행위는 정당화 사유가 존재하지 않는 한 상해죄, 더 나아가 살인미수죄(미필적고의 인정 시)까지도 인정할 수 있다고 판단된다.

<표 2-1> 현행 법령체계와 단계별 보건의료기술

<불법>	<연구단계>	<의료>	<보험진입>	<보편화>
침습적 행위 상해목적 (미필적고의) 형법	임상시험 ⇒ 연구윤리	**의료행위** 치료목적 위험성 진지한 동의	신의료기술평가 ⇒ 안전성/ 보험급여평가	**요양급여** 결정고시 요양급여/ 비급여
불법영역 불법의료	안전성 유효성 여구목적 정당성 확보	치료목적/ 설명의무	안전성 유효성 확인	보험료
상해/중상해 미필적 살해의 고의/	장기이식, 장기매매, 헌혈, 줄기세포연구, 생명	의료계약 의료서비스- 비용	경제성 평가 보험급여원리	
형법 등	의료윤리 연구윤리 IRB 임상시험심사 위원회	승낙에 의한 위법성조각/ 의료법/ 형법	국민건강보험 법 및 요양급여기준 등/ 의료법	국민건강보험 법 및 요양급여기준 등
		의료기관 종별기준		종별가산율

안전성이 입증되지 않은 행위를 행하는 행위자의 의도는 치료의 목적이 있다고 볼 수 없다. 오히려 상해의 인식 있는 과실이나 미필적고의를 인정해야 하며, 더욱이 그 목적과 의도가 치료가 아닌 시험연구나 영리추구에 있고 이를 환자에서 묵인이나 위계에 의하여 설명의무를 다하지 아니하고 그 비용까지 청구한다면 이는 앞에서 살펴본 바와 같이 위법성을 조각시키는 정당화 사유가 존재하지 아니하므로「형법」제257조의 상해죄나 살인미수죄를 구성하는 데는 하자가 없으며 이는 책임단계에서만 논할 수 있을 뿐이라 판단된다. 즉, 안전성 미입증 의료행위는 치료의 목적을 인정할 수 없다고 할 수 있다. 결론적으로 안전성과 유효성이 인정되지 아니한 의료행위는 치료행위라 볼 수 없고 결코 법에서도 허용되지 않거나 허용해서는 안 되는 행위이므로 안전성과 유효성의 확인은 불법 침습적 행위와 적법 의료행위와의 경계의 기준이 된다 할 수 있다.

나. 건강보험법상 안전성 유효성 의미

안전성과 유효성은 의료의 내재된 속성상 의료법은 물론 국민건강보험법상에서도 중요하게 규정하고 있다. 우선, 국민건강보험법상에서 규정하고 있는 안전성과 유효성에 대한 규정으로「국민건강보험 요양급여의 기준에 관한 규칙」제10조 제1항 제1호 및 제2호, 제2항 제1호 및 제4호 사목, 행위 치료재료 등의 결정 및 조정기준[26] 제6조, 제8조 등이 있다. 이 중 행위 치료재료 등의 결정 및 조정기준 제8조[27]의 규정을 보면, 심사평가원장이 신의료기술평가를

---

[26] 2010.10.4. 전부개정, 보건복지부 고시 제2010-82호.

[27] 제8조(안전성·유효성의 확인 등) ① 심사평가원장은 제5조 제1항의 규정에 의하여 행위, 치료재료 등의 결정신청이 있는 때에는 필요한 경우 안전성·유효성에 관하여 다음 각 호의 어느 하나의 방법으로 확인할 수 있다. 1. 의료법 제53조에 따른 신의료기술평가 결과 안전성·유효성을 인정했는지 여부 2.~3. (생략) ② 심사평가원장은 행위, 치료재료 등이 제1항의 규정에 의하여 안전성·유효성이 없다고 확인하는 경우에는 제9조의 규정에 의한 평가를 하지 아니하고 그 결과를 장관에게 보고하여야 한다. ③ 장관은 행위, 치료재료 등이 안전성·유효성이 없다고 확인한 경우에는 결정신청자에게 통보하고 안전성·유효성이 없는 행위, 치료재료 등을 행한 결정신청자에 대하여는 관련 법령에 의한 필요한 조치를 할 수 있다.

함에 있어 안전성과 유효성 인정여부를 반드시 확인하도록 하고 있고, 없다고 확인된 경우에는 평가를 하지 아니하고 장관에게 보고조치 의무를 부여하고 있다. 또한 보고받은 장관은 안전성 유효성이 없다고 보고받은 행위와 치료재료에 대해서는 관련 법령에 의한 필요한 조치를 하도록 의무화하고 있다. 이처럼 건강보험법 내에서도 안전성·유효성은 중요한 요소로서 규정하고 있음을 알 수 있다

3. 의료계약상 환자의 동의

가. 의료계약상의 법적 성질

의료행위는 일반적으로 환자와 의사 사이의 계약에 의하여 이루어진다. 즉, 의사는 의료계약에 의해 환자를 치료하는 의료서비스를 제공하고 환자는 제공받은 의료서비스의 대가로 치료비를 지불하는 것으로 성립하는 계약관계라 할 수 있다(범경철, 2003.6).

독일에서는 의료계약을 원칙적으로 고용계약으로 설명하면서도 성형수술을 내용으로 하는 의료계약은 도급계약으로, 의식불명의 환자를 치료하는 법률관계는 사무관리가 성립하는 것으로 파악하며, 환자에 대한 의사의 보수청구권은 의사의 직업상 당연히 발생하는 것이라 한다(김상용, 1998). 하지만 이에 대해 우리나라에서의 민법상 위임계약은 독일 민법상의 위임계약과는 달리 有償으로도 가능하며, 의료계약의 내용인 의사의 진료행위에는 의사의 재량권이 크게 인정되어, 의사는 수임인의 지위와 동일한 면이 많으나 위임에 관한 일부 규정이 그대로 적용될 수는 없는 점이 있기 때문에 원칙적으로는 의료계약을 위임계약에 준하는 것으로 파악하는 것이 타당하다 하겠다(강동세, 2000). 또한 의사의 의료행위의무는 내용적으로 확정된 결과채무라 할 수 없고, 의학적 지식과 의료기술을 총동원하여 환자의 질병이 치유될 수 있도록 노력해야 하는 것을 내용으로 하는 행위 내지는 수단채무라 할 수 있다(박승

진, 2001). 판례도 같은 입장이다.[28]

　통상 환자는 의사로부터 의료서비스를 받고 이에 대한 대가로서 보수를 지급한다. 즉, 진료를 위한 대가로서 비용을 지불하는 것은 타당하나, 환자가 피험대상자이면서 그 비용까지 지불하는 것은 타당하지 않을 뿐만 아니라 그 지불의 근거를 찾을 수 없다. 이는 채무변제의무가 없음에도 지불하는 경우와 마찬가지 의미로서, 의료기술개발자인 의료인 또는 보건의료기술발전의 의무자인 국가의 부당이득이 될 수 있다. 왜냐하면, 부작용으로 인한 악영향 시 손해를 배상하지 않을 것이며, 기술개발 성공 시 이익을 배분하지도 않는 것을 이유라 할 수 있다. 이는 앞에서 살펴본 의료행위의 수단채무성에 의한 것으로서, 의료행위에 대한 보수를 지급하는 것을 설명한다.

나. 유효한 意思表示-환자의 동의

　의료계약의 법적 성질에 대해 일부 다른 견해가 있으나, 의료행위가 의사와 환자 사이에 계약에 의해 이루어지는 의료계약이라는 것에는 큰 異論이 없는 듯하다. 이렇듯 의료행위의 법적 성질을 의료계약으로 파악하고 의사무능력자에 대한 것은 별론으로 하는 한 의료계약의 중요한 요소는 환자의 진정한 동의라 할 수 있다. 이처럼 환자의 동의의 진정성은 계약에 있어 중요한 부분이다. 의료행위는 환자의 생명과 신체를 보호하기 위한 것이지만 그 위험성으로 인하여 정당화 근거가 필요한데, 의학적 치료와 침습을 합법화시키는 것은 환자의 동의가 있음부터 시작하고, 침해에 대한 불법행위를 구성함에 있어, 환자의 동의는 불법행위를 합법화시키는 데 충분한 요소가 된다(Andrew Grubb, 2004). 의료행위 선택의 특성상 환자의 의사결정은 자유로운 의사결정

---

28) 의사가 환자에게 부담하는 진료의무는 질병의 치유와 같은 결과를 반드시 달성해야 할 결과채무가 아니라 환자의 치유를 위하여 선량한 관리자의 주의의무를 가지고 현재의 의학수준에 비추어 필요하고 적절한 진료조치를 다 하여야 할 채무, 이른바 수단채무라고 보아야 하므로 진료의 결과를 가지고 바로 진료채무불이행사실을 추정할 수는 없으며 이러한 이치는 진료를 위한 검사행위에 있어서도 마찬가지라고 할 것이다(대판 1988.12.13. 선고 85다카1491).

에 의해 이루어져야 함에도, 최후의 수단과 희망인 경우 자유로운 의사에 의한 선택이라 볼 수 없다.

현행 우리나라 민법상 반사회질서의 법률행위(民 103條),[29] 불공정한 법률행위(民 104條),[30] 강박에 의한 의사표시(民 110條)[31]와 형법상 준사기죄(刑 348條),[32] 부당이득(刑 349條)[33] 등의 규정은 이처럼 자유로운 의사표현이 아닌 경솔, 궁박, 무경험 등 공정을 잃은 상황에서 자유로운 선택이 아닌 경우에는 그 효력을 인정하지 않고 있다. 따라서 현행 치료방법이 달리 없고 안전성 유효성에 의심이 가는 상황이라는 점을 설명하였다고 하여도, 환자가 달리 선택할 수 있는 상황이 아닌 가운데 결정된 의사표시라면 법적 효력을 인정할 수 없다고 판단된다.

---

29) 「민법」 제103조(반사회질서의 법률행위) 선량한 풍속 기타 사회질서에 위반한 사항을 내용으로 하는 법률행위는 무효로 한다.
30) 「민법」 제104조(불공정한 법률행위) 당사자의 궁박, 경솔 또는 무경험으로 인하여 현저하게 공정을 잃은 법률행위는 무효로 한다.
31) 「민법」 제110조(사기, 강박에 의한 의사표시) ① 사기나 강박에 의한 의사표시는 취소할 수 있다. ② 상대방 있는 의사표시에 관하여 제삼자가 사기나 강박을 행한 경우에는 상대방이 그 사실을 알았거나 알 수 있었을 경우에 한하여 그 의사표시를 취소할 수 있다. ③ 전 2항의 의사표시의 취소는 선의의 제삼자에게 대항하지 못한다.
32) 「형법」 제348조(준사기) ① 미성년자의 지려천박 또는 사람의 심신장애를 이용하여 재물의 교부를 받거나 재산상의 이익을 취득한 자는 10년 이하의 징역 또는 2천만 원 이하의 벌금에 처한다.
　　<개정 1995.12.29> ② 전항의 방법으로 제삼자로 하여금 재물의 교부를 받게 하거나 재산상의 이익을 취득하게 한 때에도 전항의 형과 같다.
33) 「형법」 제349조(부당이득) ① 사람의 궁박한 상태를 이용하여 현저하게 부당한 이익을 취득한 자는 3년 이하의 징역 또는 1천만 원 이하의 벌금에 처한다. <개정 1995.12.29> ② 전항의 방법으로 제삼자로 하여금 부당한 이익을 취득하게 한 때에도 전항의 형과 같다.

Ⅲ. 윤리적 검토

가. 임상시험

임상시험(clinical test)의 사전적 정의는 환자에게 실제로 약을 먹이거나 시술함으로써 그 효과를 알아보는 시험이다. 인간을 직접 대상으로 하는 의약품과 임상검사의 임상시험 및 기기의 임상적용 또는 임상시술 연구를 지칭하는 것이다. 다시 말해, 병원 의료진이 인간 피험자를 대상으로 의약품, 시술법, 의료용구 등을 시험하는 일체 행위를 말한다. 임상시험은 인간을 대상으로 하기 때문에 과학적 증명도 중요하지만 피험자의 인권보호 차원에서 윤리적으로 적절하게 실시될 것이 요구된다.[34] 인간을 대상으로 하는 연구에 관한 윤리는 환자를 대상으로 하는 치료적·비치료적 실험을 포함하여 인체와 관련된 모든 연구의 윤리를 포함하고, 각각의 연구 분야는 고유한 윤리적 문제들을 갖고 있다. 이러한 임상시험에 대해 필요성과 문제점은 다음과 같다. 인간을 대상으로 하는 임상시험은 '의학의 진보를 위한 필요악'으로서 인간의 질병을 치료하고 건강을 증진시키기 위한 의학지식의 향상과 의료기술의 발전을 위해 불가피한 선택으로 보인다. 그래서 임상시험은 의학의 발전과 더불어 다양하게 발전되어왔다. 그러나 이러한 발달과정에서 많은 윤리적인 문제를 야기시켰던 것 역시 사실이다. 임상시험의 윤리적 문제는 각 상황별로 매우 다양하게 전개되어 이를 일률적으로 정의하거나 판단하는 것은 무리라 할 수 있다.

나. 윤리적 접근

인간 대상 실험의 윤리적 원칙은 다음과 같다.
▶ 인간을 대상으로 하는 시험은 그 목적이 무엇이든지 책임이 따른다.

---

34) 문한림, 「암 임상시험에 있어 피험자 동의와 윤리적인 문제」, 암 심포지엄, 1995.

▶ 의학의 발전은 선택의 사항이며, 생명과 안전은 이 사회의 가치 지향
  이다.
▶ 환자의 질병의 고통과 생명의 위협으로부터 구해야 하는 것은 의사의 의
  무이다.
▶ 가장 우려스러운 것은 의학적 진보의 둔화가 아니라 도덕적 가치의 붕괴
  이다.[35]

임상시험에 대한 국제적 기준을 보면, 뉘른베르크 강령에서는 ⅰ) 인체실험
대상자의 "충분한 정보에 근거한 자발적인 동의"를 절대적 기준으로 하고 있
으며, ⅱ) 실험의 성격, 기간, 목적, 실험 방법 및 수단, 예상되는 불편 및 위험,
실험에 참여함으로써 생길 수 있는 건강 이상 등 영향에 대하여 설명의무 등
을 주요 사항으로 하고 있다.

헬싱키 선언에서는 ⅰ) 피험자의 이익에 대한 고려를 과학 및 사회의 이익
에 우선시해야 하고, ⅱ) 연구 자체의 목적과 방법, 예견되는 이익과 내재하는
위험성, 그에 따르는 고통 등에 관하여 피험자에게 사전에 충분히 알려 주어
야 하며 또한 그들로부터 충분한 설명에 근거하여 자유로이 이루어진 동의를
받아야 하고, ⅲ) 연구자는 모든 재정적 이해관계를 윤리심사위원회와 잠재적
연구 참여자에게 밝혀야 하며, 간행되는 논문에도 이를 명시해야 한다고 한다.

다. 환자의 복지가 최우선

과학기술발전보다 피험자의 건강과 복지가 최우선이다. 과학기술의 발전과
환자 또는 피험자의 복지를 헬싱키선언을 중심으로 인간대상연구의 기본적인
원칙[36]을 보면 "피험자의 건강과 복지 최우선"으로 하고 있다. 인체를 이용한
의학연구에 있어서 피험자의 복지에 대한 고려가 과학적·사회적인 면의 이

---

35) 의학발전과 인체실험, 『기술의학윤리』, 한스 요나스 지음, 이유택 역, 솔출판사, 2005.12.
36) WORLD MEDICAL ASSOCIATION DECLARATION OF HELSINKI 2000; Ethical
    Principle for medical research involving Human Subjects.

익보다 우선시되어야 한다고 명확히 선언하고 있다. 따라서 인간을 대상으로 하는 의학연구는 피험자의 건강과 복지를 최우선으로 해야 하며, 연구는 과학적으로 타당한 연구목적을 지녀야 하고, 그 중요성이 피험자가 받을 위험과 부담보다 월등할 때에만 수행되어야 한다고 한다. 이러한 차원에서 바라보면, 피험자의 복지향상 대신 부담전가는 곤란하다. 임상시험 대상자 중 가장 손쉬운 대상은 환자이다. 다른 대상보다는 쉽게 될 수 있다. 그러나 이미 질병의 고통 속에 있는 환자에게 위험과 부담을 전가하는 것은 바람직하지 않다. 이들은 오히려 더 보살핌을 받아야 하는 사람들이라 할 수 있다. 많은 사회보건복지가 환자를 지원하고 살리는 데 초점을 두고 있는 반면, 본 제도는 그 반대로 가고 있는 것이다. 보건복지부가 국민의 보건복지향상을 목표로 두고 있음에도 정작 보호받아야 할 열악한 환자와 가족의 처지를 악용하는 것은 이해하기 어려운 것이다.

보건의료기술 발전은 정부의 책임이다. 이러한 책임을 환자에게 전가하는 것은 옳지 않다. 「보건의료기술 진흥법」 제3조에서는 '정부는 보건의료기술의 진흥을 위한 연구개발 활동과 보건신기술을 장려하고 보호육성하기 위한 정책을 마련하여 시행하여야 하며, 이에 필요한 비용을 지원할 수 있다'고 규정하고 있다. 보건의료기술의 진흥을 위한 의무의 주체는 정부임을 분명히 하고 있고, 이에 재정적 지원까지 포함하고 있다. 이러한 상황에서 연구중심병원 등 병원의 연구역량 강화를 위해 환자에게 임상시험에 대하여 비용부담을 지우는 것은 보건의료기술 진흥의 책임을 전가하는 것이라 볼 수밖에 없다.

Ⅳ. 보험급여원리상 검토

1. 보험급여체계상 검토

현행 우리나라는 "침습적 행위-임상시험-의료행위-신의료기술(신청-평가-결정-고시)-요양급여 적용"으로 이어지는 보건의료체계와 건강보험급여체계를 가지고 있다. 이러한 관리체계를 무시하고 요양급여를 임상시험 단계로 앞당기어 건강보험법령에서 규정되어야 할 요양급여 및 비급여를 「보건의료기술진흥법」에서 규정하려는 것은 위험하고 상식 이하의 발상이라 판단된다. 건강보험체계는 현행 우리나라 보건의료체계의 중심적 역할을 하고 있다. 또한 건강보험법과 의료법을 비롯하여 각종 사회보험체계와의 연계성도 높다. 이러한 체계성과 연관성은 거시적 관점과 법적 관점에서 검토되어야 한다. 행정적·정치적인 사유로 건강보험급여체계성을 와해시키는 것은 바람직하지 못하다. 앞에서 살펴본 바와 같이, 건강보험법상 비급여 원칙 및 기준과 항목을 정해놓았음에도 이에 전혀 해당하지 아니한 임상시험연구비를 비급여로 정하고, 그것도 건강보험과 전혀 상관없는 법에 규정해놓는 것은 그간 이루어놓은 건강보험 체계를 일순간에 무력화시킬 수 있는 매우 위험한 발상이라 할 수 있다.

2. 건강보험료 적용에 대한 타당성 검토

가. 건강보험료의 내재적 한계

건강보험은 사회보험이고 사회보험은 그 원리에 따라 보험자 및 가입자가 있으며, 가입자가 지불하는 보험료는 그 속성상 사용하는 범위가 정해져 있다. 그 이익은 보험가입자에게 돌아가야 보험원리에 부합된다. 즉, 보험과 기금의 차이는 가입자와 수혜자의 동일성 여부에 있다. 마치 보험료를 보건의료예산처럼 사용한다면, 우리나라도 사회보험 방식은 NHS로 하여 조세방식으로 거두어 운영되어야 하는 것이다.

나. 입법목적 위배

「국민건강보험법」과 「보건의료기술 진흥법」의 목적하는 바가 상이하다. 「국민건강보험법」은 제1조에서 "국민의 질병·부상에 대한 예방·진단·진료·재활과 출산·사망 및 건강증진에 대하여 보험급여를 실시함으로써 국민보건을 향상시키고 사회보장을 증진함을 목적으로 한다"고 규정하고 있다. 하지만 「보건의료기술 진흥법」에서는 제1조 목적에서 "보건의료기술의 진흥에 관한 기본계획의 수립, 보건의료기술 연구개발사업의 수행, 보건신기술의 인증 및 보건의료정보 등에 관한 사항을 규정하고 보건의료기술에 대한 분석 등의 업무를 수행하는 한국보건의료연구원을 설립함으로써, 보건의료산업의 건실한 발전과 국민건강증진에 이바지함을 목적으로 한다"고 규정하고 있다. 이처럼 「국민건강보험법」과 「보건의료기술 진흥법」은 법목적 규정에서 보듯이 각 법이 지향하는 입법적 목적이 상이함을 알 수 있다.

「국민건강보험법」 제62조(보험료)에서는 건강보험의 보험자인 공단은 "건강보험사업에 소용되는 비용을 충당하기 위하여 보험료 납입의무자로부터 보험료를 징수한다"고 규정하고 있다. 또한 「국민건강보험법」 제33조(회계) 제3항에서는 건강보험사업에 관한 회계를 공단의 다른 회계와 구분하여 계리하도록 의무화하고 있어, 가입자가 납입한 건강보험료의 목적 외 사용에 대해 불가함을 분명히 하고 있다고 볼 수 있다. 건강보험료는 비록 사회보험으로 강제성을 갖고 보건복지부 장관이 관장은 하고 있으나, 엄연히 조세나 기금이 아닌 보험료로서의 재원의 본질을 잃지 않는 가운데 법에 의해 정해진 바에 따라 집행되어야 한다. 즉, 건강보험료는 건강보험사업에 한하여 사용될 수 있으며, 그렇지 않은 경우에는 징수할 수 없거나 가입자는 보험료 납입을 정당하게 거부할 수 있다고 해석될 수 있다. 따라서 건강보험법 목적에 위배되는 사업을 위해 보험료를 사용한다면, 가입자인 국민은 보험료 납입을 정당하게 거부하거나 부정사용 및 관리에 대해 위헌법률심판 등을 통해 법적 책임을 물을 수 있다.

3. 형평성 등 비급여적용의 문제점

비급여라 함은 본인이 전액부담한다는 측면 이외에 가격의 임의성이 더 큰 문제라 할 수 있다. 임상시험의 비용을 비급여로 하는 경우 비급여는 특성상 가격 통제가 이루어지지 않으므로 그 절박성에 따라 비용이 올라갈 수 있는 것이다. 그러한 차원에서 본다면, 경제적 능력에 따른 형평성 시비가 발생할 수 있다. 통상 마지막 희망으로 임상시험을 택한 경우에도 경제적 능력에 따라 그 비용지불이 곤란한 저소득층은 그 희망마저도 가져볼 수 없게 되어, 생명이라는 절대적인 가치에 소득의 빈부차이가 개입되는 형평성 시비로부터 자유로울 수 없을 것이다. 이는 의료 이용의 형평성(equity) 차원에서 경제적인 이유로 의료 이용에 공정하지 못한 의미를 갖게 되는 것으로서 부당하다. 특히 그 가운데에서도 고소득층은 더 안전한 시험을 택할 가능성이 높고, 저소득층은 저렴하지만 위험부담이 더 큰 시험을 택할 가능성이 있다. 이는 생명이라는 절대가치를 훼손하는 심각한 결과를 초래할 것으로 보인다. 따라서 형평성 문제제기, 절박성으로 인한 가격상승 등의 윤리적 문제를 야기할 가능성이 높다.

Ⅴ. 맺음말

의료기관의 연구역량을 강화하여 진료중심에서 탈피한 연구중심병원을 지원하기 위함에 대한 비판으로, 대형의료기관의 집중현상과 진료중심현상에서 연구중심으로 전환하기 위해 비윤리적 및 법체계상 오류를 범하면서까지 지원하려는 것은 문제의 접근에서 오류를 범하고 있다고 판단된다. 즉, 대형의료기관의 집중현상과 진료중심현상은 의료기관의 대형화에 근본적인 문제를 두고 있는 것이므로, 이에 대한 해결책을 마련해야 하는 것이다.

의료기관은 그 종별에 대해 의료법에서 규정하고 있지만 종별에 따른 가산율은 건강보험사항이다. 현행 의료기관은 병상 수, 조직인력 등 의료기관의 역할과 기능측면보다는 양적, 외형측면에 따라 평가를 받게 되어 있다. 또한 대형병원으로 인정받으면 이에 따라 종별가산율을 올려주는 체계로 되어 있어, 유리한 종별가산율을 받기 위해서 의료기관은 대형화를 추구했고 이는 관련규정을 잘못 만들고 운영한 측면이 크다 하겠다. 종별가산율은 의료기관 종별인정기준과는 다른 수가의 보전측면에서 검토되어야 할 사항이며, 이는 기준 설정 후 행정적 사항으로 향후 검토되어야 할 사항이라 할 수 있다. 즉, 의료법상 의료기관 종별기준과 건강보험법상 수가 보전은 다른 차원에서 검토되어야 한다. 따라서 의료기관의 대형화로 인한 문제발생과 연구기능의 강화는 비단 재정지원만으로 해결될 사안이 아니며, 그 원인에 대한 심도 있는 재분석이 필요하다. 임상의학연구는 현재보다 더 강화되어야 하는 것은 당연하고 분명한 명제이다. 그러나 윤리적·법적 문제까지 야기시키면서 보호되어야 할 피험자에게 위험과 부담까지 떠넘기면서 추진할 일은 분명 아니라 할 것이다. 왜냐하면, 보건의료기술의 진흥은 국가의 책무이며 직접적으로는 보건복지부의 의무전가라 할 수 있기 때문이다.

임상시험을 수용하는 환자의 목적은 단 하나이다. 더 이상 치료방법이 없을 경우 마지막 희망이라 판단되는 것으로 이에 대한 문제는 다음과 같다.

우선, 의학기술의 발전이라는 명목하에 이러한 환자의 절박한 심정을 이용하려는 것은 의료윤리, 연구윤리에 반하고, 돈이 없는 자의 경우 이마저도 선택할 수 없는 형평성에 심각한 문제를 초래할 것이다. 또한 이러한 의료기술의 발전의 수혜자는 개발자이고, 생명과 재산을 털어 투자한 피험자에게 개발된 이익은 배분되는 것인지도 의문이다. 의료기술, 과학기술의 발전의 의무자는 국가이다. 이러한 국가의 의무를 가장 보호받아야 할 환자에게 전가하는 것은 어떠한 이유로도 설명될 수 없을 것이다. 나아가 건강보험을 비롯한 보건의료체계를 와해시키면서까지 시행할 이익은 찾기 어려울 것이다. 건강보험료의 법정용도가 아닌 부당한 사용에 따른 파장은 실로 감당할 수 없다. 따라서 임상시험 수행 등 보건의료기술진흥발전에 필요한 연구재정을 정부에서 지원하도록 하여야 하며, 그 재원은 국민의 보험료로 충당할 수 없고, 연구윤리적으로도 보건의료기술진흥 발전의 의무의 주체는 국가와 정부에 있음에도 국민의 보험료로 이를 충당하는 것은 책임전가로서 합당하지 않다. 더욱이, 피험자를 통한 보건의료기술발전보다는 오히려 임상시험의 부작용으로 인하여 피험자에게 악영향이 발생하였을 경우, 임상시험으로 정당성을 찾고 넘어가기보다는 그 피해 구제를 위한 방안을 모색해야 할 것이다.

제3장 국민건강증진과 담배사업규제

Ⅰ. 담배규제 국제동향

1. 개요

흡연과 관련된 질병과 사망을 줄이고자 하는 국제적인 노력의 결실로 담배규제기본협약이 2003년 5월 21일 192개 WHO 회원국의 만장일치로 채택되었으며, 2004년 11월 29일 협약 발효의 필요조건인 40개국이 비준함으로써 2005년 2월 27일부터 발효되었다. FCTC는 흡연문제가 인류의 건강을 심각하게 위협하고 있다는 인식 아래 이 긴급한 문제에 대처하기 위한 최초의 구속력 있는 국제문서이며 최초의 보건관련 국제협약이다. 우리나라는 2003년 7월 21일 협약에 서명하였으며, 2005년 5월 16일 비준하였다(다자조약, 제1743호, 2005.8.19).

WHO에서 주도한 담배규제기본협약은 전 세계의 모든 국가가 공동으로, 담배소비 및 흡연율 감소를 위한 필요한 종합적인 조치들을 적절한 시기, 대상, 장소에서 활용하게 함으로써 담배규제의 효과를 극대화하였다는 점에서 의의가 크다고 할 수 있다. 미국은 2009년 제정된 「가족금연 및 담배규제법(Family Smoking Prevention and Tobacco Control Act)」을 통하여, FDA(Food and Drug Administration)가 공중보건업무와 관련된 문제(청소년 흡연, 담배의존성)들에 대해 표명할 권한이 있음을 확인하고, FDA에 담배제품의 제조를 통제하고, 성분표시 등에 국가적 표준을 정할 권한을 부여하였다. 또한 담배제품의 건강 및 안전성 관련 조사 자료를 소비자에게 보다 잘 공개될 수 있도록 하였으며, 미성년자에의 담배제품에 대한 접근 및 판매 금지조치는 물론 담배 관련 질병으로 인한 사회적 비용을 축소하기 위한 조치와 담배제품의 불법거래 방지 등을 규정하였다. 2012년 11월 서울에서 열리는 세계보건기구 담배규제기본협약(FCTC) 제5차 총회가 개최된다. 세계 170여 개국이 비준한 담배규제기본협약(FCTC)은 금연정책의 기본협약이며 우리나라 국회에서도 비준한 국제법이다. 세계보건기구 담배규제기본협약(FCTC) 제5차 총회는 우리의 금연정책을

세계에 알리고 선진국의 금연정책을 공론화하여 채택할 수 있는 좋은 기회가
될 것이다.

2. 의의

가. FCTC 의의

흡연과 관련된 질병과 사망을 줄이고자 하는 국제적인 노력의 결실로「담
배규제기본협약」(또는 담배규제에 관한 골격협약, Framework Convention on
Tobacco Control: FCTC)이 2003년 5월 21일 192개 WHO 회원국의 만장일치로
채택되었으며, 2004년 11월 29일 협약 발효의 필요조건인 40개국이 비준함으
로써 2005년 2월 27일부터 발효되었다(서미경, 2007: 103). FCTC는 흡연문제
가 인류의 건강을 심각하게 위협하고 있다는 인식 아래 이 긴급한 문제에 대
처하기 위한 최초의 구속력 있는 국제문서이며(김대순, 2007: 37), 최초의 보건
관련 국제협약이다(서미경, 2001). 우리나라는 2003년 7월 21일 협약에 서명하
였으며, 2005년 5월 16일 비준하였다[다자조약, 제1743호, 2005.8.19]. WHO에
서 주도한 담배규제기본협약은 전 세계의 모든 국가가 공동으로, 담배소비 및
흡연율 감소를 위한 필요한 종합적인 조치들을 적절한 시기, 대상, 장소에서
활용하게 함으로써 담배규제의 효과를 극대화하였다는 점에서 의의가 있다
(서미경, 2005: 7). 우리나라는 동 협약상의 각종 담배규제 및 금연정책을 준수
일정에 따라 법제화하여 추진하여야 할 국제법상의 의무를 부담하고 있다(황
성기 · 이희정 · 정호경 · 이헌욱, 2009: 38).「대한민국헌법」 제6조 제1항은
"헌법에 의하여 체결 · 공포된 조약과 일반적으로 승인된 국제법규는 국내법
과 같은 효력을 가진다"라고 규정하고 있다.[37] 여기에서의 '조약'이라 함은

---

37) 일견하여 이 규정은 국제법과 국내법의 관계를 명확하게 표현한 것처럼 보이나 사실은 그
    렇지 못하다. 국내법과의 관계에서 국제법의 지위나 규범적용의 방법에서 국제법의 적용
    방법에 관하여 많은 논의들이 진행되어 왔음이 이를 증명함(박찬운, 2007: 143).

조약, 협약, 협정, 규약 등 명칭을 불문하고 국제법률관계를 설정하기 위하여
체결한 국제법주체 상호 간의 문서에 의한 합의를 말한다.

나. 조약의 국내적 효력

「대한민국헌법」 제6조 제1항에 의하여 유효하게 성립하고 공포된 조약은
국내법과 동일한 효력을 가진다. 조약의 국내법으로의 수용방식에 대하여는
변형이론, 수용이론, 집행이론의 세 견해로 나뉘고 있다. 변형이론은 국제법과
국내법을 각기 서로 다른 별개의 법체계로 보는 이원론[38])에 근거하며, 조약이
의회의 입법을 통하여 국내법으로 변화되어야만 국내법 질서의 일부를 형성
할 수 있다고 보는 방식이다. 즉, 조약이 국내적으로 효력을 갖는 것은 조약
그 자체가 아니라 조약의 내용을 담은 국내 법률이라는 것이다. 수용이론은
조약이 의회에 의한 입법적 변형 없이 조약으로서의 성질을 그대로 가지고 그
자체로서 국내적으로 효력을 발생한다고 본다. 이때 조약의 국내적 효력상의
순위는 각국의 헌법에 의하여 별도로 정해진다. 집행이론에 따르면 동의법률
이 오직 조약내용의 집행명령만을 포함할 뿐이라고 한다. 즉, 조약 그 자체로
서 국내적 효력을 갖게 된다는 것이다. 우리나라 학설은 대체로 수용이론을
취한 것으로 해석되고 있다. 이에 국회의 비준동의권은 이른바 일반적 변형기
능을 수행하는 것이 아니라 행정부의 조약체결에 대한 정치적 통제행위에 불
과하다 할 것이다.

다. 국내법체계 및 조약의 지위

조약과 헌법이 충돌할 경우에는 헌법의 헌법인 헌법조문에 국제평화주의와

---

38) 전통적으로 국제법과 국내법의 관계를 설명할 때 일원론과 이원론의 대립이 있는 것으로
논의되고 있음. 일원론은 국제법과 국내법의 관계를 별개의 법체계가 아닌 하나의 통일적
법체계로 파악하며, 국내 국제법 학자들은 일치하고 있으며, 헌법학자들도 크게 다르지
않음. 다만, 국제법과 국내법의 서열문제에 있어 견해를 달리하여 국내법우위설과 국제법
우위설로 나뉨.

국제법존중주의를 헌법의 기본원칙으로 밝히고 있다는 것에 근거하는 조약우
위설과 조약을 국회의 동의를 요하는 조약 및 이를 요하지 아니하는 조약으로
나누어 전자에 대하여는 법률과 동일한 효력을, 후자에 대하여는 대통령령과
동일한 효력을 인정하는 헌법우위설 중 헌법우위설이 국내 다수설이다. 조약
에 대한 헌법우위의 근거로 국민주권주의에 기초하여 조약의 헌법 변경적 효
력을 인정할 수 없다는 점에 견해의 일치를 보이고 있다(정경수, 2008: 104).
그리고 조약을 동의조약과 비동의조약으로 나누는 것은 비동의조약이 동의조
약과 달리 국회의 참여 없이 대통령이 단독으로 체결하기 때문에 비동의조약
에 법률과 동등한 지위를 부여하면 조약체결권자인 대통령에게 법률제정권을
부여하는 결과가 되어 권력분립원칙에 대한 중대한 침해가 되기 때문이다(김
민서, 2001: 43).

　조약이 법률과 동일한 효력을 가질 경우 상호 간의 충돌 시 신법·특별법
우선의 원칙과 국내 법률이 국제조약과 조화되도록 해석되어야 한다는 원칙
이 원용이다. 다만, 일자(김대순, 2006: 192)는 조약 중에서 입법적 다자조약은
법률에 우선한다고 주장한다. 한편, 비동의조약은 법률보다 하위이므로 비동
의조약이 국회가 제정한 법률을 개폐할 수 없고, 오히려 대통령이 법률과의
충돌가능성을 피하고 또한 비동의조약의 이행을 위해 국회의 협조가 필요하
게 되며 국회의 의사를 존중하게 된다(김민서, 2001: 44).

라. 헌법재판소 및 대법원의 입장

　헌법재판소는 국내법적 효력을 갖는 조약과 헌법의 관계에 관한 헌법재판
에서 조약이 위헌심판대상이라는 입장을 확고히 정립하고 있다.[39] 국회동의
필요조약의 국내법적 지위에 대하여는 헌법재판소는 국내 법률과 동일한 것
으로 판시하고 있으며,[40] 대법원도 국내 법률과 동일한 효력을 인정하고 있

---

39) 헌법재판소, 『헌법재판소실무제요』(1998), 75쪽; 헌법재판소 1995.12.28. 선고 95헌바3
　　결정.
40) 헌법재판소 1998.11.26. 선고 97헌바65 결정; 헌법재판소 2001.9.27. 선고 2000헌바20

다.[41] 국회부동의조약에 대해서는 헌법재판소가 명령과 동일시하는 것으로
보는 듯하나,[42] 대법원 판결례는 없다. 다만, 서울고등법원이 '베트남인 범죄
인 인도심사청구' 사건에서 국내법으로서 1988. 8. 5. 공포되어 시행되고 있는
범죄인인도법과 조약으로서 대한민국과 청구국 사이에 2003. 9. 15. 체결하여
2005. 4. 19. 발효된 「대한민국과 베트남사회주의공화국 간의 범죄인인도조약」
(이하 '이 사건 인도조약'이라 한다)에 관련 규정이 있는데, 우리나라 「헌법」
은 "헌법에 의하여 체결, 공포된 조약과 일반적으로 승인된 국제법규는 국내
법과 같은 효력을 가진다"고 규정하고 있고(「헌법」 제6조 제1항), 이러한 헌법
규정 아래에서는 국회의 동의를 요하는 조약은 법률과 동일한 효력을, 국회의
동의를 요하지 않는 조약은 대통령령과 같은 효력을 인정하는 것이라고 해석
함이 타당하므로, 이 사건 인도조약은 국회의 비준을 거친 조약으로서 법률과
동일한 효력을 가지는 것이라 할 것이고, 따라서 대한민국이 청구국에 대하여
범죄인을 인도할 의무가 있는지 여부를 판단함에 있어서는 신법 우선의 원칙,
특별법 우선의 원칙 등 법률해석의 일반원칙에 의하여 이 사건 인도조약이 범
죄인인도법에 우선하여 적용되어야 한다[43]고 해석한 바 있다.

마. FCTC의 국내법적 효력

앞서 살핀 바와 같이 우리나라는 FCTC에 대하여 2003년 7월 21일 협약에
서명하였으며, 2005년 5월 16일 비준하였는바, 국회의 동의가 없었다. 국회의

결정.

41) GATT는 1994.12.16. 국회의 동의를 얻어 같은 달 23. 대통령의 비준을 거쳐 같은 달 30.
   공포되고 1995.1.1. 시행된 조약인 WTO협정(조약 1265호)의 부속 협정(다자간 무역협
   정)이고, '정부조달에 관한 협정(Agreement on Government Procurement, 이하 'AGP'
   라 한다)'은 1994.12.16. 국회의 동의를 얻어 1997.1.3. 공포·시행된 조약(조약 1363호,
   복수국가 간 무역협정)으로서 각 헌법 제6조 제1항에 의하여 국내법령과 동일한 효력을
   가지므로 지방자치단체가 제정한 조례가 GATT나 AGP에 위반되는 경우에는 그 효력이
   없다고 할 것이다(대법원 2005.9.9. 선고 2004추10 판결). 따름 판결로는 대법원
   2008.12.24. 선고 2004추72 판결이 있다. 대법원 1988.9.27. 선고 83누126 판결도 참조.
42) 헌법재판소 1995.12.28. 선고 95헌바3 결정.
43) 서울고등법원 2006.7.27. 선고 2006토1 결정.

동의를 요하는 조약으로 우리 헌법은 상호원조 또는 안전보장에 관한 조약, 중요한 국제조직에 관한 조약, 우호통상항해조약, 주권의 제약에 관한 조약, 강화조약, 국가나 국민에게 중대한 재정적 부담을 지우는 조약 또는 입법사항에 관한 조약을 들고 있다.44) 어떠한 조약이 체결에 앞서서 국회의 동의를 요하느냐는 「헌법」 제60조 제1항에 규정되어 있지만, 그 각각의 사유의 구체적 의미와 실태에 관하여는 아직 연구가 그다지 많지 않다(정인섭, 2002: 79). 조약체결에 대한 국회의 동의여부는 「헌법」 제60조 제1항의 해석과 적용에 관한 문제이므로 이에 대한 최종적인 유권해석은 주무부서라고 할 수 있는 행정부의 의견을 존중하여, 헌법재판소가 하게 될 것이다(김민서, 2001: 35).

동 협약은 그 이름에서 보는 바와 같이 담배 그 자체를 즉각적으로 금지 내지는 추방하기 위한 것이 아닌, 일정 "통제"를 위한 협약이며, 동시에 담배 통제를 위한 한 개의 "골격"협약이다. 대체로 골격협약이라 함은 다자조약에서 한 개의 느슨한 기본원칙을 수립하되 계속적인 이행을 염두에 두고 이를 위한 장치를 갖추고 있는 경우를 지칭하는데, 협약의 골격적 성격은 그 이름에서뿐만 아니라 몇 개의 조항에서도 직접 확인이 가능하다(김대순, 2007: 38). 그렇지만 협약의 관련규정들을 구체적으로 어느 범위까지 어떻게 이행할 것인지를 결정짓는 이행법령(implementations law or regulations)을 제정하는 문제가 제기되지 않을 수 없을 것이다(김대순, 2004: 15). 예컨대, FCTC 제7조 제2문은 "각 당사국은 제8조 내지 제13조의 규정에 따른 의무사항을 이행하기 위하여 필요한 효과적인 입법, 집행, 행정 또는 그 밖의 조치를 채택하고 시행하며, 필요한 경우 그 시행을 위하여 그 밖의 당사국과 직접 또는 권한 있는 국제기관을 통하여 상호 협력한다"고 규정하여 입법적 의무를 지우고 있다. 담배규제기본협약은 담배규제를 위해 비준국에 제조, 생산, 유통, 소비의 전 과정에 있어서 각종 규제 장치를 준수일정에 따라 국내법으로 입법화할 것을 요구하고 있다(윤혜순, 2010: 112).

---

44) 「대한민국헌법」 제60조 제1항.

3. FCTC의 내용

가. 개요

담배규제기본협약(FCTC)은 11개의 장과 38개의 조항으로 구성되어 있다. FCTC의 주요 내용은 담배규제를 위한 담배수요 감소 조치와 담배공급 감소 조치이다. 담배수요 감소 조치에는 담배수요의 감소를 위한 가격 및 조세 조치, 비가격 조치, 담배연기에 대한 노출로부터의 보호, 담배제품의 성분에 관한 규제, 담배제품의 공개에 관한 규제, 담배제품의 포장 및 라벨, 교육·의사소통·훈련 및 공중의 인식, 담배광고·판촉 및 후원, 담배중독 및 금연과 관련한 수요 감소 조치가 규정되어 있다. 담배공급 감소 조치에는 담배제품의 불법거래, 미성년자에 대한 담배판매 및 미성년자의 구매, 경제적으로 실행 가능한 대체활동을 위한 지원 제공이 규정되어 있다. 이 외에 환경보호, 책임과 관련된 문제, 과학·기술 협력과 정보교류, 제도적 장치 및 재원, 분쟁해결 등이 규정되어 있다.

협약은 "담배제품"의 정의를 담뱃잎을 원료의 전부 또는 일부로 하여, 피우거나 빨거나 씹거나 또는 냄새 맡기를 위하여 제작된 제품을 의미한다고 하고 있다(제1조 바목). 우리나라 「담배사업법」 제2조는 담배의 정의를 "담배"라 함은 연초의 잎을 원료의 전부 또는 일부로 하여 피우거나 빨거나 씹거나 또는 냄새 맡기에 적합한 상태로 제조한 것을 말한다고 하여 담배의 정의에 대하여 협약과 동일하다 할 수 있다. 전자담배 또한 연초의 잎을 원료의 일부로 사용하는 경우에 해당하기 때문에 담배제품에 포섭되는 것으로 보아야 할 것이다.[45] FCTC 당사국 총회에서는 2006년부터 협약의 이행을 보조하기 위하여 의정서개발 및 가이드라인 개발을 추진해왔고, 제5조 제3항의 담배업계로부터 금연정책의 보호, 제8조의 담배연기 노출로부터의 보호, 제11조의 담배제품의 포장 및 라벨, 그리고 제13조의 담배광고, 판촉, 후원에 대한 협약 이행

---

45) 동지: 황성기·이희정·정호경·이헌욱(2009), 251면 이하.

가이드라인이 승인되었다.46)

나. 담배수요 감소 조치

담배수요를 감소시키기 위한 조치는 가격 및 조세를 통한 조치와 비가격조치로 크게 나누어볼 수 있다. 우선 가격 및 조세를 통한 조치로 협약 제6조는 담배수요의 감소를 위한 가격 및 조세 조치와 관련하여 조세정책의 결정과 수립이라는 당사국의 주권적 권리를 저해함이 없이 담배규제와 관련된 국민보건의 목적을 고려하고 적절한 경우에는 "담배소비의 감소라는 보건 목적에 기여하기 위하여 담배제품에 대한 조세정책과 적절한 경우에는 가격정책을 시행" 및 "적절한 경우, 면세와 무관세 담배제품의 국제여행객에 대한 판매 또는 이들에 의한 수입을 금지 또는 제한"을 채택 또는 유지토록 규정하고 있다. 협약 제5조 제2항 이행 가이드라인은 당사국들이 담배업계에 특별 세금 공제를 해주지 않도록 권고하고 있다(제7조 제3항). 또한 비가격 조치로 협약 제7조는 담배연기에 대한 노출로부터의 보호(제8조), 담배제품의 성분에 관한 규제(제9조), 담배제품의 공개에 관한 규제(제10조), 담배제품의 포장 및 라벨(제11조), 교육·의사소통·훈련 및 공중의 인식(제12조), 담배광고·판촉 및 후원(제13조), 담배중독 및 금연과 관련한 수요 감소 조치(제14조)와 같은 비가격 조치를 이행하기 위하여 필요한 효과적인 입법·집행·행정 또는 그 밖의 조치를 채택하고 시행하며, 필요한 경우 그 시행을 위하여 그 밖의 당사국과 직접 또는 권한 있는 국제기관을 통하여 상호 협력한다고 규정하고 있음.

---

46) Guidelines for implementation of Article 5.3 of The WHO Framework Convention on Tobacco Control(2007년 제2차 및 2008년 제3차 당사국총회에서 승인되었음. 이하 "협약 제5조 제2항 이행 가이드라인"이라 함), Guidelines for implementation of Article 8 of The WHO Framework Convention on Tobacco Control(2007년 제2차 당사국총회에서 승인되었음. 이하 "협약 제8조 이행 가이드라인"이라 함), Guidelines for implementation of Article 11 of The WHO Framework Convention on Tobacco Control(이하 "협약 제11조 이행 가이드라인"이라 함), Guidelines for implementation of Article 13 of The WHO Framework Convention on Tobacco Control(이하 "협약 제13조 이행 가이드라인"이라 함).

(1) 담배연기에 대한 노출로부터의 보호

FCTC 제8조는 각 당사국으로 하여금 실내작업장, 대중교통수단, 실내공공장소 및 적절한 경우, 그 밖의 공공장소에서의 담배연기에 대한 노출로부터의 보호를 위하여 기존의 국가 관할분야에 있어서 효과적인 입법·집행·행정 또는 그 밖의 조치를 채택, 시행하며, 다른 관할의 측면에서는 그 조치의 채택 및 시행을 적극적으로 촉진하도록 규정하고 있다. 금연구역의 지정과 관련한 「국민건강증진법 시행규칙」 제7조와 관련하여 우리나라 헌법재판소는 "흡연권은 위와 같이 사생활의 자유를 실질적 핵으로 하는 것이고 혐연권은 사생활의 자유뿐만 아니라 생명권에까지 연결되는 것이므로 혐연권이 흡연권보다 상위의 기본권이라 할 수 있다. 이처럼 상하의 위계질서가 있는 기본권끼리 충돌하는 경우에는 상위기본권우선의 원칙에 따라 하위기본권이 제한될 수 있으므로, 결국 흡연권은 혐연권을 침해하지 않는 한에서 인정되어야 한다"고 판시한 바 있다.[47] 이 조문과 관련하여, 협약 제8조 이행 가이드라인은 입법 과정에서 주요 용어를 조심스럽게 다루는 것이 중요하다며, '수동적 흡연(passive smoking)' 및 '담배 연기에 대한 비자발적 노출(involuntary exposure to tobacco smoke)'과 같은 용어를 피해야 한다고 하고 있다. 동 가이드라인은 '간접흡연(second-hand tobacco smoke)', '연기 없는 공기(smoke free air)'에 대하여 정의를 내리고 있으며(제15조, 제16조), FCTC 제8조가 면제를 가능한 빨리 없애고 전반적인 보호로 나아갈 의무를 촉구하고 있다(제24조).

(2) 담배제품의 성분에 관한 규제

FCTC 제9조는 당사국총회로 하여금 권한 있는 국제기관과의 협의하에 담배제품의 성분 및 배출물을 시험, 측정하고 그 성분 및 배출물을 규제하기 위한 지침을 제안하고, 각 당사국이 권한 있는 국내 당국의 승인을 얻는 경우, 그 시험, 측정 및 규제를 위한 효과적인 입법·집행·행정 또는 그 밖의 조치를 채택하고 시행하도록 규정하고 있다.

---

47) 헌법재판소 2004.8.26. 선고 2003헌마457 전원재판부 결정.

(3) 담배제품의 공개에 관한 규제

FCTC 제10조는 국내법에 따라 담배제품의 제조업자 및 수입업자가 담배제품의 성분 및 배출물에 관한 정보를 정부당국에 제공하도록 요구하는 효과적인 입법 · 집행 · 행정 또는 그 밖의 조치를 채택하고 시행하고, 더 나아가 담배제품과 그 제품이 발생시키는 배출물의 독성 성분에 관한 정보를 일반인에게 공개하기 위한 효과적인 조치를 채택하고 시행하도록 규정하고 있다.

(4) 담배제품의 포장 및 라벨

FCTC 제11조는 담배제품의 포장 및 라벨이 허위, 오도, 기만적이거나, 제품의 특성, 건강에 대한 영향, 위험성 또는 배출물에 관한 잘못된 인상을 조장할 개연성이 있는 방법을 사용하여 담배제품을 홍보하여서는 아니 되며, 여기에는 특정 담배제품이 다른 담배제품보다 덜 유해하다는 잘못된 인상을 직간접적으로 조장하는 용어, 문구, 상표, 형상 또는 그 밖의 표시가 포함된다고 한다. "저타르", "라이트", "울트라 라이트" 또는 "마일드" 등의 용어가 이에 포함될 수 있다. 또한 담배제품의 각 갑포장 · 포포장 및 그 밖의 외부 포장과 라벨도 담배사용의 유해성을 기술하는 건강에 관한 경고문구를 포함하여야 하며, 그 밖의 적절한 전달문구를 포함할 수 있다. 이러한 경고문구 및 전달문구는 다음을 충족하여야 한다. 담배제품의 각 갑포장 · 포포장 및 그 밖의 외부 포장과 라벨은 국내 당국이 규정한 담배제품의 관련 성분 및 배출물에 관한 정보를 포함한다.

- 권한 있는 국내 당국의 승인
- 문구의 순환사용
- 넓은 면적, 명시성, 가시성 및 판독성
- 원칙적으로는 주요 표시면들의 50% 이상의 크기가 요구되나, 적어도 반드시 주요 표시면들의 30% 이상의 차지
- 사진이나 그림의 형식 또는 이의 일부 포함이 가능

(5) 교육, 의사소통, 훈련 및 공중의 인식

FCTC 제12조는 모든 가능한 의사소통 수단을 활용하여 담배규제 문제에 관한 공중의 인식을 적절하게 촉진 및 강화하며, 이를 위하여 각 당사국은 다음을 촉진하기 위한 효과적인 입법·집행·행정 또는 그 밖의 조치를 채택하고 시행하도록 규정하고 있다.

- 담배소비 및 담배연기에 대한 노출의 중독성을 포함하는 건강상의 위험에 관한 효과적이고 포괄적인 교육 및 공중의 인식 프로그램에의 광범위한 참여
- 담배소비 및 담배연기에 대한 노출로 인한 건강상의 위험과 제14조 제2항에 규정된 금연 및 금연생활의 이점에 대한 공중의 인식
- 국내법에 따라 이 협약의 목적과 관련된 담배업계에 관한 광범위한 정보에 대한 공중의 접근
- 보건 관계자, 지역사회 운동가, 사회복지사, 대중매체 전문가, 교육자, 정책결정자, 행정관료 및 그 밖의 관계자와 같은 인사를 대상으로 하는 담배규제에 관한 효과적이고 적절한 훈련 또는 인지, 인식 프로그램
- 담배규제를 위한 다분야 프로그램과 전략을 개발하고 시행하는 과정에 대한 담배업계와 연계되지 아니한 공공·민간기관 및 비정부기구의 인식과 참여
- 담배의 생산 및 소비로 인하여 발생하는 보건·경제·환경적 악영향에 관한 정보에 대한 공중의 인식과 접근

이 조와 관련하여 협약 제5조 제2항 이행 가이드라인은 모든 정부 관계자와 국민에게 담배의 중독성과 위해성, 담배업계의 상업적인 기득권과 담배규제 관련 공중보건정책의 수립과 이행을 방해하는 전략과 방책에 대한 인식을 높이도록 정보를 주고 교육해야 한다고 권고하고 있다(제1조 제1항). 또한 다목에 의거하여 법적인, 관리상의 행정적인 대책을 입안하고 이행해야 하며 협약의 목적에 관계되는 담배업계의 광범위한 활동(예를 들면 매점)에 대한 정보에 공중이 접근할 수 있도록 해야 한다고 권고하고 있다(제5조 제5항).

⑹ 담배광고·판촉 및 후원

FCTC 제13조는 자국의 헌법 또는 헌법상 원칙에 따라 모든 담배광고·판촉 및 후원에 대한 포괄적인 금지조치를 시행하도록 권고하고 있음. 이용 가능한 법적 환경과 기술적 수단에 따르는 것을 조건으로, 이 조치는 초국경적 광고·판촉 및 후원에 대한 포괄적인 금지조치를 포함한다고 한다. 또한 헌법 또는 헌법상 원칙에 따라 최소한 다음을 행하도록 권고하고 있다.

- 허위, 오도, 기만적이거나 제품의 특성, 건강에 대한 영향, 위험성 또는 배출물에 관한 잘못된 인상을 조장할 개연성이 있는 방법을 사용하여 담배제품을 홍보하는 모든 유형의 광고·판촉 및 후원을 금지한다.
- 모든 담배광고와 그리고 적절한 경우에는 판촉 및 후원에 대하여도 건강이나 그 밖의 적절한 내용의 경고 또는 전달문구를 포함시키도록 요구한다.
- 일반인의 담배제품 구매를 촉진할 수 있는 직간접적 유인책의 사용을 제한한다.
- 포괄적 금지조치가 시행되지 아니한 경우에는 아직 금지되지 아니한 광고·판촉 및 후원을 위한 담배업계의 지출금액을 관련 정부당국에 공개하도록 요구한다. 당국은 국내법이 허용하는 한, 그 지출금액을 일반인에게, 그리고 이 협약 제21조의 규정에 따라 당사국총회에 공개하도록 결정할 수 있다.
- 라디오, 텔레비전, 인쇄매체 및 적절한 경우 인터넷 같은 그 밖의 매체를 통한 담배광고·판촉 및 후원을 5년 이내에 포괄적으로 금지하되, 자국의 헌법 또는 헌법상 원칙으로 인하여 포괄적 금지를 시행할 수 없는 당사국의 경우에는 이에 대한 제한조치를 시행한다.
- 국제적 행사·활동 및 또는 그 참가자에 대한 담배후원을 금지하되, 자국의 헌법 또는 헌법상 원칙으로 인하여 금지조치를 시행할 수 없는 당사국의 경우에는 이에 대한 제한조치를 시행한다.

이 조와 관련하여 협약 제5조 제2항 이행 가이드라인은 당사국이 담배업계 및 담배업계의 이익을 위해 일하는 사람들로 하여금 정기적으로 정보를 제공하도록 요구할 것을 권고하면서 그 정보의 내용에 이 조에 의해 금지되는 활동 같은 '기타 활동'도 포함하고 있다(제5조 제2항). 또한 협약 제13조 이행 가이드라인은 일반적으로 광고, 판촉과 후원에 대한 포괄적 금지에 예외 없는 모든 형태의 광고·판촉·후원, 직접적 및 간접적 광고·판촉·후원, 판촉 의도를 가진 행위 및 판촉 효과를 유발하거나 유발할 개연성이 있는 행위, 담배 제품 및 담배 소비의 판촉, 상업적 커뮤니케이션·권고 및 행위 등이 포함되어야 한다고 권고하고 있다. 동 가이드라인은 소매점 판매 및 진열과 관련하여, 판매 관점에서 담배제품의 진열 및 가시성이 광고이므로, 그리고 자판기가 그 자체로 광고 및 판촉의 수단이므로 금지되도록 권고한다. 또한 포장 및 제품 모양(product features)과 관련하여서는, 포장 및 제품 디자인이 광고와 판촉의 중요한 요소이므로 단순한 포장을 의무화하도록, 인터넷 판매와 관련하여서는, 본질적으로 담배 광고 및 판촉을 포함하므로 금지하도록 권고하는 등 여러 권고를 하고 있다.

(7) 담배중독 및 금연과 관련한 수요 감소 조치

FCTC 제14조는 국내의 여건과 우선순위를 고려하여, 과학적인 증거와 최상의 관행을 기초로 하는 적절하고 종합적인 지침을 개발, 전파하고, 금연 및 담배중독의 적절한 치료를 촉진하기 위한 효과적인 조치를 취한다고 규정하고 있다. 그리고 다음의 노력을 권고하고 있다.

- 교육기관, 보건시설, 직장 및 운동 공간과 같은 장소에서의 금연촉진을 위한 효과적인 프로그램을 고안 및 실시한다.
- 적절한 경우에는 보건 관계자, 지역사회 운동가 및 사회복지사의 참여하에 담배중독에 대한 진단, 치료와 금연상담을 국가적 보건·교육 프로그램, 계획 및 전략에 포함한다.
- 담배중독의 진단·상담·예방 및 치료를 위한 프로그램을 보건시설과 재활센터에 개설한다.
- 이 협약 제22조의 규정에 따라, 의약제품을 포함하여, 담배중독 치료의 접

근성 및 비용감당 가능성을 촉진하기 위하여 다른 당사국과 협력한다. 그
러한 제품 및 구성물품은 적절한 경우, 의약품, 투약에 사용되는 제품 및
진단법을 포함할 수 있다.

다. 담배공급 감소 조치

(1) 담배제품의 불법거래

협약 제15조는 담배제품의 원산지를 판단하고 국내법 및 관련 양자 또는 다
자 협정에 따라 불법유통 지점을 결정하며, 담배제품의 이동 및 그 법적 상태
를 감시, 기록 및 통제하는 것을 용이하게 하기 위하여, 담배제품의 모든 갑포
장·포포장 및 그 밖의 외부 포장에 표시를 하도록 보장하는 효과적인 입법·
집행·행정 또는 그 밖의 조치를 채택, 시행하도록 권고하고 있다. 구체적으
로 다음과 같다.

- 자국의 국내 시장에서 도·소매로 판매되는 담배제품의 갑포장 및 포포장
  에 "(국명, 지방, 지역 또는 연방 단위의 명칭을 기입)에서만 판매가 허용
  됨"이라는 문구를 기재하거나, 최종 귀착지 또는 당국이 그 제품의 국내시
  장 판매의 합법성 여부를 판단하는 것을 용이하게 하는 그 밖의 효과적인
  표시를 기재하는 것을 요구한다.
- 적절한 경우, 유통체제를 더욱 보호하고 불법거래 수사를 지원하기 위한
  실용적인 추적 체제를 개발하는 것을 검토한다.

또한 담배제품의 불법거래 근절을 위하여 다음을 행하도록 규정하고 있다.

- 불법거래를 포함한 담배제품의 초국경적 거래에 관한 정보를 감시, 수집하
  며, 적절한 경우에는 국내법 및 적용 가능한 양자 또는 다자 협정에 따라,
  관세·조세 및 그 밖의 분야 당국 간에 정보를 교환한다.
- 위조 및 밀수 궐련을 포함하는 담배제품의 불법거래를 방지하기 위하여 적
  절한 처벌과 구제조치를 포함하는 법령을 제정 또는 강화한다.

- 몰수된 모든 제조 장비, 위조·밀수 관련 및 그 밖의 담배제품을 실행 가능한 경우, 환경친화적인 방법을 통하여 폐기하거나 국내법에 따라 처분하는 것을 보장하기 위한 적절한 조치를 시행한다.
- 자국 관할권 내에서 조세 및 관세가 면제되어 보관 또는 이동하는 담배제품의 보관 및 유통을 감시, 기록 및 통제하기 위한 조치를 채택 및 시행한다.
- 담배제품의 불법거래로 발생한 불법수입을 몰수할 수 있게 하는 적절한 조치를 채택한다.

(2) 미성년자에 대한 담배판매 및 미성년자의 구매

협약 제16조는 국내법령 내지 국가입법으로 정한 연령 또는 18세 미만인 자에 대한 담배제품의 판매를 금지하기 위하여 정부 내 적절한 차원에서 효과적인 입법·집행·행정 또는 그 밖의 조치를 채택하고 시행한다고 규정하고 있으며, 이러한 조치는 다음의 조치를 포함할 수 있다.

- 모든 담배제품 판매업자가 미성년자에 대한 담배판매 금지에 관한 선명하고 명확한 표지를 판매장소 내부에 설치하고, 의심스러운 경우에는 각 구매자에게 법정연령에 도달하였음을 증명하는 적절한 증명서의 제시를 요청하도록 요구한다.
- 상점의 선반 진열과 같이 담배제품에 대한 직접 접근이 가능한 모든 방식의 담배제품 판매를 금지한다.
- 미성년자에게 흥미를 유발시킬 수 있는 담배제품 형태의 사탕, 과자, 장난감 또는 그 밖의 물건의 제조 및 판매를 금지한다.
- 자국의 관할하에 있는 담배자동판매기에 미성년자가 접근할 수 없도록 하며, 담배자동판매기로 인하여 미성년자에 대한 담배제품의 판매가 촉진되지 아니하도록 보장한다.

또한 일반인, 특히 미성년자에 대한 담배제품의 무상배포를 금지하거나 그 금지를 촉진하며, 미성년자의 담배제품 구매비용 부담능력을 높이는 낱개 판매 또는 소량포장 판매를 금지하기 위한 노력을 규정하고 있다. 위 의무사항의 이행을 보장하기 위하여 담배 판매업자 및 유통업자에 대한 처벌을 포함하는 효과적인 입법·집행·행정 또는 그 밖의 조치를 채택하고 시행하도록 권고하고 있다. 또한 적절한 방법으로 국내법령 내지 국가입법으로 정하여진 연령 또는 18세 미만의 사람이 담배제품을 판매하는 것을 금지하기 위한 효과적인 입법·집행·행정 또는 그 밖의 조치를 채택하고 시행하도록 권장하고 있다.

그 외 경제적으로 실행 가능한 대체활동을 위한 지원을 제공하기 위한 협약 제17조는 적절한 경우, 상호 간 그리고 권한 있는 국제·지역적 정부간기구와 협력하여 담배업계 노동자·경작자 및 해당되는 경우 개별 판매업자를 위하여 경제적으로 실행 가능한 대체 활동을 촉진한다고 규정하고 있다.

4. FCTC의 이행

담배규제기본협약의 구체적 실행을 위한 국내 규범의 필요성 때문에 단독 법 제정이 필요하다. 지금 선진국의 흡연규제 현황에 비추어볼 때 「국민건강증진법」은 흡연으로 인한 국민의 건강피해를 방지하기 위한 입법으로는 상당히 미흡하다고 할 것이다(김광수, 2009: 17). 박길준·이선규(2004)도 「담배사업법」, 「국민건강증진법」, 기타 담배통제법령에 관한 한국의 현행법체제를 살피고, 이를 FCTC와 비교 검토하는 가운데 담배통제의 기준이 담배사업법과 국민건강증진법으로 중복 규정되어 있을 뿐만 아니라 그 내용에 있어서 FCTC를 충분히 수용하지 못하고 있으므로 담배사업법의 폐지, 국민건강증진법 등의 개정 등과 함께 FCTC를 국내적으로 시행하기 위한 구체적인 이행법령이 필요하다며 "기타 이행법령의 제정"을 담배 규제 입법방향의 하나로 제시한 바 있다.

담배규제기본협약의 비준국으로서 담배사업법의 존치를 전제로 2원화된 법체계하에서는 담배규제기본협약 내용에 부합하는 국내법을 제정할 경우에 기본 이념이나 목적부터 상충됨은 물론 국가가 동일한 객체를 대상으로 상반된 내용을 준수하도록 하는 충돌현상이 발생하게 되는 모순점이 있다(장욱, 2009: 135). 물론 우리나라는 협약의 이행법률을 별도로 제정하는 대신 개별법령을 개정하여 구체화한다고 하였으나 미흡한 실정이다. 동 협약은 제30조에서 "이 협약에 대하여는 어떠한 유보도 행할 수 없다"고 규정하고 있음. 그러나 우리나라는 이를 지키고 있지 못하고 있는 것이다.

Ⅱ. 미국의 담배규제 동향

1. 개요

가. 의의

FCTC 비준국들은 FCTC에서 제시하고 있는 내용에 따라 입법적 조치들을 취하고 있다. 미국은 담배를 규제하기 위하여 2009년 3월 3일 「가족 흡연 예방 및 담배규제 법」(Family Smoking Prevention and Tobacco Control Act)안을 마련하여 2009년 4월 2일 하원, 동년 6월 11일 상원을 통과하여 2009년 6월 22일 오바마 대통령이 동 법안에 서명함으로써 최종적으로 효력을 발휘하게 되었다. 동 법은 미국 역사상 가장 강력한 담배규제법으로 평가받고 있으며, FCTC 비준국들의 입법에 상당한 영향을 미칠 것으로 보인다. 참고적으로 미국은 우리나라와 달리 독특한 법전체제를 갖고 있다. 미국은 'Statutes at Large'라는 법률집과 'U.S.C.'라는 약자로 불리는 'United States Code'의 공식(official) 연방법전이 있다. 'Statutes at Large'는 매년 연방의회의 회기가 종료되면서 그 회기 동안 통과된 법률들을 입법 일자 순에 따라 수록한다. 반면, 'United States Code'는 'Statutes at Large'에 수록된 법률들을 'Title'이라고 불리는 50개의 주제어 안에 분산하여 재배치시키는 방식으로 정리된다.

한 개의 법률이 제정되더라도 그 내용에 따라 다른 법률에 편입된다는 것이다. 「가족 흡연 예방 및 담배규제법」 또한 그 제정 내용이 「연방 식품, 의약품 및 화장품법」(21 U.S.C. 321), 「연방 궐련 표 및 광고법」(Federal Cigarette Labeling and Advertising Act) 등에 편입된다. 예컨대, 우리나라에서는 「담배사업법」 제2조에 '담배'의 정의가 규정되어 있으나, 미국은 「가족 금연 예방 및 담배규제법」 제101조 제a항은 제정하면서 「연방 식품, 의약품 및 화장품법」 제201조(제rr항 신설)를 개정하여 '담배제품'의 정의를 신설하고 있다. 이처럼 하나의 법률로 통과된 것이 주제별로 나누어져 법전 속에 재배치되는 방식은 우리나라와 같은 대륙법계 법전과는 다른 체계인 것이다.[48]

나. 담배의 판매, 마케팅 및 사용에 관한 규제에 관한 연방정부의 대표적 활동[49]

1906년 최초의 연방 「1906년의 식품 및 의약품법」(Food and Drugs Act of 1906)에는 담배 생산물에 대한 표현이 없으나, 1914년 해석은 담배가 질병을 치료하거나, 완화시키거나 또는 예방하기 위하여 사용될 때만은 포함되는 것을 권고하였다. 「1938년의 연방 식품, 의약품 및 화장품법」[Federal Food, Drug, and Cosmetic Act(FFDCA) of 1938]은 1906년 법의 대체법으로서 이 법률에 따라 1953년부터 미국 식품의약품안전청(Food and Drug Administration, 이하 "FDA"라 한다)은 제조사 및 판매상이 제기한 의료 소송에서 관할권을 주장하기 시작하였다. 「1960년의 연방 위험물 라벨부착법」[Federal Hazardous

---

48) 미국 법률 또는 법전체제에 관한 자세한 사항은 박찬호, 『식의약 안전성 관리기반 구축을 위한 비교법적 연구(Ⅰ)』, 서울: 한국법제연구원, 2009. 83면~84면 및 박찬호, 『식의약 안전성 관리기반 구축을 위한 비교법적 연구(Ⅱ)』, 서울: 한국법제연구원, 2009. 51면~53면 참고.

49) 보다 자세하게는 Centers for Disease Control and Prevention, Selected Actions of the U. S. Government Regarding the Regulation of Tobacco Sales, Marketing, and Use(excluding laws pertaining to agriculture or excise tax), http://www.cdc.gov/tobacco/data_statistics/by_topic/policy/legislation/index.htm(2011.8. 16. 접속) 참조. 미국에서의 담배광고에 관한 규제는 Thain(1996) 참조.

Substances Labeling Act(FHSA) of 1960]은 FDA로 하여금 위험물에 대한 규제 권을 부여하였으나 1963년 담배가 그 '위험물'에 적합하지 않다고 해석하였 다. 「1965년의 연방궐련표 및 광고법」(Federal Cigarette Labeling and Advertising Act of 1965)은 담뱃갑(package)에 "경고: 담배 흡연은 당신의 건강 에 해로울 수 있습니다"는 경고 라벨을 부착하는 것을 요건으로 하였다. 그러 나 동 법은 위 건강 경고 이외의 다른 건강 경고를 담뱃갑에 표기하는 것을 금지하였다.

「1969년의 공중보건흡연법」(Public Health Cigarette Smoking Act of 1906)은 미국에서의 담배의 유해성에 대한 인식 확산으로 포장에 경고 라벨 부착은 물 론 담배 광고를 공식적으로 금지하였으며, 1971년 1월 2일부터 텔레비전과 라 디오를 통한 담배광고를 금지하였다. 동 법의 건강 경고 내용은 "경고: 공중보 건국장은 담배 흡연이 당신의 건강에 해롭다고 결정하였습니다"50)로서 1970 년 11월부터 시행에 들어갔다. 「1973년의 담배법」(Little Cigar Act of 1973)도 텔레비전 및 라디오로부터의 어떠한 광고도 금지하였다.

「1984년의 종합적 흡연교육법」(Comprehensive Smoking Education Act of 1984)은 담배 포장 및 광고에 폐암, 심장병 유발 등의 건강 경고를 요구하였으 며, 보건부(Department of Health and Human Services: DHHS)로 하여금 흡연과 건강에 관하여 의회에 격년으로 보고토록 하는 것 등을 규정하였다. 「1986년 의 종합적 무연담배 건강 교육법」(Comprehensive Smokeless Tobacco Health Education Act of 1986)은 무연담배 포장 및 광고에 건강 경고 라벨 등을 규정 하였다. 무연담배 상품의 판매와 관련된 대부분의 규제는 동법의 적용을 받는 다.51) 동 법의 경고 문구는 "경고: 이 제품은 구강암을 유발할 수 있습니다." "경고: 이 제품은 잇몸 질환 및 치아 손상을 유발할 수 있습니다." "경고: 이 제품은 일반 담배의 안전한 대체품이 아닙니다"의 3개이었으나, 2011년 현재

---

50) "Warning: The Surgeon General Has Determined that Cigarette Smoking is Dangerous to Your Health."
51) 조준호, "ST(Smokeless Tobacco: 연기 없는 담배)에 대한 법률제정 등 적절한 정책방안 마련을 위한 기초조사", 서울: 한양여자대학·건강증진사업지원단, 2009, 49면.

"경고: 이 제품은 구강암을 유발할 수 있습니다"와 "경고: 이 제품은 일반 담배의 안전한 대체품이 아닙니다." 2개 중 하나라도 라벨에 표기하지 않은 담배는 불법이 된다(조준호, 2009: 49). 「공중법 100-202」(Public Law 100-202, 1987)는 두 시간 이하, 「공중법 101-164」(Public Law 101-164, 1989)'는 여섯 시간 이하 예상되는 국내 비행기 비행에서의 흡연을 금하였고, 「1992년의 알코올, 약물 남용 및 정신 건강청 조직에 관한 시나르 수정법」[Synar Amendment to the Alcohol, Drug Abuse, and Mental Health Administration(ADAMHA) Reorganization Act of 1992]은 모든 주 정부들로 하여금 소수민에 대한 담배 판매 및 분배에 관한 제한의 적용 및 시행을 요구하는 것을 규정하였다. 또한 「1994년의 친어린이법」(Pro-Children Act of 1994)은 모든 연방적으로 지원되는 어린이들의 서비스들이 금연이어야 한다고 규정하였고, 「2004년의 음식 알레르기 표 및 소비자 보호법」(Food Allergen Labeling and Consumer Protection Act of 2004, Public Law 108-282, Title Ⅱ)은 모든 담배의 포장과 광고에 건강경고문을 부착하도록 규정하였다.

다. 가족 금연 예방 및 담배규제법

담배관리 및 규제의 권한을 FDA에 맡기면서 흡연을 억제하고자 하는 시도가 있었으나 부시 행정부 시설에는 그 성과를 거두지 못하다가 2009년 6월에 비로소 상원과 하원에서 양당의 절대 다수의 지지를 받아 통과되고 오바마 대통령이 승인을 함으로써 담배규제에 대한 획기적인 전기를 맞게 되었다(장욱, 2009: 120). 즉, 「가족 금연 예방 및 담배규제 법」(Family Smoking Prevention and Tobacco Control Act, 이하 "담배규제법"이라 한다)은 담배제품에 대한 법적 정의를 신설하고, 광고 및 표(labeling) 등에 대한 규제, 미성년자의 담배제품에 대한 접근 및 판매 금지조치, 「연방식품, 의약품 및 화장품법」(Federal Food, Drug, and Cosmetic Act, 21 U.S.C. 301 et seq.) 아래 담배제품들을 규율하는 권한 등의 식품의약품안전청에의 부여, 담배 제조자의 담배제품의 건강 및 안전성 관련 조사 자료의 공개 등을 규정하고 있다. 담배규제법의 제정 목적은 다음과 같다.52) 담배에 관한 FDA의 권한들을 설정하는 것이다. 담배에 관한 규제를 FDA의 권한으로 하는 것은 담배규제법의 핵심적 규정 중의 하나이다(Villanti, Andrea C., Vargyas, Ellen J., RNiaura, aymond S., SBeck, tacy E., Pearson, Jennifer L., and Abrams, Daivid B., 2011: 1160). 예컨대, 담배 제품의 제조, 마케팅 및 유통에 관하여 주된 연방 규율 기관으로 인정함으로써 담배 규제법에 따른 담배 제품에 대한 권한을 FDA에 부여하고, 공중보건업무와 관련된 특히 청소년 담배의 사용 및 담배 의존성에 관한 문제들에 대해 의견을 표명할 권한이 있음을 확인하며, 담배 제품의 제조와 담배 제품에 사용되는 성분의 정체, 대중 노출 및 양을 규율하는 국가적 표준을 세우는 권한이 FDA 에 있다는 것이다. 또한 동법은 담배 제품 제조자들로 하여금 담배 제품의 건강 및 의존성 효과 또는 안전성과 관련한 장래에 도출되는 연구뿐만 아니라 이전에 가능하지 않았던 연구들을 공개하도록 하여 소비자들이 더 잘 알 수 있도록 하는 데 있으며, 미성년에게 담배 제품에 대한 판매 및 접근 금지 조치들과 연계하여 성년에게 담배 제품의 판매를 허용하는 것을 지속적으로 하고자 하며, 담배 산업에 대한 적정한 규제적 통제를 부과하며, 질병 위험과 담배 관련 질병과 연계된 사회적 비용을 줄이기 위한 중단을 촉진하며, 담배 제품에 대한 불법 거래에 대한 입법을 강화하는 데 있다.

III. 가족흡연예방 및 담배규제법

1. 개관

「가족흡연예방 및 담배규제법」(Family Smoking Prevention and Tobacco Control Act)의 주요 내용은 다음과 같다. 연방 식품, 의약품, 및 화장품법("식

---

52) FSPTCA Sec. 3. PURPOSE.

의약화장품법”이라 함)이 FDA의 업무들을 규제하고 관리하는 최초의 연방법이다. 즉, 미국법 체계상 국방, 조세 등 연방차원에서 주요 사항만 제정되는 연방법에 포함된다. 담배규제법이 2009년 6월 22일 제정되었고, 담배규제법은 공중보건을 지키기 위하여 담배 제품들의 제조, 유통, 마케팅을 규제 관리하기 위한 FDA 권한을 주고자 식의약화장품법을 개정하였다. FDA 규제권한은 통상 좁은 의미의 보통담배에 한정하지 않고, 모든 담배제품들(인간소비를 위하여 의도된 담배로부터 만들어지거나 추출된 제품들)을 포함하고 있다. 궐련을 위한 손으로 만 담배 및 무연담배제품들을 포함한, 궐련에 제한된 법령에 따른 현 관할. FDA는 법에서의 정의를 충족하는 모든 담배제품들에 대한 관할을 확고히 하고자 한다. 다만, 치료적 권리로 팔리는 담배로 만들어지거나 또는 추출된 제품들은 의약품(drug)으로 보아야 하고, 담배제품으로 볼 수 없다. 참고로, 그런 제품들은 FDA의 의약품평가연구센터(Center for Drug Evaluation and Research)의 관할이다.

FDA의 규제대상이 되는 담배제품들은 사용자 및 비사용자에게 영향을 미치는 담배제품으로 보며, 이를 규제할 때는 공중보건 또는 국민보건과 관련된 기준을 적용하도록 한다. FDA에게 법 위반에 대한 제재 권한을 행정 벌 또는 형벌 차원에서 포괄적으로 위임한다. 가령, 경고장 발부, 민사금전 벌, 담배판매금지 명령, 체포, 금지명령(injunction), 소추(criminal prosecution) 등이다.

가. 담배규제법에 따른 FDA 권한

「가족흡연예방 및 담배규제법」(Family Smoking Prevention and Tobacco Control Act)에서는 담배관련 규제와 관련하여, 미국 식품의약품안전청(Food and Drug Administration)을 그 주체로 하고 있음. FDA가 담배규제와 관련한 권한은 크게 i) 담배제품 규제, ii) 광고, 마케팅 및 판촉 규제, iii) 유통 및 판매 규제 및 iv) 담배의 위험성에 대한 대중교육 등이다.

우선, 담배제품에 대한 규제는 i) 회사 등록, ii) 제품들의 목록, iii) 성분

보고, iv) 상표 및 하위상표(subbrand) 해로운 및 잠재적으로 해로운 성분 수준의 보고, v) 우량제조기준 마련 및 담배회사 조사 및 vi) 담배제품들의 기준 세우기 등이 있다. 이 중, iii) 성분보고는 담배가 보유하고 있는 성분의 변화가 있는 경우 그 변화사항은 보고사항이 된다. v) 우량제조기준(good manufacturing practice)과 관련한 가이드라인을 마련하고 그와 관련한 조사를 할 수 있다. 또한 vi) 담배제품에 대한 가이드라인을 마련하고 제시한다. 그 대상은 다음과 같다.

· 담배의 독성 성분
· 중독과 남용에 대한 책임
· 이의 제기(예컨대, 향 금지)
· 제품 설계
· 신 담배제품들의 판매 전 심사
· 수정된 완화 담배제품들의 판매 전 심사
· 이상반응(adverse report) 보고
· 담배산업은 담배사용의 건강 및 의존성 효과에 대한 보고를 공개

FDA는 담배제품들의 광고, 마케팅 및 판촉 규제에 대해서도 규제하고 관여하다.

■ **"light, low, mild" 용어 금지**

FDA 명령 없는, "light, low, mild"와 같은, 수정된 위험 용어 금지

■ **거짓 또는 오도 광고 금지**

담배제품들에 대한 거짓 또는 오도하는 라벨부착 및 광고 금지

■ **스포츠 등 관련한 상표명이나 후원 금지**

스포츠, 연예 및 문화 공연과 관련한 궐련 및 무연 상표명 후원 금지

■ **무료 제공 금지**

공짜 궐련 금지 및 공짜 무연 샘플 제한

■ **담배와 관련된 비담배 제품 판매 금지**

궐련 또는 무연의 판매와 연계된 비담배 제품들의 판매 금지

FDA는 청소년 등 신규 흡연자 진입을 예방하기 위해 담배 제품들의 유통 및 판매에 대해서도 규제하고 관여한다.

■ **담배구입 연령제한**

궐련 또는 무연 담배제품을 구입하는 데 필요한 연령제한이 있으며, 구입 시 나이 증명을 요구하고, 구입에 따른 최소연령은 연방법에 따른 18세 이상

■ **담배 자동판매기 또는 진열 금지**

미성년 제한 구역(adult-only location) 내에서의 궐련 및 무연 자판기 및 자가 진열(self-service display) 제한

■ **낱개 판매 금지 및 포장 개수 규제**

20개비 이하의 포장 판매는 금지되며, 포장단위가 아닌 "낱개 판매(loosies)" 금지

■ **주정부의 협력의무**

주정부는 FDA의 담배 규제와 관련한 행정행위에 협력하여야 하고, 행정집행행위와 관련한 주요 협력자 역할을 하여야 한다. 가령, FDA는 담배소매 시설의 조사를 수행하기 위하여 37개 주정부 및 DC의 기관과 계약을 체결(2011 회계연도)하고, 2012 회계연도에 추가적인 주정부 및 지역이 계약 체결될 것이다.

담배 제품의 사용에 대한 위험을 알리는 공중 교육에 대한 권한은 FDA에 있다. 이러한 담배관련 교육은 ⅰ) 소매상의 책임 교육, ⅱ) 포장 및 광고에 대한 요구되는 건강 경고 등이 있다.

■ **담배규제법에 따른 소매상의 책임 교육**

담배를 판매하는 소매상들에 대한 교육 캠페인[담배 중독의 사슬 끊기 (Break the Chain of Tobacco Addiction]과 담배로부터 아이들 지키기 교육

■ **궐련 및 무연 포장 및 광고에 대한 요구되는 건강 경고**

무연 담배 포장에 대한 문장 경고는 두 principal display panel의 적어도 30%를 차지하여야 한다. 또한 궐련 포장에 대한 그림 건강 경고는 앞·뒤쪽 각각의 50%를 차지하여야 하고, 궐련 및 무연 담배 광고에 대하여, 경고는 광고

부분의 적어도 20%를 차지하여야 한다.

나. FDA 권한의 한계

FDA의 담배관련 규제 권한의 한계는 다음과 같다.

- 모든 종류의 담배제품의 금지
- 니코틴 완전제거 불가
  담배제품으로부터 니코틴의 완전한 제거를 요구할 수 없다.
- 담배제품의 구매에 대한 처방전 요구
- 소매 가게의 특정 유형에 의한 대면 담배판매 금지
- 담배 농장 규제
  담배 잎 등 담배 관련 경작, 재배 농장에 대한 규제는 할 수 없다.

2. 담배에 관한 사실판단

미국 의회는 담배와 관련하여 여러 주요한 사실판단을 하였다. 첫째, 어린이, 청소년 등에 대한 담배 광고 및 담배 사용에 대한 우려이다. 담배규제법은 어린이들의 담배제품(tobacco product) 사용(use)은 새로운 세대의 담배-의존 어린이 및 성인을 야기하는 심각한 정도의 소아과적 질병(disease)이라고 판단하고 있다. 담배제품 광고는 미성년자들에게 사회적으로 받아들일 만하고 건강한 것처럼 담배의 사용을 오해하기 쉽게 나타낸다고 하고 있다. 즉, 담배제품의 광고가 정기적으로 18세 미만의 자들에게 보이며, 18세 미만의 자들은 정기적으로 담배제품 판촉 활동에 노출된다. 실질적이고 피할 수 없는 담배 광고에 노출된다는 것이다. 활동사진 및 다른 대중 매체에서의 담배제품의 사용은 젊은 사람에 대한 그 사용을 미화하고 그들로 하여금 담배제품 사용을 권장한다. 따라서 담배 광고와 마케팅이 청소년의 니코틴 함유 담배제품의 사용에 분명하게(significantly) 기여한다는 것이다. 그런데 청소년 흡연의 감소는 절감된 보건의료 비용에 약 750억 달러에 이를 만큼 기여도가 높다.

둘째, 담배 자체에 대한 판단이다. 무엇보다 담배규제법은 "니코틴은 중독 성 약물(drug)이다"라고 하고 있다. 즉, 과학 및 의료 공동체 안에는 담배제품 이 본질적으로 위험하며, 암, 심장질환, 그리고 불리한 건강악영향(adverse health effects)을 야기한다는 합의가 존재한다고 하고 있다. 또한 담배 의존 (tobacco dependence)은 만성 질환이며, 장기 또는 영구적 자제를 성취하기 위 하여 반복적인 개입을 전형적으로 요구한다는 것이다. 따라서 흡연에의 유일 하게 알려진 안전한 대안은 중지이기 때문에, 개입은 모든 흡연자들이 완전히 그치도록 돕는 데 목표를 두어야 한다는 것이다.

셋째, 담배에 대한 규제의 필요성의 공감이다. 담배제품의 판매, 유통, 마케 팅, 광고 및 사용은 국가 경제에 상당한 영향을 갖고 있다. 그럼에도 담배제품 의 판매, 판촉 및 유통의 포괄적인 제한이 필요하다. 연방정부와 주정부 공중 보건 당국, 공중보건 공동체 그리고 일반대중은 담배산업이 지속적인 감독의 대상이 되어야 한다는 것을 인식하고 있다. 또한 종합적인 광고 제한이 젊은 사람들의 흡연율에 긍정적인 영향을 가질 것이기에, 광고에 대한 제한이 무제 한적 담배 광고로 하여금 젊은 사람에 대한 접근을 막고 담배 사용에 대한 교 육을 제공하려는 입법을 약화시키려는 것을 예방하기 위하여 필요하다는 것 이다.

3. 담배 규제 관할

담배규제법은 담배제품들의 제조, 마케팅 및 유통에 관하여 주된 연방 규율 기관으로서 식품의약품안전청(Food and Drug Administration)을 인정하고 있 다.53) 「연방 식품, 의약품 및 화장품법」(Federal Food, Drug, and Cosmetic Act, 21 U.S.C. 301 et seq.) 아래 담배제품들을 규율하는 권한, 공중보건업무와 관련

---

53) SEC. 3. PURPOSE. (1)~(5) 참조

된 특히 청소년 담배의 사용 및 담배 의존성에 관한 문제들에 대해 의견을 표명할 권한, 담배제품의 제조와 담배제품에 사용되는 성분의 정체, 일반인에게 공개 및 양을 규율하는 국가적 표준을 세우는 권한을 식품의약품안전청에 부여하고 있다. 모든 궐련, 궐련 담배, 손으로 만 담배 및 무연 담배에, 그리고 규칙에 따라 장관이 이 장의 영향을 받는 것으로 여기는 기타 담배제품에 적용된다.[54] 그러나 담배 및 담배제품 관련한 특정 활동을 취하도록 보건부장관(Secretary of Health and Human Services)에게 권한을 주는 담배규제법(또는 담배규제법에 의한 개정)은 가공되지 않은(raw) 담배의 키우기, 경작 또는 말리기(curing)와 관련하여 기존 법률에 따른 농무부장관(Secretary of Agriculture)의 권한에 영향을 미치는 것으로 해석될 수 없다.[55] 또한 담배제품 관련한 특정 활동을 취하도록 보건부장관에게 권한을 주는 담배규제법(또는 담배규제법에 의한 개정)은 1986년 내국세법전(Internal Revenue Code of 1986)의 제52장에 따른 재무부장관(Secretary of Treasury)의 어떠한 권한에 영향을 미치는 것으로 해석될 수 없다.[56]

4. 용어의 정의

(1) 담배제품

담배제품의 정의는 「연방 식품, 의약품 및 화장품법」(21 U.S.C. 321)의 제201조에 제rr항을 신설하여 정의되고 있다.[57] 즉, '담배제품'이라 함은 담배제품(담배제품의 부품, 일부 또는 부대용품을 제조하는 데 쓰인 담배 이외의 가공되지 않은 물질을 제외한)의 어느 부품, 일부 또는 부대용품을 포함하여 인간 소비를 위하여 고안된 담배로부터 만들어지거나 얻어진 여하한 제품을 말한다.

---

54) Federal Food, Drug, and Cosmetic Act. SEC. 901. (b).
55) Family Smoking Prevention and Tobacco Control Act. SEC. 4. SCOPE AND EFFECT. (b).
56) SEC. 4. SCOPE AND EFFECT. (c).
57) SEC. 101. (a).

‘담배제품’ 용어는 같은 조 제g항 제1호에 따른 의약품, 같은 조 제h항에 따른 기기 또는 제503조 제g항에서 기술된 복합제품(combination product)[58]인 품목(article)을 의미하는 것이 아니다. 담배제품은 이 법에 따라 규율되는 의약품, 생물제제(biologic), 식품, 화장품, 의료기기(medical device) 또는 식이보조제(dietary supplement)를 포함하여 어느 다른 품목(article) 또는 제품과 조합하여 판매될 수 없다.

나. 관련 용어

(1) 궐련

궐련(cigarette)은 담배제품으로서, 「연방 궐련 표 및 광고법」(Federal Cigarette Labeling and Advertising Act)의 제3조 제1호[59]에 있는 ‘궐련’ 용어의 정의를 충족하는 것이어야 한다. 어떠한 형태이든지, 그 외양 때문에, 속(filler)으로 사용되는 담배의 형태 또는 그 포장 및 표가 궐련으로서 또는 손으로 만(roll-your-own) 담배로서 소비자에게 제공되거나, 또는 구입될 개연성이 있는 제품인 기능적인 담배를 포함한다.[60]

---

58) 의약품, 기기 또는 생물학적 제제가 의도된 사용, 적응증 또는 효능을 이루기 위하여 복합된 제품 또는 의약품/기기, 생물학적 제제/기기, 의약품/생물학적 제제 또는 의약품/기기/생물학적 제제와 같이 둘 또는 그 이상의 규제되는 요소들로 만들어진 제품을 말한다(http://en.wiktionary.org/wiki/combination_product).

59) ‘궐련’이라 함은 가. 종이 또는 담배를 포함하지 않은 물질로 싸인 담배의 두루마리(roll), 그리고 나. 속(filler)으로 사용되는 담배의 형태, 그 외양 또는 그 포장 및 표 때문에 궐련으로서 가목에 기술된 궐련으로서 소비자에게 제공되거나, 또는 구입될 개연성이 있는 담배를 포함한 물질로 싸인 담배의 두루마리.

Federal Cigarette Labeling and Advertising Act. § 1332. Definitions.

As used in this chapter--(1) The term "cigarette" means--(A) any roll of tobacco wrapped in paper or in any substance not containing tobacco, and (B) any roll of tobacco wrapped in any substance containing tobacco which, because of its appearance, the type of tobacco used in the filler, or its packaging and labeling, is likely to be offered to, or purchased by, consumers as a cigarette described in subparagraph (A).

60) Federal Food, Drug, and Cosmetic Act. SEC. 900. (3).

(2) 궐련담배

궐련담배(CIGARETTE TOBACCO)라 함은 궐련으로서 소비자에 의한 사용을 위하여 고안된 풀어진 담배(loose tobacco)로 만들어진 제품을 말한다.61)

(3) 엽궐련

엽궐련(little cigar)이란 담배제품으로서, 「연방궐련표 및 광고법」의 제3조 제7호62)에 있는 '엽궐련'의 용어의 정의를 충족하는 것을 말한다.63)

(4) 손으로 만 담배

손으로 만 담배(roll-your-own tobacco)라 함은, 그 모양새, 형태, 포포장 또는 표 때문에, 사용에 적합하고 그리고 궐련을 만들기 위한 담배로서 소비자에게 제공 또는 소비자에 의하여 구입될 것 같은 담배제품을 뜻한다.64)

(5) 무연담배

무연담배(smokeless tobacco)라 함은 절개된, 빻은, 가루로 만든, 또는 잎담배로 만들어지고 구강 또는 비강에 놓일 것으로 의도된 담배제품을 뜻한다.65)

---

61) SEC. 900. (4).
62) '엽궐련'이라 함은 잎담배 또는 담배를 포함하는 물질로 싸인 담배의 두루마리(제1호의 의미 안에서 궐련인 담배의 두루마리 이외의)로써 일 천 단위가 삼 파운드 이하의 무게인 것을 말함.
   Federal Cigarette Labeling and Advertising Act. § 1332. Definitions.
(7) The term "little cigar" means any roll of tobacco wrapped in leaf tobacco or any substance containing tobacco(other than any roll of tobacco which is a cigarette within the meaning of subsection (1)) and as to which one thousand units weigh not more than three pounds.
63) Federal Food, Drug, and Cosmetic Act. SEC. 900. (11).
64) SEC. 900. (15).
65) '무연담배' 또는 '연기 없는 담배(Smokeless Tobacco)'란 담배의 일종이지만, 담배가 사용될 때 연소과정이 없기 때문에 연기가 발생하지 않는 형태의 담배를 말하며, 이용하는 방법에 따라 '씹는 담배(chewing tobacco)'와 코담배(snuff)의 두 종류로 나뉨(조준호, 2009: 29이하 참조). 조준호(2009: 43)의 연구보고서에 따르면, 무연담배와 관련하여 전자담배에 대하여 법제처가 "연초의 잎에서 추출한 니코틴 농축액이 들어 있는 필터와 니코틴을 흡입할 수 있게 하는 전자장치로 구성된 전자담배는 '담배사업법'에 따른 담배에

(6) 완화위험담배제품

완화위험담배제품(modified risk tobacco products)이라 함은 상업적으로 판매되는 담배제품들과 연계된 담배 관련 질병의 위해 또는 위험을 줄이기 위하여 사용을 위하여 판매되는 또는 유통되는 모든 담배제품을 말한다.[66]

(7) 첨가물

첨가물(additive)이라 함은, 향미 또는 착향 같은 것으로서 또는 만들기 (producing), 제조하기(manufacturing), 꾸리기(packing), 가공하기(processing), 준비하기(preparing),   손질하기(treating),   포장하기(packaging),   운반하기 (transporting) 또는 붙들기(holding)에서 사용하기 위하여 의도된 여타의 물질을 포함하여, 직접적으로 또는 간접적으로, 담배제품의 요소가 되거나 또는 아니면 담배제품의 성질에 영향을 미치는 결과를 낳거나 또는 낳을 것으로 합리적으로(reasonably) 예상되는 것의 의도된 사용 물질을 뜻한다.[67] 가공되지 않은 담배 또는 살충제 화학물 안에 또는 겉에 담배 또는 살충제 화학물 잔존물을 제외한다.

(8) 브랜드

브랜드(brand)란 사용되는 담배, 타르 내용물, 니코틴 내용물, 향미 사용, 크기, 여과, 포장, 로고, 등록된 상표(trademark), 브랜드명, 인식 가능한 색깔 경향, 또는 여타 당해 속성의 조합에 의하여 구별되는 다양한 담배제품을 뜻한다.[68]

(9) 위조 담배제품

위조 담배제품(counterfeit tobacco product)이라 함은 승인 없이, 제905조 제i

해당한다"고 밝힘(2008.11).
66) SEC. 911. (b) (1).
67) Federal Food, Drug, and Cosmetic Act. SEC. 900. (1).
68) SEC. 900. (2).

항 제1호에 따른 등록에서 기술된 담배제품의 상표, 상호(trade name), 또는 다른 인식할 수 있는 마크, 압인(imprint), 또는 도구, 또는 그와 유사한 것을 갖는 담배제품[또는 당해 제품의 용기(container) 또는 표]을 말한다.69)

(10) 니코틴

니코틴(nicotine)이라 함은 3-[1-메틸(methyl)-2-피롤리디닐(pyrrolidinyl)]피리딘(pyridine) 또는 C10H14N2로 이름 지어진 화학 물질을 말하며, 니코틴의 염 또는 착물(complex)70)을 포함한다.71)

(11) 포포장

포포장(package)이라 함은 어떠한 형태의 꾸러미(pack), 상자, 갑(carton) 또는 용기 또는 다른 용기가 아니더라도, 포장지(wrapping)(셀로판을 포함한)를 말하며, 그 안에 있는 담배제품이 판매용으로 제공되고, 팔리고 또는 그렇지 않으면 소비자에게 유통되는 것이다.72)

(12) 담배 성분

담배성분(tobacco constituent)이라 함은 궐련의 요소로부터 연기로 옮겨지거나 또는 담배, 첨가물 또는 다른 요소의 연소 또는 열을 가하여 형성되는 주류담배연기 또는 생담배연기(sidestream tobacco smoke)의 화학물 또는 화학적 합성물을 뜻한다.73)

---

69) SEC. 900. (6).
70) 1개의 원자 혹은 이온(보통금속이온)을 중심으로 그 주위에 몇 개의 다른 원자·이온·분자 혹은 원자단(原子團)이 방향성을 띠고 입체적으로 배위(配位)해 하나의 원자집단을 이루는 것. 화학식에서는 [ ]로 묶어 착물임을 나타낸다.
71) SEC. 900. (12).
72) SEC. 900. (13).
73) SEC. 900. (17).

5. 건강 및 금연 예방 규제 및 관리

담배규제기본협약은 제3장 담배수요 감소 조치, 제4장 담배공급 감소 조치, 제5장 환경보호를 규정하고 있다. 담배수요 감소 조치에는 가격 및 조세 조치(제6조), 비가격 조치(제7조) 즉, 담배연기에 대한 노출로부터의 보호(제8조), 담배제품의 성분에 관한 규제(제9조), 담배제품의 공개에 관한 규제(제10조), 담배제품의 포장 및 라벨(제11조), 교육·의사소통·훈련 및 공중의 인식(제12조), 담배광고·판촉 및 후원(제13조), 담배중독 및 금연과 관련한 수요 감소 조치(제14조)를 규정하고 있다. 담배공급 감소 조치로는 담배제품의 불법 거래(제15조), 미성년자에 대한 담배판매 및 미성년자의 구매(제16조), 담배업계 노동자·경작자 및 개별 판매업자에 대한 경제적으로 실행 가능한 대체활동을 위한 지원 제공(제17조)을 규정하고 있으며, 일반적인 환경 및 인간의 건강 보호(제18조)를 규정하고 있다. 담배규제법은 담배규제기본협약상의 담배수요 감소 조치 중 가격 및 조세 조치와 담배공급 감소 조치 중 대체활동 지원 제공을 규정하고 있지는 않는다. 이하에서는 담배규제기본협약을 중심으로 담배규제법 내용을 소개한다.

가. 담배공급 감소 조치

담배규제법은 불량(adulterated) 담배제품[74] 및 부정표시(misbranded) 담배제품[75]에 대하여도 규정함으로써 규제를 하고 있다. 불량 및 부정표시 담배제품과 관련하여 담배제품 제조자 또는 담배제품의 수입업자들로 하여금 담배제품에 대한 기록 및 보고 의무를 규정하고 있다.[76]

담배제품의 불법 거래 예방과 관련해서는 담배규제법 제3편에 표, 기록보존 및 기록 조사,[77] 미연방의 회계감사원장을 통한 불법 거래 및 위조 담배제

---

74) SEC. 902.
75) SEC. 903.
76) SEC. 909.

품들의 거래 등의 연구 및 보고78)를 규정하고 있다. 또한 담배규제법은 장관으로 하여금 담배제품에의 접근, 그리고 담배제품의 광고 및 촉진에 관한 제약들을 포함하여, 담배제품의 판매 및 유통에 대한 제약을 시행규칙에 따라 요구할 수 있도록 하고 있으나, 담배제품 판매의 최소 연령을 18세 이상의 사람들로 정하는 제약을 할 수 없다고 하고 있다.79) 다만, 장관으로 하여금 담배제품들의 판매가 우세한 사업인 소매 시설들이 18세 미만 개인들에게 접근할 수 있는 소매 시설들에 적용할 수 있는 광고 제한에 따르는 것을 요구하기 위한 시행규칙을 발하도록 하고 있다.80) 또한 담배제품 구입 최소연령 인상에 관한 연구를 규정하고 있다.81)

나. 담배수요 감소 조치

(1) 담배제품의 공개에 관한 규제

각 담배제품 제조자 또는 수입업자 또는 그 대리인은 장관에게 모든 성분의 목록, 니코틴의 밀리그램으로 측정된 각 담배제품에서의 니코틴의 내용·전달 및 형태의 기술, 브랜드 및 수량, 각 담배제품의 연기 안에 해당되는 담배 성분을 포함한 모든 성분목록에 관한 정보를 제출하여야 한다.82) 장관의 요구에 따라 각 담배제품의 제조자 또는 수입업자, 또는 그 대리인은, ⅰ) 담배제품의 건강, 독성학, 행동학 또는 심리학적 효과 및 그 성분(연기 구성 요소를 포함하여), 구성 요소, 성분 및 첨가제에 관한 제조자(또는 그 대리인)에 의하여 행해진, 지원된 또는 소유된 연구 활동, 그리고 연구 결과들과 관련한 어느 또는 모든 문서, ⅱ) 담배제품으로부터 건강에의 위험 감소가 제조자에서 구할 수 있는 또는 알려진 기술의 사용에 따라 발생할 수 있는지의 문제에 관한

---

77) Family Smoking Prevention and Tobacco Control Act. SEC. 301.
78) SEC. 302.
79) Federal Food, Drug, and Cosmetic Act. SEC. 904. (d) (1) 및 (3) (A) (ⅱ).
80) SEC. 913.
81) Family Smoking Prevention and Tobacco Control Act. SEC. 104.
82) Federal Food, Drug, and Cosmetic Act. SEC. 904. (a).

제조자(또는 그 대리인)에 의하여 행해진, 지원된 또는 소유된 연구 활동, 그리고 연구 결과들과 관련한 어느 또는 모든 문서, iii) 담배 제조자 및 유통업자에 의하여 사용된 담배제품의 사용을 포함한 마케팅 연구 또는 마케팅 관행 및 당해 관행의 효과들과 관련한 어느 또는 모든 문서를 장관에게 제출함.[83] 미연방에서 제조되지 않은 담배제품의 수입업자 또한 담배제품 제조자에게 요구된 정보를 제공하여야 한다.

장관은 담배규제법의 입법일로부터 24월 이내에, 각 브랜드 및 하위브랜드에 있어 브랜드 및 수량까지 연기 성분을 포함하여, 각 담배제품의 건강에 해로운 그리고 잠재적으로 해로운 성분의 목록을 적정하게 만들고, 그리고 주기적으로 개정한다.[84] 장관은 입법일로부터 3년 이내, 그리고 이후 매년에 걸쳐, 앞서 만들어진 목록을 일반인(lay person)에게 이해될 수 있는 및 오해의 소지가 없는 형태로 발간하고 볼 수 있는 상태로 만들어 놓았다.[85]

(2) 담배제품의 성분에 관한 규제

담배규제법은 타르, 니코틴 및 다른 연기 성분 공시를 규정하고 있다.[86] 즉, 「연방 궐련 라벨 및 광고법」을 개정하여 장관으로 하여금 궐련 및 다른 담배제품 제조자가 궐련 광고의 영역에서 또는 포포장 라벨 상에, 또는 둘 모두에, 광고된 또는 포장된 브랜드의 타르 및 니코틴 배출량을 포함하는 것이 요구되는지 결정하도록 하고 있으며, 연기 성분을 포함하여, 궐련 및 다른 담배제품 성분의 수준과 관련하여 공개 요건들을 규정할 수 있도록 하고 있다.

(3) 담배연기에 대한 노출로부터의 보호

담배규제법은 각 담배제품 제조자 또는 수입업자 또는 그 대리인으로 하여금 각 담배제품에서 건강에 유해한 또는 잠재적으로 유해한 것으로 장관에 의

---

83) SEC. 904. (b).
84) SEC. 904. (e).
85) SEC. 904. (d).
86) Family Smoking Prevention and Tobacco Control Act. SEC. 206.

하여 식별된 경우 각 담배제품의 연기 안에 해당되는 담배 성분 목록을 장관에게 제출하도록 하고 있다.[87]

(4) 담배제품의 포장 및 라벨

담배규제법은 궐련 라벨 및 광고 경고를 규정[88]하면서 「연방 궐련 라벨 및 광고법」을 개정하여 다음 라벨들의 하나라도 게재하지 않은 포포장의 궐련들을 미연방 안으로 판매 또는 유통을 위하여 제조하고, 포장하고, 팔고, 팔기 위하여 제공하고, 유통하고, 또는 수입하는 것은 어떤 사람이든지 불법이라고 규정하고 있다.[89]

"경고: 담배는 중독이다."

"경고: 흡연은 당신의 어린이들에게 해를 줄 수 있다."

"경고: 담배는 치명적인 폐 질병을 야기한다."

"경고: 담배는 암을 야기한다."

"경고: 담배는 뇌졸중(strokes)과 심장 질병을 야기한다."

"경고: 임신 중 흡연은 당시의 아기에게 해를 줄 수 있다."

"경고: 흡연은 당신을 죽일 수 있다."

"경고: 담배연기는 비흡연자에게 치명적인 폐 질병을 야기한다."

"경고: 지금 금연은 당신의 건강에 심각한 위해들을 크게 줄인다."

위 각 라벨 진술은, 셀로판 또는 다른 깨끗한 포장지의 밑에 포포장에 직접적으로, 그 포장의 전면의 윗부분 및 하판(rear panel)에 위치함. 각 라벨 진술은 포포장의 그 전면 및 하판들의 상위 50%를 구성한다. '경고(WARNING)' 단어는 대문자로 표기하며 그리고 모든 문구는, 눈에 잘 띄는(conspicuous) 그리고 읽을 수 있는(legible) 17포인트 타입으로 되어야 한다. 다만 만약 당해 영역의 적어도 60%가 요구된 문구에 의하여 차지된다면, 라벨 진술의 문구가 당

---

87) Federal Food, Drug, and Cosmetic Act. SEC. 904. (a).
88) SEC. 201.
89) Federal Cigarette Labeling and Advertising Act. SEC. 4. (a).

해 영역의 70% 그 이상을 차지하지 않는 한, 그 경우에 그 문구는 더 작은 눈
에 잘 띄고 읽을 수 있는 타입 크기로 될 수 있다. 그 문구는 교호의
(alternating) 방식으로, 포포장에 모든 다른 인쇄된 소재(material)들을 가지고,
조판, 배치(layout) 또는 색깔에 의하여, 그 대조들(contrasts)의 방식에 있어, 흰
색 배경 위에 검정으로, 또는 검정 배경 위에 흰색으로 되어야 한다.

(5) 담배광고·판촉 및 후원

담배규제법은 담배제품 제조자, 수입업자, 유통업자 또는 소매상이 미 연방
안에서 궐련들을 광고하거나 광고되게 야기하는 것은, 그 광고가 위에서 특정
된 라벨들의 하나를 갖지 않는 한, 불법이라고 규정하고 있다.[90] 그리고 조판
등에 대하여 규정하고 있다. 예컨대, 인쇄 및 포스터 광고들을 위하여, 각 당
해 진술 및 타르, 니코틴, 또는 다른 성분(연기 성분을 포함하여) 배출량과 관
련한(적용되는 곳) 요구된 진술은 광고 영역의 적어도 20퍼센트를 구성하며
그리고 테두리(trim) 영역 안에서 눈에 잘 띄는 뚜렷한(prominent) 구성방식
(format) 및 각 광고의 상위인 위치에 드러나게 한다고 규정하고 있다.

(6) 교육·의사소통·훈련 및 공중의 인식

담배규제법은 장관으로 하여금 공중보건을 보호하기 위하여 공중에게 공개
되어야 하는 그리고 담배 관련 질병의 위험에 대하여 소비자들을 호도하지 않
고자, 담배제품 제조자, 포장사들 또는 수입업자가 라벨들 또는 다른 광고 또
는 다른 적정한 수단을 통하여 타르 및 니코틴 시험의 결과들과 관련하여 공
개하고, 그리고 연기 성분들을 포함하여, 다른 성분들, 구성 요소들 또는 첨가
물들의 시험 결과들과 관련하여 공개하는 것을 요구할 수 있도록 하고 있
다.[91]

---

90) SEC. 4. (b).
91) Federal Food, Drug, and Cosmetic Act. SEC. 915. (b).

(7) 담배중독 및 금연과 관련한 수요 감소 조치

담배규제기본협약 제14조 제1항은 "국내의 여건과 우선순위를 고려하여, 과학적인 증거와 최상의 관행을 기초로 하는 적절하고 종합적인 지침을 개발·전파하고, 금연 및 담배중독의 적절한 치료를 촉진하기 위한 효과적인 조치를 취한다"고 규정하고 있다. 담배규제법 또한 담배제품기준이 공중보건의 보호를 위하여 적정하다는 것을 발견하기 위하여 과학적 근거를 고려하도록 규정하고 있다.[92] 또한 장관으로 하여금 기준들이 새로운 의학적·과학적 또는 다른 기술적 자료를 반영하기 위하여 교체되어야 하는지를 결정하기 위하여 담배제품기준의 주기적인 평가를 제공하도록 규정하고 있다.[93]

다. 기타

(1) 제조, 준비, 합성, 가공 시설의 등록

담배규제법은 담배제품 또는 담배제품들의 제조, 준비, 합성 또는 가공에 사용된 시설을 소유하는 또는 경영하는 각 사람으로 하여금 이름, 사업의 장소 및 그 사람의 모든 당해 시설을 장관에게 매년 등록하도록 규정하고 있다.[94]

(2) 담배제품의 일반적 규제

담배규제법은 장관으로 하여금 담배제품의 광고 및 촉진에 관한 제약을 시행규칙에 의하여 규정할 수 있도록 하고 있다.[95] 당해 시행규칙이 공중보건의 보호를 위하여 적정한지에 대한 결과는 담배제품의 사용자들 및 비사용자들을 포함하여, 그리고 담배제품들의 기존 사용자들이 당해 제품들을 사용하는 것을 멈출 것이라는 증가 또는 감소 가능성(likelihood), 담배제품들을 사용하

---

92) SEC. 907. (a) (3).
93) SEC. 907. (a) (5).
94) SEC. 905.
95) SEC. 906. (d) (1).

지 않는 사람들이 당해 제품들을 사용하는 것을 시작할 것이라는 증가 또는
감소 가능성을 고려하여 전체적으로 대중에게의 위험 및 이익들을 고려하여
결정되어야 한다고 규정하고 있다. 담배제품의 라벨은 시행규칙에 의하여 요
구된 제약들의 적정한 진술을 담아야 한다.96) 가령, 종이성냥갑들(matchbooks)
은 성인-문서(adult-written) 인쇄물로서 간주된다. 최소 연령에 달하지 못한 개
인을 보호하기 위하여 담배제품들의 촉진 및 마케팅을 다루기 위한 시행규칙
들을 만들어야 한다.

(3) 담배제품기준

담배규제법은 공중보건의 보호를 위하여 제품의 니코틴 산출량, 제품의 연
기 성분들을 포함하여, 다른 성분들 또는 해로운 성분들의 감소 또는 제거, 담
배제품의 구조, 성분, 구성요소, 첨가물, 연기 성분을 포함하여, 성분 그리고
속성(properties)과 관련한 규정, 담배제품을 심사(표본 기준 또는 필요하다면,
개별적 기준에 대한)를 위한 규정, 담배제품의 담배제품 특징들(characteristics)
의 측정을 위한 규정 등을 담은 담배제품기준을 규정하고 있다.97)

(4) 담배제품과학자문위원회

담배규제법은 장관으로 하여금 12명의 위원으로 구성된 '담배제품과학자문
위원회(Tobacco Products Scientific Advisory Committee)'를 세우도록 규정하고
있다.98) 종양학(oncology), 호흡기학(pulmonology), 순환기내과(cardiology), 독
물학(toxicology), 약리학(pharmacology), 의존증(addiction), 또는 다른 관련 전문
의 영역에서 실행하고 있는 의사들, 치과의사들, 과학자들, 또는 보건의료 전
문가들(health care professionals)인 7명, 주정부 또는 지방 정부의 또는 연방 정
부의 관리인 또는 피고용인인 1명, 일반 공공 대표 1명, 담배 제조 산업의 이
익 대표 1명, 중소사업 담배 제조 산업의 이익 대표 1명, 담배 경작자들의 이

---

96) SEC. 906. (d) (2).
97) SEC. 907.
98) SEC. 917.

익 대표 1명으로 구성된다. 동 위원회는 담배제품들로부터의 니코틴 배출량 (yields) 변경의 효과, 니코틴 배출량이 연관된 담배제품에의 의존을 낳지 아니 하는 한계 레벨(threshold level) 아래 인지, 장관에 의하여 요구된 담배제품들 관련 다른 안전, 의존, 또는 건강 문제들의 자문위원회의 심사 등에 대하여 장 관에게 충고, 정보 및 권고들을 제공한다.

Ⅳ. 시사점

우리나라는 2005년 2월 말부터 발효한 WHO 담배규제기본협약의 비준국으 로서, 동 협약상의 각종 담배규제 및 금연정책을 준수일정에 따라 법제화하여 추진하여야 할 국제법상의 의무를 부담하고 있다. 국제법상의 의무를 이행하 기 위해 담배규제 관련 국내법 현황을 보면, 현재는 「담배사업법」, 「국민건강 증진법」 등에 산재되어 있어 중복규제 등 정책집행에 혼선이 초래되고 있다. FCTC의 이행이나 우리나라의 금연정책의 강화필요성, 담배의 국민보건적 유 해성에 대한 효율적인 규제, 담배산업의 현황 등 종합적·포괄적 접근을 통하 여 담배산업 및 소비행위를 합리적으로 규제하기 위해 담배사업 규제의 법적 타당성과 단일한 '담배규제법'의 신설이 검토되어야 한다.

1. 담배규제의 법적 타당성

국가의 가장 기본적인 의무는 국민의 생명을 보호하고 인간으로서의 존엄 과 가치[99]를 보장하는 데 있다. 또한 우리나라 헌법재판소는 생명에 대한 권 리는 헌법에 규정된 모든 기본권의 전제로서 기능하는 기본권 중에 기본권이

---

99) '인간의 존엄'이라는 개념은 칸트에 의하여 비로소 철학적으로 근거를 가지게 되었으며, 그러한 인간의 존엄성의 근거는 인간의 자율성에서 찾을 수 있다. 인간은 자기 운명을 스 스로 결정하고 수행하는 자율적 존재라는 점에서 다른 존재와 구별된다고 한다(김창엽, 2001).

라 정의하고 있다.100) 인간으로서의 존엄과 가치를 보장하고, 국민의 생명권·건강권·보건권 및 그 신체활동의 자유 등 전체 국민의 보건을 책임지는 것은 국가의 의무라고 명시하고 있다.101) 또한 우리 「헌법」 제36조 제3항을 통해서 건강권을 인정하여 국민의 건강을 보호할 의무를 국가에게 부여하고 있다.

흡연권 또는 흡연자의 권리 및 담뱃갑상의 경고문구 표기방법을 보건복지부 제시 시안대로 강제하는 경우 지적 소유권 침해 소지가 다분하다는 의견이 있을 수 있다. 하지만 우리나라 헌법상 국민의 건강을 지키는 것은 헌법적 의무이다. 또한 「헌법」 제37조 2항에서는 공공복리, 질서유지, 안전보장을 위해서는 기본권의 본질적인 부분을 침해하지 않는 범위 안에서 제한이 가능하다 할 것이다. 따라서 담배를 원천적으로 판매를 금지하거나 흡연을 절대적으로 하는 것이 아닌 한, 헌법상 부여된 국민의 건강권을 보장하기 위한 법익이 국민의 건강을 해하면서 수익을 거두는 자의 지적소유권보다 우월하므로, 담배의 일정 수요를 억제하는 제한은 적법하다 판단된다.

담배광고제한에 대해서는, 그림 등 시각적으로 효과적인 광고규제가 흡연율을 감소시키는 데 긍정적 영향이 있다는 연구 보고된 결과물이 있다. 가령, 서미경, "외국의 흡연 그림경고 법제화 현황 및 효과(보건복지포럼, 2007.11)" 연구에서는 '좀 더 크고 생생한 그림경고가 건강위험의 심각성을 알리는 데 효과적이며, 그 영향이 흡연자에게 광범위하게 미치는 결과'를 나타냈다고 한다. 또한 신윤정 외, "담배포장 및 라벨 규제 개선방향에 대한 연구(보사연, 2007)"에서는, '우리나라의 조사결과 담배경고의 면적이 클수록 흡연자의 금연의도를 더욱 강화시키는 것으로 나타났다. 이처럼 그림 경고의 과학적 효과는 국내외로 제시되고 있다.

---

100) 헌재 1996.11.28. 95 헌바 1, 판례집 8-2, 537(545면).
101) 헌재 1996.10.31. 선고 94헌가7, 판례집 8-2, 408(417).

2. 담배규제 관련법의 일원화

2011년 6월 8일 현재, 법제처 국가법령정보센터를 통하여 '담배'라는 용어가 법률명에 들어간 것을 검색한 결과 '담배사업법'이 유일하며, '담배'라는 용어가 법령본문에 포함된 법령은 51개 법령이며, 담배의 안전관리 및 금연에 대하여 규율하고 있는 법률은 담배사업법, 엽연초생산협동조합법 및 국민건강증진법 등이 있다. 예컨대, 산업보건기준에 관한 규칙 제50조는 사업주로 하여금 관리대상 유해물질을 취급하는 실내작업장에서 근로자가 담배를 피우지 않도록 하여야 하며, 근로자는 흡연이 금지된 장소에서 흡연을 하여서는 아니 된다고 규정하고 있다. 또한 국민건강을 위하여 금연에 대하여 규율하고 있는 법령은 국민건강증진법이라 할 수 있다. 내용의 경고문구와 발암성물질을 표기하여야 한다고 하는 반면, 담배사업법은 흡연이 건강에 해롭다는 내용이 명확하게 표현된 경고문구를 표시하도록 규정하고 있다. 「국민건강증진법」은 예외적인 경우를 제외하고는 담배의 광고를 금지하는 반면, 「담배사업법」은 대통령령에 위임하고 있다. 특히 잡지에 관한 광고에 있어 「국민건강증진법」이 연간 10회 이내로 제한하나 「담배사업법 시행령」은 연간 60회 이내로 제한하고 있다. 「국민건강증진법」은 금연구역 지정 등의 흡연의 예방으로 국법」과 국민 건강의 증진을 목적으로 하는 「국민건강증진법」으로 담배관련 내용이 규정되어, 중복 또는 상충되는 이원화 문제가 있다. 「국민건강증진법」이 국민건강보호라는 보호법익을 갖는 반면, 「담배사업법」은 담배산업의 건전한 발전 등을 목적으로 하므로, 「담배사업법」상 국민건강에 위해가 되는 것은 유통, 판매, 광고 등에까지 「국민건강증진법」이 관여되어야 한다. 나아가, 현재 이원화되고 상충되는 등의 법제현황은 「국민건강증진법」을 중심으로 개선되어야 한다.

윤상일(2007: 51)은 담배가 국민 건강 및 생활 전반에 끼치는 폐해가 심각할 뿐만 아니라 국가의 의료보험 재정 및 국민 경제에 미치는 영향과 향후 국가 경쟁력에 미치는 영향 등을 고려해볼 때 담배 규제에 관한 사항은 「국민건강증진법」의 일부 조항에 삽입하는 것은 적절하지 않다고 사료되고, 담배에 관한 사항은 담배 규제에 관한 특별법 등 독립된 법으로 제정하여 담배 규제 정책을 국가정책의 최우선 순위 중의 하나로 규정해야 한다고 한다. 담배가 국민 건강은 물론 국민 경제에까지 미치는 영향을 고려할 때 「국민건강증진법」에 대한 독립적인 특별법으로 나아가는 것도 일응 타당할 것이다. 특히 독립법은 미국 담배규제법에서와 같이 담배의 생산부터 유통, 광고, 판매 및 사용에 이르는 담배에 대한 전반적인 규제 정책을 수립하고 이를 지속적이고도 일관되게 추진할 수 있는 행정조직을 명문화하여야야 할 것이다.

담배규제기본협약의 구체적 실행을 위한 국내 규범의 필요성 때문에 단독법 제정이 필요하다. 박길준·이선규(2004)도 「담배사업법」, 「국민건강증진법」, 기타 담배통제법령에 관한 한국의 현행 법체제를 살피고, 이를 FCTC와 비교 검토하는 가운데 담배통제의 기준이 「담배사업법」과 「국민건강증진법」으로 중복 규정되어 있을 뿐만 아니라 그 내용에 있어서 FCTC를 충분히 수용하지 못하고 있으므로 「담배사업법」의 폐지, 「국민건강증진법」 등의 개정 등과 함께 FCTC를 국내적으로 시행하기 위한 구체적인 이행법령이 필요하다며 "기타 이행법령의 제정"을 담배 규제 입법방향의 하나로 제시한 바 있다. 물론 우리나라는 협약의 이행법률을 별도로 제정하는 대신 개별 법령을 개정하여 구체화한다고 하였으나 미흡한 실정이다. 동 협약은 제30조에서 "이 협약에 대하여는 어떠한 유보도 행할 수 없다"고 규정하고 있다. 그러나 우리나라는 이를 지키고 있지 못하고 있는 것이다. 흡연과 관련된 질병과 사망을 줄이고자 하는 국제적인 노력의 결실로 담배규제기본협약이 2003년 5월 21일 192개 WHO 회원국의 만장일치로 채택되었으며, 2004년 11월 29일 협약 발효의 필요조건인 40개국이 비준함으로써 2005년 2월 27일부터 발효되었다(서미경, 2007: 103). FCTC는 흡연문제가 인류의 건강을 심각하게 위협하고 있다는 인식 아래 이 긴급한 문제에 대처하기 위한 최초의 구속력 있는 국제문서이며 (김대순, 2007: 37), 최초의 보건 관련 국제협약이다(서미경, 2001). 우리나라는 2003년 7월 21일 협약에 서명하였으며, 2005년 5월 16일 비준하였다(다자조약, 제1743호, 2005.8.19). WHO에서 주도한 담배규제기본협약은 전 세계의 모든 국가가 공동으로, 담배소비 및 흡연율 감소를 위한 필요한 종합적인 조치들을 적절한 시기, 대상, 장소에서 활용하게 함으로써 담배규제의 효과를 극대화하였다는 점에서 의의가 크다(서미경, 2005: 7).

입법자는 형성의 자유가 있기 때문에 입법의 내용·형식 등 제반사항에 관하여 세부적이고 엄격한 구속을 받지 않아 단독 개별법으로 제정할 수 있다. 물론 입법자는 헌법의 원리·원칙·질서를 준수하고 기본권을 존중하여야 하며 이에 구속되는 것이 당연하다 할 수 있다. 그럼에도 입법자의 형성의 자유에는 입법자가 어떠한 내용을 입법에 담고, 어떠한 형식으로 입법을 하며, 어떠한 경로로 입법을 하고, 어떤 수단을 통하여 입법의 목적을 달성할 것인지 선택할 수 있는 것이 포함된다. 물론 헌법재판소도 "입법기관은 특별한 사정이 없는 한 광범위한 입법형성의 재량권을 가지며 그 행사에 있어 명백한 남용이나 자의에 의한 평등의 원칙에 대한 침해가 없는 한 입법형성은 존중된다"고 결정한 바 있다.[102] 따라서 법규범 상호 간 내용상의 모순과 갈등을 빚지 않도록 하는 한 개별 법률을 제정할 수 있는 것이다.

단독 법률 제정의 장단점을 비교하더라도 개별 법률을 제정하는 것이 낫다고 할 수 있다. 단독 법률의 제정은 우선, 법률의 체계적 관리가 가능할 것이다. 담배에 대한 안전관리 및 흡연예방을 국민건강증진법과 별도로 개별 법률로 규정할 경우의 장점으로는 먼저 정비방법이 간편하다는 것이다. 또한 전문성을 반영한 입법이 될 수 있다. 전문화시대에 전문화된 법률이 개별법으로 존재한다는 장점이다. 예컨대 전문화의 경우 폐기물과 관련하여 폐기물관리법 이외에도 방사성폐기물 관리법이 별도로 제정되어 있으며, 보건과 관련하여서도 보건의료기본법을 기초로 하여 구강보건법, 모자보건법, 산업안전보건법, 정신보건법, 지역보건법, 학교보건법, 환경보건법이 제정·시행되고 있다. 그리고 법률 해석 및 적용의 용이성이다. 단독 법률로 규율이 일목요연하여 법률 해석 및 적용의 용이성을 들 수 있다. 물론 제정 법률은 문체가 정확하고 간결하여야 하며, 용어가 해석상 착오가 생길 여지가 없는 용어를 사용하여야

---

[102] 헌법재판소 1989.3.17. 선고 88헌가1 결정.

할 것이다. 특별법적 우선적용이 될 수 있다. 담배에 대한 안전관리 및 흡연예방에 대하여 개별 법률이 제정됨으로써 「국민건강증진법」 등 다른 법률에 대한 특별법적 성격을 가져 법률이 우선적으로 적용됨은 물론 예측가능성 등을 확보하기 쉽다고 할 수 있다. 또한 법률의 중복 또는 상충 방지할 수 있다.

마지막으로 「담배사업법」 및 「국민건강증진법」에서 중복적으로 규율하고 있는 것들을 담배에 대한 안전관리 및 흡연예방에 관한 법률로 단독화함으로써 법률의 중복이라든지 산재해 있다는 비난이 해소될 수 있다는 것이다. 예컨대, 담뱃갑 및 광고에 대한 경고문구 표시의무가 「국민건강증진법」(제9조의2) 및 「담배사업법」(제25조)에 같이 규정되어 있는 반면, 담배성분 표기 규정이 「담배사업법」(제25조의2)에, 발암물질 표기가 「국민건강증진법」(제8조 제3항)에 규정되어 있다. 이처럼 중복되거나 산재되어 있는 규율 사항들이 하나의 법률에 규정하여 통일적 및 일률적으로 적용할 수 있다는 이점이 있다. 이는 규제의 효율적 행사를 가능하게 한다 하겠다. 위와 같이 개별 법률 제정의 장단점을 볼 때 내용적으로 검토해 보아야 더 정확할 수 있으나 우선 형식적으로는 담배관련 건강부분 규제에 대하여서는 단일법안 제정이 타당할 것으로 사료된다. 전문화시대에 담배의 안전관리 및 흡연 예방에 대한 개별 법률을 제정하여야 할 것으로 보인다. 특히 중복하여 규정하거나 혼재 또는 산재되어 있음으로 말미암는 국민의 불편을 해소하고 법률의 이용, 집행자가 하나의 법률에서 원하는 정보를 모두 입수하여 업무를 보다 간편하게 처리할 수 있다는 점에서 개별 법률화하여야 할 것으로 판단된다.

3. 담배규제정책의 중장기 플랜

금연정책의 중장기적인 종합발전계획을 세워야 한다. 현재 미국의 금연정책을 살펴볼 때, 청소년 흡연 예방을 중심으로 신규흡연자 발생을 예방하는 것을 주요 목표로 하는 정책에 주목할 필요가 있다. 사실상 40대 이후 흡연율이 감소하고 있으므로 신규 흡연자의 진입장벽을 높게 한다면 20년 내지 30년 이후의 흡연율은 매우 감소할 것으로 예상된다. 이처럼 단시안적인 금연정책보다는 중장기적인 안목의 로드맵을 그려 보는 것이 중요하다 할 수 있다.

지금까지 국가의 전매사업으로 해오던 담배판매행위를 사실상 금지하거나 부인하기 어려운 한계점을 감안하여야 한다. 따라서 금연정책을 법적 규제 또는 가격 정책으로 하면서, 동시에 교육을 통한 인식개선을 병행하여야 한다. 만성질환 등 흡연을 하나의 습관성 질병으로 본다면, 어려서부터 교육이 이루어져야 한다. 현재 정규교육과정에 흡연예방을 위한 교육을 강화하는 등 흡연자 및 비흡연자의 인식개선 등 제반여건을 병행하는 정책을 구사하여야 한다. 이와 더불어 중요한 것은 '담배관련 과학자문위원회 설치'이다. 흡연자에 대한 흡연과 담배사업에 대한 규제의 타당성을 국민건강보호 및 건강증진에 두고 있다면, 이에 대한 과학적 근거를 제시하여야 설득력을 보장받을 수 있다. 즉, 의학적·약리학적·보건학적 영역의 연구조사 기관을 설립하고 이 기관으로부터 담배의 유해성에 대한 자료를 과학적으로 규명하고 보고하도록 하여야 한다. 정부는 이러한 담배관련 유해성에 대한 과학적 근거자료를 참고로 정책을 입안하고, 담배사업 등을 규제하며, 국민의 알 권리 충족을 위해 정보제공을 공개하여야 한다.

제4장 건강보험과 자동차보험 선택적 우선적용 고찰

-정과실 자기신체피해 교통사고를 중심으로

Ⅰ. 서론

　현행 「국민건강보험법」상에는 보험급여를 받을 수 있는 자가 고의 또는 중과실로 인한 경우 등 급여제한사유에 해당하는 경우를 제외하고는 건강보험으로 처리가 가능하고, 제3자의 행위로 인한 보험급여를 실시한 경우 소요된 급여비용에 대해서는 구상권을 행사할 수 있다.103) 이와 같이, 경과실 자기피해 교통사고로 인한 부상일 경우 현행 「국민건강보험법령」상 급여제한사유에 해당하지 않아 건강보험을 적용받을 수 있음에도 불구하고, 자동차사고라는 이유 하나만으로 건강보험 급여제한사유로 오인하는 등 대부분은 자동차보험으로 적용받고 있는 실정이다. 따라서 경과실 자기피해 교통사고의 경우, 건강보험과 자동차보험에 대한 가입자의 합리적 선택권 보장을 위한 연구가 필요하다 하겠다. 나아가, 선택적용이 가능함에도 현실적으로 반영되지 못하는 이유와 이로 인한 보험료 이중납부 등의 문제도 규명되어야 할 것이다. 유럽 등 대부분의 선진국은 건강보험 진료비 지불제도와 자동차보험 진료비 지불제도가 통합되어 있으므로, 상해의 원인에 관계없이 건강보험으로 치료를 받고 보험자 간 사후 정산을 하고 있다. 지금까지 본 주제와 직접적인 관련이 있는 국내의 연구는 아직 일천한 상태에 있으며, 해외의 연구동향은 자동차보험과 건강보험이 통합되어 있는 국가가 대부분이므로 우리와 같은 상황에 대한 연구는 많지 않은 실정이다.

---

103) 「국민건강보험법」 제48조에 의한 급여의 제한 중 동조 제1항 제2호 및 제3호는 각기 고의 또는 중대한 과실로 공단이나 요양기관의 요양에 관한 지시에 따르지 아니한 때와 문서 기타 물건의 제출거부 또는 질문 또는 진단기피의 경우이고, 또한 동조 제3항 내지 제6항의 내용은 보험료 체납에 의한 보험급여제한에 관한 내용이므로 본 글에서는 논외로 한다.

Ⅱ. 건강보험과 자동차보험의 선택적용

1. 현황 및 문제점

현행 「국민건강보험법」은 제48조에서 건강보험의 급여를 제한하는 사항을 규정104)하고 있고, 동법 제53조도 실질적인 급여제한 규정이다.105) 이는 사회보장법의 2대 원칙인 '연대책임의 원칙'과 '자기책임의 원칙' 중 후자를 입법적으로 구체화시킨 것이라 할 수 있다.106) 경과실 자기피해 교통사고로 인한 부상일 경우, 급여를 제한하는 「국민건강보험법」 제48조 제1항 제1호의 규정인 "고의 또는 중대한 과실로 인한 범죄행위에 기인하거나 고의로 사고를 발생시킨 때"에 해당하지 않기 때문에 건강보험이 적용되고, 피해자가 자동차보험의 자기신체사고보험에 가입한 경우에는 자동차보험을 통한 보상도 가능하다. 법원 또한 자동차사고로 인한 부상에 대해 자동차보험과 건강보험 등의 선택은 보험의 피보험자 또는 피부양자에게 선택권이 있음을 판시하고 있다.107) 또한 자동차사고의 피해자가 사회보험의 가입자 또는 피보험자에 대한 손해배상 청구권, 사회보험자에 대한 보험급여 청구권을 동열에 가지고 있게 되는바, 각 청구권에 대하여는 우선순위가 없기 때문에 자동차사고의 피해자로서는 어떤 청구권을 행사하든지 아무런 장애가 없다.108)

---

104) 「국민건강보험법」 제48조(급여의 제한) ① 공단은 보험급여를 받을 수 있는 자가 다음 각 호의 1에 해당하는 때에는 보험급여를 하지 아니한다. 1. 고의 또는 중대한 과실로 인한 범죄행위에 기인하거나 고의로 사고를 발생시킨 때; 2~3(생략). 4. 업무상 또는 공무상 질병·부상·재해로 인하여 다른 법령에 의한 보험급여나 보상 또는 보상을 받게 되는 때.

105) 「국민건강보험법」 제53조(구상권) ① 공단은 제3자의 행위로 인한 보험급여사유가 발생하여 가입자에게 보험급여를 한 때에는 그 급여에 소요된 비용의 한도 내에서 그 제3자에 대한 손해배상청구의 권리를 얻는다. ② 제1항의 경우에 있어 보험급여를 받은 자가 제3자로부터 이미 손해배상을 받은 때에는 공단은 그 배상액의 한도 내에서 보험급여를 하지 아니한다.

106) 전광석, 『한국사회보장법론』(제4판), 법문사, 2002.

107) 서울지방법원 2001.10.19. 선고 2001나20881 판결.

108) 문영화, "자동차손해배상보장법 제9조에 의하여 피해자에게 직접 손해배상책임을 지는 책임보험자가 국민건강보험법 제53조 제1항에 규정된 제3자에 포함되는지 여부", 「대법

하지만 현실은 교통사고의 원인이 전적으로 본인의 경과실인 경우는 현행 법령상 건강보험으로 처리가 가능함에도 대부분 자동차보험으로 처리되고 있다.[109] 이는 의료기관의 경우 건강보험 진료비 심사가 엄격하여 삭감될 우려가 높을 뿐만 아니라 건강보험 진료수가보다 자동차보험 진료수가가 높고, 급여범위도 넓어 의료기관에서는 자동차보험으로 처리하는 것을 선호하는 것이 주요한 원인으로 작용하고 있다. 일반인들 또한 교통사고의 경우 대부분 건강보험으로는 처리가 안 되는 것으로 인식하고 있기 때문이다. 그러나 우리나라 건강보험은 대부분 전 국민을 가입자로 하는 의무보험이고 자동차보험도 책임보험은 가입이 의무화되어 있다. 이처럼 경과실 자기피해 자동차사고가 발생한 경우, 건강보험급여로 치료받을 권리와 자동차보험회사로부터 보상금을 받을 권리는 선택적이라 할 수 있다. 그러나 건강보험으로 치료가 가능함에도 자기신체사고 보험 미가입 시 본인이 전액 진료비를 부담하거나, 자동차보험의 자기신체사고 보험에 가입한 경우에도 중상사고 등의 경우 충분한 보상을 받지 못하는 문제점이 있다. 이 외에도, 건강보험료와 자동차보험료 이중납부의 문제와 자동차종합보험가입자와 미가입자 간의 형평성 시비로부터 현행 관련 법령제도와 운영상의 괴리의 책임은 자유로울 수 없을 것이다.

2. 선진 외국의 건강보험과 자동차보험

선진 외국의 자동차보험제도는 일반적으로 자동차와 직접 관련된 대물보상이 원칙이며 인명상해에 대해서는 자동차보험이 보상하지 않고 건강보험에서 급여한다. 이는 자동차보험 환자도 건강보험(보건서비스)에 가입되어 있기 때문에 건강보험(보건서비스)에서도 급여를 제공하여야 한다는 대원칙에 근거하고 있다. 국민건강보험제도(National Health Insurance, NHI)를 가지고 있는 프랑스와 오스트리아는 자동차사고든 산재사고든 진료비는 모두 우선적으로

원판례해설』 통권 제52호(2005): 9-21.
109) 자동차보험 의료비통계를 분석해보면, 경부염좌 등의 경상자가 95.5%로 경상자의 수는 증가하는 반면, 중상자 및 사망자의 수는 매년 소폭 감소하고 있다(보험개발원, 『자동차 사고 상해에 관한 분석』, 보험개발원, 2004.12).

건강보험에서 처리하며, 향후 각 보험자 간의 정산절차를 통해 해결하는 시스템을 가지고 있다.110) 이렇듯, 대부분의 선진 국가들은 일반적으로 교통사고로 인한 인명상해에 대해서는 자동차보험이 보상하지 않고 건강보험에서 급여한다.111) 독일은 건강보험조합에서 일차적으로 의료기관에 진료비를 지불하고 건강보험조합이 자동차보험회사에 구상권을 행사하고 있다.112) 또한 국가보건서비스제도(National Health Service, NHS)를 가지고 있는 이탈리아는 자동차보험이 NHS에 치료비 명목으로 일정 분담액을 납부하는 형태로 운영되고 있다.113) NHS 국가에서는 대개 자동차보험이 NHS에 미리 일정분담액을 지급하는 형태이다. 자동차보험이 NHS에 지불하는 금액은 실제 진료비보다 적을 수도 있으며 이는 자동차보험환자도 NHS하에서 조세를 부담하기 때문에 교통사고 환자라 할지라도 국민의 한 사람으로서 NHS에서 급여를 제공하여야 한다는 대원칙에 근거한다.114)

이처럼 사회보장제도를 실시하고 있는 나라에서는 자동차사고 환자의 진료비를 일차적으로 건강보험(NHS)에서 전담하고 있으며, 여기에는 예외도 없는 것으로 조사되었다. 이와 달리 우리나라는 자동차보험이 건강보험보다 먼저

---

110) 고수경·송기민·박다진, 『국내외 사회보장 권리구제 제도연구』, 건강보험심사평가원, 2005.8.

111) 박다진·고수경·송기민, "건강보험·자동차보험·산재보험 제도의 국내외 비교: 의료비 심사일원화 논의에서의 함의", 『서울대학교 보건학논집』 제43권 제2호 통권 제61호 (2006): 113-121.

112) 독일의 자동차보험제도를 자동차책임보험(Kfz-Haftpflichtversicherung)과 차량보험(Kaskoversicherung)제도로 구분하여 살펴보면 다음과 같다. 우선, 자동차책임보험 가입은 모든 차량보유자에게 의무적으로 가입하도록 하고 있다. 자동차사고로 부상한 경우 피해자는 치료비 및 그 밖의 진료관련 비용, 수입결손, 위자료 등을 청구할 수 있다.

113) 이탈리아 환자들은 국가보건서비스제도(NHS) 환자와 그렇지 않은 환자의 두 계층으로 나뉘는데, NHS 환자가 아닌 사람들의 절대적 다수는 민간의료보험을 이용하고 있다. 그런데 이탈리아에는 자동차보험이 국민건강보험에 의존하므로 구분된 자동차 환자는 존재하지 않는다.1) 이탈리아의 자동차보험자들이 납부하는 자동차보험료(RC)에는 NHS 진료비가 포함이 되는 체계이다. 예컨대, 자동차보험료의 10.50%를 자동차사고환자의 치료비 명목으로 NHS에 이체시킨다. 이처럼 이탈리아는 자동차보험과 건강보험의 보험자 간 정산방법을 채택하고 있는 것으로 보인다.

114) 교통사고 상해 환자의 진료비에 대해 독일과 오스트리아 같은 NHI 제도하에서는 의료기관 기관에서 건강보험에 진료비를 청구하면 건강보험이 이를 우선 변제하고 자동차보험과 사후 정산하는 것이 일반적이다.

도입되었기 때문에 두 제도가 별도로 발전되어 왔다고 볼 수 있다.115) 이와 같은 근본적인 차이는, 선진 외국의 경우 건강보험(NHS)이 자동차보험보다 먼저 도입되었기 때문이다. 이처럼 주요 선진국의 건강보험(NHS), 자동차보험은 상이한 재원조달방식, 다양한 진료비 지불방식, 다양한 의료전달체계에도 불구하고 공통적으로 건강보험을 기준으로 일원화되어 있다.116) 이와 같이 대부분의 선진외국은 자동차사고나 산업재해 등 발생의 원인보다는 피해자 부상에 대한 치료에 더 중점을 두고 있다. 즉, 사고발생 원인이 무엇이든지 간에 치료에 대해서는 건강보험으로 통합되어 건강보험으로 우선 진료함을 원칙으로 하고 있다. 이는 자동차보험이 주로 사람에 대한 부상 등을 보장내용으로 하지 아니하고, 자동차의 수리 등을 보장내용으로 하고 있기 때문이다.117) 따라서 외국은 현행 우리와 매우 상이한 제도를 가지고 있으므로, 우리나라의 자동차보험과 건강보험의 적용에 있어서 발생하는 문제가 나타나지 아니한다. 현행 자동차보험과 건강보험의 역할관계를 중장기적인 관점에서 볼 때, 자동차보험은 재물손해와 배상부분, 건강보험은 의료적 치료부분에 중점을 두는 방향성이 타당하다고 보인다.

3. 선택적용의 타당성 검토

가. 건강보험 급여제한

사회보장수급권을 제한하는 유형은 크게 두 가지로 대별될 수 있는데, 이중 급여와 청구권자의 원인기여 등이 있다. 첫째 유형은, 사회보장수급권자에게 발생한 동일한 사유로 두 가지 이상의 사회보장수급권 혹은 사회보장수급권

---

115) 김진현 외,『자동차보험 진료수가기준 개선방안 연구』, 인제대학교 · 한림대학교 · 한국소비자보호원, 2003.11.
116) 김영춘 · 유시민 · 장복심,『국민의료비 심사일원화를 위한 입법공청회 자료집』, 국회, 2005.3.
117) 고수경 · 송기민 · 박다진,『국내외 사회보장 권리구제 제도연구』, 건강보험심사평가원, 2005.8.

과 다른 종류의 권리를 취득할 요건을 충족시키는 경우 이들 권리들을 모두 인정한다면 과잉보장이 나타날 수 있기 때문에, 급여들을 상호 조정하는 경우이다. 이러한 이중급여는 단순히 수급자가 여러 가지 급여를 동시에 받게 되는 것이 문제라기보다는 과잉보장이나 과소보장과 같이 적절한 보장을 하지 못하는 데 문제가 있다고 하겠다.[118] 두 번째 유형은 청구권의 성립원인이 되는 사유의 발생에 청구권자 스스로의 책임이 인정되어 급여에 일정한 제한이 가해지는 경우라 할 수 있다.[119]

현행 건강보험은 「국민건강보험법」 제48조 제1항 제1호, 제4호 및 제2항, 제52조 및 제53조의 규정으로 급여제한의 사유를 정하고 있다. 그러나 경과실 자기피해교통사고는 이러한 건강보험법령상의 급여제한 규정사항인 고의성, 중과실, 업무상, 공무상, 국가 또는 지방자치단체성, 제3자 행위 등의 요건에 해당하지 않는다. 따라서 현행 국민건강보험법령상 자동차보험에서 제공하는 경과실 자기신체사고피해 교통사고 피해에 대해 건강보험급여를 제한할 법적 근거는 없다. 법원 판례도 교통사고 시 자동차보험으로 치료를 받을 것인지 건강보험으로 치료를 받을 것인지 피해자가 선택할 수 있다는 입장을 취하고 있다.[120] 판례는 교통사고의 피해자가 건강보험 가입자 내지는 피부양자인 동시에 자동차보험의 가입자인 경우, 교통사고 피해자는 ⅰ) 가해차량의 보험회사로부터 치료비를 받거나, ⅱ) 가해차량의 보험회사로부터 치료비를 받지 않고 건강보험으로 치료받는 방법, ⅲ) 일부는 가해차량의 보험회사로부터 치료비를 받고 일부는 건강보험을 이용하여 치료비를 받는 방법 중에서 한 가지를 택할 수 있고 어떤 방법을 취하는가는 교통사고 피해자가 선택할 수 있는 것이다.[121] 또한 대법원은 국민건강보험의 급여제한 여부를 해석함에 있어, 엄

---

118) 김진수 · 박수경, 「사회보험의 중복급여체계 개선방안에 관한 연구」, 『사회보장연구』 제19권 제2호 통권 28호(2003. 12): 35-62.
119) 감신, 『건강보험제도 급여제한제도 개선방안 연구』, (사)시민건강증진연구소 · 국민건강보험공단, 2006.6.
120) 서울지방법원 2001.10.19. 선고 2001나20881 판결.
121) 교통사고로 목이나 허리를 다쳐 디스크 수술해야 할 경우 보험회사에서는 디스크는 교통사고와 관련 없는 기왕증이므로 수술해줄 수 없으니 건강보험으로 수술하라고 하는 경우가 많은데 이런 경우가 일부는 자동차보험으로 일부는 건강보험으로 처리하는 경우

격하고 한정적으로 해석하여야 한다고 한다.122) 국민보건을 향상시키고 사회보장 증진을 목적으로 하는 국민건강보험법의 취지를 살려 보험급여 대상자를 보호하여야 한다는 입장을 견지하고 있기 때문이다.123)

나. 자동차보험의 면책 또는 지급한도

현행 우리나라 자동차보험은 책임보험과 임의가입보험으로 구성되어 있다. 「자동차손해배상보장법」에 의해 우리나라의 자동차보유자는 자동차 운행의 전제로 일정한 금액까지의 손해배상 이행을 담보하는 책임보험에 가입하도록 의무화하고 있고,124) 종합보험도 반강제화되어 있는 등 우리나라 자동차보험은 가입의 강제성 여부를 기준으로 볼 때, 운영주체가 민간임에도 불구하고 사회보험적 성격이 강하다고 할 수 있다.125)126) 이와 같은 이유는 교통사고로 인하여 사망하거나 부상한 경우에 있어서 손해배상을 보장하여 피해자를 보호하는 것이 자동차보험이 갖는 주요 목적이기 때문이다. 즉, 가해자의 책임 문제와 경제적 보호보다는 피해자에게 공평·타당·신속한 배상과 보상이 자동차보험의 주요 과제라 할 수 있다. 이처럼 건강보험이 사회보험으로 건강을 보장하는 질병보험임에 반하여, 자동차보험은 책임보험으로서 신체의 사상, 장해 및 재산상의 피해나 손해까지 보상하는 손해보험이기 때문이다.127)

에 해당된다.
122) 「국민건강보험법」은 제1조에 명시되어 있는 바와 같이 국민의 질병·부상에 대한 예방·진단·치료·재활과 출산·사망 및 건강증진에 대하여 보험급여를 실시함으로써 국민보건을 향상시키고 사회보장을 증진함을 목적으로 하고 있음에 비추어 볼 때, 위 법조 소정의 급여제한 사유로 되는 '중대한 과실'이라는 요건은 되도록 엄격하게 해석하여야 할 것이다. <대법원 2003.2.28 선고 2002두12175 판결>
123) 김광태, 「중대한 과실을 이유로 한 건강보험 급여의 제한」, 『대법원판례해설』 통권 제45호(2004): 141-148.
124) 김정열·이득주, 『자동차손해배상제도 해설』, 청화출판사, 2001.
125) 자동차종합보험이란 대인배상, 대물배상, 자손보험, 자차보험을 하나의 보험증권으로 묶은 종합보험을 말한다(한국행정학회, 『산재보험과 자동차보험과의 조정방안연구』, 근로복지공단, 2003.2).
126) 김진현, 『자동차보험 진료수가체계의 문제점과 개선방안』, 대한손해보험협회, 2001.9.
127) 홍정룡, 「자동차보험과 건강보험의 심사평가체계 일원화에 대하여」, 『대한병원협회지』

자동차보험은 배상책임보험의 일종으로 타인의 손해를 보호하는 기능을 하고 있는 것에 반하여, 자기신체사고보험은 배상책임보험이 아닌 본인 스스로 가입해야 하는 상해보험의 성격을 가지고 있다. 또한 자동차사고 중에서 경과실 자기신체사고피해는 보상이 가능하나 보상한도가 있어, 피해자가 자동차보험의 자기신체사고 보험에 가입하였다 하더라도 중상사고 등의 경우 충분한 보상을 받지 못하거나, 건강보험으로 우선 치료하는 것보다 본인부담이 증가하는데, 이는 자동차보험의 자기신체사고가 <표 4-1>과 같이 상해등급별로 최고 1,500만 원(1급)에서 최저 20만 원(14급) 보상한도 존재에 기인한다.128)

<표 4-1> 자기신체사고 상해구분 및 급별 보험가입금액표

상해등급	보험가입금액	상해등급	보험가입금액
1급	1,500만 원	8급	180만 원
2급	800만 원	9급	140만 원
3급	750만 원	10급	120만 원
4급	700만 원	11급	100만 원
5급	500만 원	12급	60만 원
6급	400만 원	13급	40만 원
7급	250만 원	14급	20만 원

* 상해등급은 「자동차손해배상보장법 시행령」 별표 1에서 정한 상해구분에 의함.

Ⅲ. 건강보험 우선 적용의 타당성 검토

1. 총 진료비 중 본인부담금

자동차보험과 건강보험을 선택적으로 적용할 수 있다면, 어떠한 선택이 피

제34권 제2호 통권 294호(2005): 57-66.

128) 「자동차손해배상보장법 시행령」 '별표 1'에서는 상해등급을, '별표 2'에서는 장애등급을 각기 1급부터 14급까지 정하고 있다. 또한 피보험자 자신의 상해에 대한 보상은 '자기신체사고'와 '자동차상해'가 있는데, 자동차상해에 비하여 자기신체사고는 그 보상의 범위가 매우 한정적이라 할 수 있다. 그런데 현재 우리나라 자동차보험 가입자의 대부분은 자동차상해가 아닌 자기신체사고에 가입되어 있다.

해자에게 합리적인 것인지에 대한 검토가 요구된다. 이를 위해 선별유형별 본인부담금의 차이를 파악하고자 ⅰ) 골반골 중복골절의 경우와 ⅱ) 쇄골 골절의 경우 등을 사례를 통해 비교하고자 한다.[129]

가. 골반골 중복골절의 경우

골반골 중복골절로 치료비가 2,000만 원이 발생한 경우, 자동차보험 자기신체보험금 한도 5급에 해당하여 500만 원까지 지급이 제한된다(<표 4-1>). 이에 ⅰ) 자동차보험으로 우선 처리하는 경우는 자동차보험에서 정한 해당 한도액 500만 원이 지급되고, 이를 제외한 1,500만 원을 건강보험 처리 시 본인부담금 300만 원이 발생한다.[130] ⅱ) 건강보험 우선 처리하는 경우에는 2,000만 원을 건강보험으로 처리하여 본인부담금 400만 원이 발생한다. 이 부분에 대해 전액 자동차보험 적용을 신청하면 자동차보험 해당 한도액 500만 원 이하이므로 400만 원 본인부담금이 전액 지급됨으로써 본인부담은 없게 된다(<표 4-2>).

<표 4-2> 골반골 중복골절 시 건강보험과 자동차보험 적용 비교

구분	자동차보험 우선 적용 시	건강보험 우선 적용 시
건보부담금	12,000,000원	16,000,000원
자보부담금	5,000,000원	4,000,000원
환자부담금	3,000,000원	0원
계	20,000,000원	20,000,000원

* 대한손해보험협회 내부자료(2009.2).

---

129) 본 사례에서 건강보험기준 총치료비는 자동차보험 지급청구서상 금액을 종별가산율 적용, 건강보험의 입원료체감률, 진료항목상 비급여 해당여부에 따른 공제, 선택진료비 등은 적용하지 않은 추정금액이며, 건강보험적용 시 환자는 의료기관에 본인부담금을 우선 지급하고 자동차보험으로 청구한 것이다.
130) 통상 입원의 경우 건강보험기준 총 치료비의 20%가 본인부담금으로 정해진다.

나. 쇄골 골절의 경우

쇄골 골절의 경우, 자기신체보험금 한도 8급에 해당하여 금액은 180만 원 한도 내에서 지급된다(<표 4-1>). 이때 종합병원 기준으로 총 치료비는 자동차보험의 경우 3,883,950원, 건강보험의 경우는 3,752,449원으로 약간의 차이가 존재한다.[131] 이에 ⅰ) 자동차보험으로 우선 처리하는 경우 자동차보험에서 정한 해당 한도액 180만 원이 지급되고, 이를 제외한 약 208만 4천 원은 건강보험 처리 시 본인 부담금 약 41만 6천 원이 발생한다. ⅱ) 건강보험으로 우선 처리하는 경우에는 3,752,449원을 건강보험으로 처리하여 본인부담금 약 75만 원이 발생하고, 이 비용에 대해 전액 자동차보험 적용을 신청하면 자동차보험 해당 한도액 180만 원 이하이므로 75만 원 본인부담금이 전액 지급됨으로써 본인부담은 없게 된다(<표 4-3>).

<표 4-3> 쇄골골절 시 건강보험과 자동차보험 적용 비교

구분	자동차보험 우선적용 시	건강보험 우선적용 시
건보부담금	1,667,160원	3,001,959원
자보부담금	1,800,000원	750,490원
환자부담금	416,790원	0원
계	3,883,950원	3,752,449원

* 대한손해보험협회 내부자료(2009.2).

---

131) 건강보험과 자동차보험은 동일한 상병에 대한 총 진료비가 차이가 있다. 자동차보험의 진료수가가 건강보험 요양급여기준수가를 대부분 준용하고 있음에도 불구하고, 의료기관종별기준에 따른 종별가산율 등 건강보험과 자동차보험의 수가체계가 상이한 부분이 있기 때문이다. 따라서 해당사안의 경우 자동차보험의 경우 3,883,950원[2,382,651원＋1,095,840원(종별가산적용 진료료)＋405,461원(종별가산 37%)]이고, 건강보험의 경우 3,752,449원[2,382,649원＋1,095,840원(종별가산적용 진료료)＋273,960원(종별가산 25%)]의 총 진료비를 나타내고 있다.

다. 사례비교

위의 사례를 비교해 보면, 사례1의 골반골 중복골절의 경우 자동차보험 적용에 우선하여 건강보험을 적용하였을 때 본인부담금에서 약 300만 원의 차이가 발생하고, 사례2의 쇄골골절의 경우에는 약 42만 원의 본인부담금 차이가 발생하는 것으로 나타났다.[132] 이처럼 자동차보험과 건강보험 적용순서에 따라 본인부담금이 달라지는 경우, 사례에서 본 바와 같이 건강보험을 자동차보험에 우선하여 적용하는 것이 본인부담 측면에서 가입자에게 유리한 것으로 조사되었다. 또한 건강보험을 우선 적용함으로 인하여 자동차보험사는 골반골 중복골절의 경우 약 100만 원(<표 4-2>), 쇄골골절의 경우 약 105만 원(<표 4-3>)의 보험금 지급을 절감할 수 있고, 그만큼 가입자는 보험료 이중 납부하는 재산적 손실을 보고 있는 것이라 할 수 있다. 즉, 건강보험을 우선적용하고 난 후 발생하는 본인부담금에 대해 자동차보험에 청구하여 본인부담금을 경감하는 것이 가입자 권익보호에 타당한 것이며, 그로 인하여 절감되는 자동차보험사의 재정적 이익 부분은 자동차보험료 인하로 전환되어 가입자에게 돌아가야 하는 가입자 몫이라 할 수 있다.

2. 기왕증치료와 본인부담 차이

기왕증이라 함은 사고가 없었더라면 기왕증을 피해자 본인이 인지하지 못하거나 혹은 인지하더라도 약한 정도로 인지하는 정도였으나, 사고로 인해 이것이 발견 또는 악화, 재발되는 경우 정도로 요약될 수 있다.[133] 그러나 어떠

---

132) 사안별로 두 보험적용의 우선순위에 상관없는 경우도 있다. 가령, 차대차 후미추돌 사고로 가해 측인 후미차량 동승자 가족이 부상한 경우의 사례를 보면 의료급 의료기관을 기준으로 한 총 진료비는 816,112원으로 건강보험과 자동차보험이 동일하다. 자기신체보상금한도 9급으로 140만 원 한도액을 적용받는다. 이처럼 본인부담에 있어서도 자동차보험과 건강보험 우선 적용에 관련 없이 동일하게 본인부담금이 없는 경우도 있다(대한손해보험협회 내부자료).

133) 대한의사협회 의료정책연구소 편, 『자동차보험제도의 문제점 및 개선방안: 의료부문을 중심으로』, 2006.

한 사유로 기왕증이 발견, 악화 또는 재발되었다 하더라도, 피해자의 치료가 우선시되어야 하고, 자동차보험과 건강보험 간의 책임에 대한 정산은 그 뒤에 이루어져야 할 것이다. 서울지방법원 2001.10.19. 선고 2001나20881 판결은 기왕증에 대한 건강보험과 자동차보험 간의 관계에 대한 법원의 판단으로, 건강보험을 우선 적용하지 아니한 경우 기왕증치료에 있어 불이익을 받을 수 있음을 보여 주고 있다.

원고는 자동차사고로 인하여 경추간판탈출증 등의 상해를 입었고, 가해차량의 보험자인 ○○해상화재보험 주식회사(이하 ○○해상화재보험이라고 한다)는 이 사건 사고에 따른 원고의 치료비로 39,412,980원을 지급하였다. 그 후 원고는 ○○해상화재보험을 상대로 손해배상청구의 소를 제기(서울지방법원 98가단153322)하여 1999.6.25. 원고 일부 승소판결을 받았고, 이에 대하여 원고가 항소하였는데 항소심(서울지방법원 99나54652)이 2000.5.10. 제1심판결을 변경하면서 손해배상의 범위에 관하여 원고에게 퇴행성병변 등의 기왕증이 있어 ○○해상화재보험이 지급한 치료비 39,412,980원의 30%에 해당하는 11,823,894원(39,412,980원×0.3)을 손해배상액에서 공제하였으며, 다시 원고가 상고하였는데 2000.9.8. 대법원이 상고를 기각(대법원 2000다29912)하여 위 항소심 판결이 확정된 사건이다. 법원은 "「의료보험법」 제27조 제1항에 의하면 요양급여는 보험자도 지정한 요양기관에서 질병 또는 부상이 치유되기까지 요양하게 하는 현물급여의 형태로 이루어지는바, 원고가 요양급여에 의하여 피고에게 금원의 지급을 구할 수는 없다. 또한 원고가 요양비를 청구하는 것으로 보건대, 「의료보험법」 제35조 제1항에 의하면 요양비를 지급받기 위해서는 피보험자나 피부양자가 긴급 기타 부득이한 사유로 인하여 요양기관 이외의 의료기관 등에서 요양을 받을 것이 요구되나, 원고가 긴급 기타 부득이한 사유로 요양기관 이외의 의료기관에서 치료를 받은 사실을 인정할 증거가 없으므로, 원고의 피고에 대한 부당이득의 주장도 이유 없다"고 한다.[134]

본 사건에 대한 판결이 시사하는 바는 두 가지로 요약될 수 있다. ⅰ) 첫째

---

[134] 서울지방법원 2001.10.19. 선고 2001나20881 판결.

는 '건강보험 요양급여의 현물급여성'에 대한 것으로서, 원고의 치료비와 지연손해금 청구에 대하여 국민건강보험 요양급여의 경우 현물급여의 형태이므로 요양급여에 의하여 피고에게 금원의 지급을 구할 수 없다는 것이다. ii) 둘째는 '자동차보험에 의한 기왕증 치료부분의 건강보험 불인정'이다. 즉, 건강보험을 이용하여 치료를 받지 않은 이상, 공단이 원고를 치료한 요양기관에 대하여 위 기왕증 부분의 치료비 상당액의 지급을 면하여 이를 부당이득하였다고 할 수 없다는 것이다. 본 사건에서 원고는 가해차량의 보험회사로부터 충분한 치료비 보상이 이루어질 것으로 기대하고 위 i)의 방법을 이용하였으나, 앞서 본 바와 같이 가해차량의 보험자인 ○○해상화재보험을 상대로 한 소송과정에서 기왕증 부분에 대한 치료비가 공제되어 그 부분에 대하여는 자기부담하에 치료를 한 결과가 되었다. 결국 원고가 주장하는 위와 같은 사정이 있더라도 원고가 국민건강보험을 이용하여 치료를 받지 않은 이상, 원고가 손해배상사건의 소송과정에서 기왕증 부분에 대한 치료비가 공제되리라는 사정을 예측할 수 없었다 하더라도 피고가 원고를 치료한 요양기관에 대하여 위 기왕증 부분의 치료비 상당액의 지급을 면하여 이를 부당이득하였다고 할 수는 없다고 한다. 이러한 법원 판례의 입장을 보건대, 현행 교통사고 피해자는 처음부터 건강보험으로 치료받는 것이 가입자의 손해가 최소화될 것으로 보인다. 즉, 가해차량이 종합보험에 가입되어 있다 하더라도 '건강보험 요양급여의 현물급여성'과 '자동차보험에 의한 기왕증 치료부분의 건강보험 불인정' 등의 판례의 입장은 건강보험을 자동차보험보다 우선 적용하여야 기왕증, 피해자 과실 등으로 인한 예상치 못한 손해를 입지 않기 때문이다.

Ⅳ. 결론 및 제언

　현행 경과실 자기신체피해 교통사고의 경우, 국민건강보험상의 급여제한 사유에 해당하지 않아 건강보험과 자동차보험으로 처리가 가능하고, 현행 관련 법령과 판례 또한 보험가입자 또는 피해자에게 건강보험과 자동차보험의 선택권을 보장하고 있다. 하지만 대부분 자동차사고는 건강보험의 급여제한 사유에 해당하는 것으로 오인하여, 자동차보험으로만 처리되고 있는 실정이다. 그러나 골반골중복골절과 쇄골골절 시의 사례처럼 건강보험을 우선 적용하고 난 후 자동차보험을 적용하는 것이 진료비 본인부담금에서 가입자에게 유리한 것으로 나타났다. 또한 건강보험을 자동차보험에 우선하여 적용해야 하는 이유로서, ⅰ) 현행 건강보험제도의 본인부담금과 자동차보험의 자기신체사고의 등급별 한도금액이 설정되어 있는 점, ⅱ) 의무적 건강보험과 임의적 자동차보험의 자기신체사고에 이중적으로 가입 또는 미가입에 대한 형평성의 시비가 존재하는 점, 나아가 ⅲ) 현물급여적 성격으로 기왕증에 대한 건강보험 부당이득반환이 인정되지 않는 점 등이 있다. 이처럼 현행은 경과실 자기피해 교통사고 시 자동차보험과 건강보험의 적용은 피해자 또는 가입자의 선택사항으로서, 건강보험으로 우선 적용받고 난 후 본인부담금 등에 대해서 자동차보험을 적용받는 것이 가입자에게 유리함에도 불구하고, 현실적으로 제도에 대해 잘 알려지지 않아 대부분 자동차보험만 적용되는 것으로 오인되고 있다.

이렇듯, 자동차보험과 건강보험에 대한 가입자 또는 피해자 선택권이 보장될 수 있도록 관련된 제도와 판단정보를 제공하여 가입자 또는 피해자의 알권리 및 합리적인 선택권 보장을 위한 관련법과 제도 등의 여건이 형성되어야 할 것이다. 이를 위해서는, 국민건강보험공단이 경과실 자기신체사고피해 교통사고의 경우 건강보험을 우선 적용받는 것이 가입자에게 유리하다는 것을 알려줄 필요가 있다. 또한 건강보험 우선적용으로 인하여 자동차보험사의 절감되는 보험금 부분이 가입자의 자동차보험료 인하로 이어져 보험료 이중납부가 되지 않도록 해야 한다. 이에는 건강보험재정 소요가 예상되나, 경과실 자기피해 교통사고의 대부분은 치료기간이나 비용에 있어 경상인 경우가 약 96%에 이르는 등 대다수이어서 재정소요가 클 것으로 보이지는 않는다.135)

---

135) 상해도별로 진료비 구성을 보면, 경미한 상해도 1(경미, 평균진료비 약 18만 원)과 상해도 2(경도, 평균진료비 약 64만 원)가 약 96%를 차지하여, 자동차보험의 경우 약물치료

따라서 경과실 자기피해 교통사고로 인하여 증가되는 건강보험 재정을 고려할 때 자동차 보험료를 인하할 수 있는 건강보험공단과 자동차보험회사와의 정산은 보험료를 지불하는 가입자 입장에서 이루어져야 한다.

나아가 근본적인 개선을 위해서는 선진 외국의 건강보험과 자동차보험 제도와 같이, 사람에 대한 질병, 부상 등 치료비에 관한 부분은 건강보험을 중심으로 일원화되도록 관련 제도를 개편하는 것이 제도 간 상충문제를 근본적으로 해결하는 방안이라고 판단된다. 이를 위한 단계적 개선방안은 우선, 타인과의 손해배상부분이 결부되어 있지 않은 순수 의료적 치료에 대해서는 건강보험을 중심으로 자동차보험과 건강보험을 일원화하는 방안으로 관련 법령이 개정되어야 한다. 이를 통해 건강보험의 급여보장범위 확대 등 보장성강화, 자동차보험사기와 '나이롱환자' 등 사회적 비용에 대한 절감의 효과를 기대할 수 있고, 나아가, 국민의료에 대해 건강보험 중심으로 된 선진국 사례를 볼 때, 향후 원인에 상관없이 의료비 부분은 건강보험 중심으로 체계화하는 데 기여할 것으로 판단된다.

나 물리치료 위주로 행해지는 경상환자가 대부분임을 알 수 있음. "국민권익위원회, 요양급여 심사 및 진료수가의 합리성·효율성 제고를 위한 제도개선", 『요양급여 심사 및 진료수가 제도개선 공청회 자료집』, 2008.3.

제5장 자동차사고 시 건강보험급여제한

Ⅰ. 서론

자동차사고로 인한 피해자는 현실적으로 의료적 치료비 발생과 더불어 사고로 인하여 감소된 일실수입의 손해를 입게 된다. 이러한 의료적 치료에 대해 현행 우리나라는 건강보험 또는 자동차보험을 선택적으로 보장받을 수 있거나, 병과하여 보장받을 수 있다.[136) 그러나 국민건강보험과 자동차보험은 사고로 인한 부상에 대해 각기 독자적 목적으로 발전해옴에 따라 의료적인 보험급여에 있어 중복지급 등 미흡한 연계체계의 문제점을 나타내고 있음[137)에 따라 자동차사고 시 국민건강보험과 자동차보험의 급여제한으로 이어져 이중배상금지라는 보험의 기본원리에 따라 중복하여 보험급여를 받는 것을 「국민건강보험법」상 요양급여제한으로 규정하고 있다. 이로 인하여 단순 운전 부주의로 자신이나 피부양자가 다친 경우 대부분의 병원에서는 교통사고라면 아예 건강보험으로 처리를 해주지 않는 등 자동차사고 시 건강보험과 자동차보험 간의 보험급여체계의 연계가 미흡한 실정이다.[138)

현행 건강보험은 일부 예외적인 자를 제외하고는 전 국민 의무가입으로 하고 있고, 자동차보험 또한 「자동차손해배상보장법」 등에서 가입이 강제되고 있는 등 건강보험과 자동차보험은 이제 보편적인 사회보장제도라 할 수 있다.[139) 즉, 대부분의 국민들이 건강보험과 자동차보험 모두 가입되는 상황에

---

136) 서울지방법원 2001.10.19 선고 2001나20881 판결. 이에 대한 판례의 입장을 보면, 교통사고의 피해자가 건강보험 가입자 내지는 피부양자인 동시에 자동차보험의 가입자인 경우, 교통사고 피해자는 ⅰ) 가해차량의 보험회사로부터 치료비를 받거나, ⅱ) 가해차량의 보험회사로부터 치료비를 받지 않고 건강보험으로 치료받는 방법, ⅲ) 일부는 가해차량의 보험회사로부터 치료비를 받고 일부는 건강보험을 이용하여 치료비를 받는 방법 중에서 한 가지를 택할 수 있고 어떤 방법을 취하는가는 교통사고 피해자가 선택할 수 있다고 한다.
137) 송기민·최호영·김진현, "건강보험과 자동차보험의 선택적 우선적용에 대한 고찰",『의료법학』제10권 제2호, 2009, 287~307면 참고.
138) 이경재, "자동차사고 시 의료보험 급여제한에 대한 소고",『손해보험』통권 제257, 1990, 82면.
139) 자동차보험은 공보험 성격인 책임보험과 사보험 성격인 종합보험으로 구분되며, 두 성격을 동시에 지니고 있다고 보인다. 가령, 운전자보다 운행자의 중한책임을 부과하는 것은 자동차보험이 가지고 있는 '피해자의 배상'이라는 자동차보험의 목적 때문이고 이는 공

서, 두 보험 간의 중복여부로 인하여 자동차사고 발생 시 적절한 보장을 받을 수 있는지에 대한 검토가 필요하다. 따라서 현행 중복급여로 인하여 급여를 제한하고 있는 건강보험 급여제한 규정이 자동차사고 시 자동차보험과의 관계에서 적정하게 규정되어 있는지 여부를 살펴보고 문제점이 있다면 개선할 수 있는 방안을 알아보고자 한다. 지금까지 사회보험에 있어 중복급여에 대한 연구는 국민연금과 산재보험, 산재보험과 건강보험을 비롯하여 사회보험 내의 각 보험 간의 중복이나 사회보장제도 큰 틀에서 급여 간 연계체계의 미흡으로 발생하는 중복에 대해 연구되어 왔고,140) 국가를 당사자로 하는 경우 「국가배상법」상 이중배상금지에 대한 논의도 연구되어 있다. 이처럼 이중배상금지는 국가배상법과 사회보험법 내의 국가 또는 국가로부터 위임받은 공익적 성격의 주체의 중복여부에 대한 연구가 주로 이루어져 왔다고 할 수 있다. 즉, 중복성 여부를 판단함에 있어 그 보장내용에 대한 부분보다는 주체의 중복성에 대한 부분의 연구로 그 범위가 한정적이었다 할 수 있다.

선진외국의 자동차보험은 일반적으로 자동차와 직접 관련된 손실에 대해서만 보상하는 것이 원칙이어서 대물보상만을 담당하고, 인명상해에 대해서는 자동차보험이 보상하지 않고 건강보험에서 급여하고 있다. 이는 자동차보험 환자도 건강보험에 가입되어 있기 때문에 건강보험에서도 급여를 제공하여야 한다는 대원칙에 근거하기 때문이다. 즉, 사회보장제도를 실시하고 있는 나라에서는 자동차사고환자의 진료비를 일차적으로 건강보험에서 전담하고 있다. 예컨대, 국민건강보험제도(National Health Insurance)를 가지고 있는 프랑스와 오스트리아는 자동차사고든 산재사고든 진료비를 모두 건강보험에서 담당하

보험적 성격에서 나온 것이라 할 수 있는 반면, 보험자 선택 등 가입의 자율성 등은 사보험의 성격을 보여 주고 있다고 할 수 있다. 이러한 자동차와 관련한 보험은 크게 "자동차손해배상책임보험"과 "자동차종합보험"으로 구분할 수 있다. "자동차손해배상책임보험"이라 함은 피보험자가 보험기간 중 피보험자동차의 소유, 운행, 사용 또는 관리 중 피보험자동차의 사고로 타인의 생명이나 신체에 대하여 인적 손해를 야기하거나 재물이 멸실 또는 훼손하여 부담하게 되는 법률상 배상책임으로 인한 물적 손해에 대하여 보험자가 약관에 따라 자배법에 정하여진 소정의 금액을 지급하기로 하는 책임보험을 말한다.

140) 김진수 · 박수경, "사회보험의 중복급여체계 개선방안에 관한 연구", 『사회보장연구』 제19권 제2호 통권 28호, 한국사회보장학회, 2003. 11.

고 있으며, 자동차보험은 본인부담금만 급여하는 것이 일반적이다. 독일은 건강보험조합에서 일차적으로 의료기관에 진료비를 지불하고 건강보험조합이 자동차보험회사에 구상권을 행사하고 있다. 또한 국가보건서비스제도 (National Health Service)를 가지고 있는 영국은 NHS가 자동차사고 진료비를 전담하며, 이탈리아는 자동차보험이 NHS에 치료비 명목으로 일정 분담액을 납부하는 형태로 운영되고 있다. 이처럼 선진국에서 예외 없이 자동차사고 진료비가 건강보험으로 일원화되어 있는 것은 건강보험이 자동차보험보다 먼저 도입되었기 때문이며, 우리나라에서는 자동차보험이 건강보험보다 먼저 도입되었기 때문에 두 제도가 별도로 발전되어왔다고 볼 수 있다.[141]

Ⅱ. 중복급여 제한

1. 의의

사회보장수급권을 제한하는 유형은 크게 두 가지로서, 청구권자의 원인 기여와 중복급여로 인한 제한이 있다. 이 중 중복급여로서 제한되는 유형을 보면, 사회보장수급권자에게 발생한 동일한 사유로 두 가지 이상의 사회보장수급권 혹은 사회보장수급권과 다른 종류의 권리를 취득할 요건을 충족시키는 경우 이들 권리들을 모두 인정한다면 과잉보장이 나타날 수 있기 때문에 급여들을 상호 조정하는 경우이다. 또한 보험급여를 제한하는 것은 보험급여를 받을 수 있는 자의 반사회적 행위, 보험의무 위반 및 다른 제도와의 중복급여 등에 대한 가치판단의 문제라 할 수 있다. 이러한 보험급여 제한의 이유는 이중수급자에 대한 보험급여가 가입자의 공동체 의식을 약화시키고, 선량한 가입자를 부당하게 대우하는 결과를 초래할 수 있기 때문이다. 보험급여 제한의

---

141) 김진현 · 송기민 · 유왕근 · 이태진, "업무상 질병 · 부상 및 경과실 자피 교통사고 요양급여비용 부담주체에 관한 연구", 서울대학교, 2009.6, 98~99면.

성격은 가입자가 보험공동체에 대한 책임을 이행하지 않는 데에 대한 제재의 성격을 가지며, 법령상의 의무위반으로 인한 선량한 가입자의 불이익을 방지하고 사회질서의 교란을 예방하는 기능을 갖고 있다. 따라서 중복된 보험급여는 필요 이상으로 과잉보장을 초래하고, 재정의 건전성을 악화시키며 근본적으로 보험원리에 맞지 않는다는 점에서, 단순히 수급자가 여러 가지 급여를 동시에 받게 되는 것이 문제라기보다는 과잉보장이나 과소보장과 같이 적절한 보장을 하지 못하는 데 문제가 있다고 하겠다.[142]

보험급여제한에 대한 처분행위는 법률적으로 행정처분의 성격을 가진다.[143] 동 행정처분은 국민의 수급권을 제한하는 것이므로 법령의 근거, 절차 및 방법에 의하여 행하여져야 한다. 보험급여제한 처분에 대하여 불복이 있는 자는 법에 의한 권리구제 절차에 따라 구제를 받아야 하고, 보험급여제한에 대한 처분의 적법성여부에 대한 입증책임은 처분자인 보험자가 부담, 즉, 처분의 근거, 이유 등을 보험자가 객관적·사실적으로 증명하여야 한다. 건강보험 급여제한 요건의 해당여부, 제한여부의 결정은 보험자만 행할 수 있는 처분으로서 그 행사여부는 각 유형에 따라 보험자를 기속하기도 하고, 보험자의 재량적 행사가 가능하기도 하다. 이에 보험자의 보험급여제한의 결정은 법령, 객관적 사실관계를 근거로 하여 적법하고 타당하게 행사되어야 한다.

2. 건강보험 급여제한

현행 건강보험급여는 「국민건강보험법」 제48조(급여의 제한)에 의한 제한 이외 동법 제52조(부당이득의 징수) 및 제53조(구상권)가 실질적인 급여제한 규정으로 작용하고 있다.[144] 이 중 자동차보험과 관련하여 중복급여로 인한 건강보험 급여제한은 제48조 제2항 및 제53조 제2항으로서, 이에 대해 살펴본

---

142) 김진수·박수경, "사회보험의 중복급여체계 개선방안에 관한 연구", 『사회보장연구』 제 19권 제2호 통권 28호, 한국사회보장학회, 2003, 35-62면.
143) 대법원 1988.3.22. 선고 87다카1509 판결.
144) 송기민·최호영·김진현, "건강보험과 자동차보험의 선택적 우선적용에 대한 고찰", 『의료법학』 제10권 제2호, 2009, 289면.

다. 또한 국민건강보험의 급여제한 여부를 해석함에 있어 대법원은 엄격하고 한정적으로 해석하여야 한다는 입장을 견지하고 있다.145) 이는 국민보건을 향상시키고 사회보장 증진을 목적으로 하는 「국민건강보험법」의 취지를 살려 보험급여 대상자를 보호하여야 한다는 차원에서 보고 있기 때문이다.146)

가. 「국민건강보험법」 제48조 제2항

「국민건강보험법」 제48조 제2항은 '보험급여를 받을 수 있는 자가 다른 법령에 의하여 국가 또는 지방자치단체로부터 보험급여에 상당하는 급여를 받거나 보험급여에 상당하는 비용을 지급받게 되는 때에는 그 한도 내에서 보험급여를 실시하지 아니한다'는 규정으로 건강보험 급여를 실질적으로 제한하는 사유를 규정하고 있다. 본 급여제한의 요건을 살펴보면, ⅰ) 건강보험 급여를 받을 수 있는 자, ⅱ) 다른 법령에 의하여 국가 또는 지방자치단체로부터 보험급여 또는 상당하는 비용을 받은 경우 및 ⅲ) 그러한 경우라 하더라도 급여제한은 그 한도 내로 한정된다고 할 수 있다.147)

동 규정은 수익자부담 원칙을 확립하고 이중급여를 조정하기 위하여, 다른 법령에 의하여 국가 또는 지방자치단체로부터 보험급여에 상당하는 급여를 받거나 그에 상당한 비용을 받게 되는 때에는 원천적으로 국민건강보험법상

---

145) 「국민건강보험법」은 제1조에 명시되어 있는 바와 같이 국민의 질병·부상에 대한 예방·진단·치료·재활과 출산·사망 및 건강증진에 대하여 보험급여를 실시함으로써 국민보건을 향상시키고 사회보장을 증진함을 목적으로 하고 있음에 비추어볼 때, 위 법조 소정의 급여제한 사유로 되는 '중대한 과실'이라는 요건은 되도록 엄격하게 해석하여야 할 것이다. <대법원 2003.2.28. 선고 2002두12175 판결>

146) 김광태, "중대한 과실을 이유로 한 건강보험 급여의 제한", 『대법원판례해설』 통권 제45호(2004): 141-148. 심지어 「국민건강보험법」 제48조 제1항 제1호에 따른 급여제한에 대하여 "국민의 건강하고 행복한 생활을 보장하기 위해 국가가 보험자로서 국민들의 건강증진을 목적으로 국민에게 기본적인 의료혜택을 제공하고자 하는 입법취지와 목적에 비추어볼 때 적법하다고 볼 수 없다"는 비판을 받고 있다. 소건영, "국민건강보험법의 급여제한에 관한 고찰", 『법조』 제59권 제2호 통권 제614호, 2010, 212-239면 참조.

147) 법 제48조 제2항의 규정은 강행규정으로 절대적 보험급여제한 규정이며 이와 같은 규정에도 불구하고 보험급여를 받은 경우에는 부당이득의 법리에 의하여 보험자가 부담한 비용을 환수하게 된다.

의 보험급여에서 제외하는 절대적 급여제한의 성격을 가지고 있다. 따라서 동 요건의 자동차보험 적용 시 국민건강보험법령상에서 말하는 "다른 법령에 의한 보험급여나 보상(報償) 또는 보상(補償)을 받게 되는 때"란 「산업재해보상보험법」 등과 같은 특별법148)에 의한 보험급여나 보상(報償) 또는 보상(補償)을 받게 되는 때를 의미하는 것이지, 민법에 의한 손해배상을 받게 되는 때를 의미하는 것이 아니다149)라고 하고 있으므로 한정적으로 적용되어야 한다.

따라서 이를 자동차사고에 적용하여 볼 때, 자동차보험에서 국가 또는 지방자치단체를 주체로 보험급여를 지급하는 경우는 자동차손해배상보장사업150)이라 할 수 있다. 즉, 자동차사고 시 「건강보험법」 제48조 제2항의 규정에 의한 건강보험 급여의 제한으로서 「자동차손해배상보장법」상 국가 또는 지방자치단체 등으로부터 보험급여에 상당하는 급여를 받거나 보험급여에 상당하는 비용을 지급받게 되는 때에 해당하는 경우는 정부의 자동차손해배상보장사업에 해당하고, 그 지급제한의 범위도 '배상받은 한도 내'로 한정된다.151) 따라

---

148) 이러한 법령에는 사회보장적 차원에서 제정된 「결핵예방법」, 「전염병예방법」, 「모자보건법」, 「학교보건법」, 「노인복지법」, 「장애인복지법」, 「아동복지법」, 「마약류관리에 관한 법률」, 「정신보건법」, 「재난구조법」, 「자연재해대책법」, 「직업훈련기본법」, 「후천성면역결핍증예방법」, 「범죄피해자구조법」, 「의사상자 등 예우 및 지원에 관한 법률」, 「5·18민주유공자예우에 관한 법률」, 「고엽제후유의증환자예우에 관한 법률」, 「국가유공자 등 예우에 관한 법률」, 「독립유공자예우에 관한 법률」, 공무원연금법령과 같은 연금법령 등과 그 밖에 국가 또는 지방자치단체의 부담으로 요양책임을 규정한 「병역법」, 「향토예비군설치법」 그리고 「자동차손해배상보장법」(정부가 보상하는 보장사업에 한한다) 등이 해당한다. 상해요인업무총람V1, 국민건강보험공단, 79면.
149) 수원지방법원 2001.8.1 선고 2001나4351 판결.
150) 「자동차손해보상보장법」 제5장 제26조 내지 제31조의 규정에 의한 자동차손해배상보장사업은 가해자가 강제책임보험에 가입되어 있지 않거나 사고차량의 보유자를 알 수 없는 경우 등 피해 발생에 대해 보상받기가 곤란한 경우에 대해 국가가 피해자 구제를 위해 배상을 보장하는 정부의 사업이다. 김진현 등, "자동차손해배상보장법상 가불금지급제도 개선방안", 교통안전공단, 2006.12, 62면.
151) 이와 관련하여 자동차손해배상보장사업에 의한 책임보험금 지급이 「국민건강보험법」의 보험급여에 있어서 특별법적인 성격이 있다고 볼 것이어서 책임보험금이 먼저 적용되어야 할 것이고 따라서 「국민건강보험법」을 포함하고 있는 시행령 제29조 제7호의 규정이 삭제되어야 할 것이라는 주장(국민건강보험공단, 국민건강보험법 해설, 국민건강보험공단, 2011, 710면)과 「자동차손해배상보장법」에 규정된 자동차손해배상보장사업과 국민건강보험은 모두 사회보장을 목적으로 하는 제도로 이와 같이 사회보장 급여가 중첩적으로 적용될 경우 이를 조정하여 어느 것을 우선할지 여부는 입법정책적으로 결정할 문

서 자동차사고 시 자동차보험상의 '자동차손해배상보장사업'에 해당하지 않는 경우에는 「국민건강보험법」상에서 정하고 있는 법 제48조의 급여제한 규정에 해당하지 않는다고 해석된다.

나. 「국민건강보험법」 제53조 제2항

「국민건강보험법」 제53조는 '타인을 위하여 변제를 한 사람이 그 타인에 대해 가지는 반환청구 권리인 구상권'에 대한 규정이다. 즉, 동 규정은 제3자의 행위로 인하여 보험급여사유가 발생하여 공단이 가입자 또는 피부양자에게 보험급여를 한 경우, 보험급여를 받은 자가 제3자로부터 이미 손해배상을 받은 때에는 공단은 그 배상액의 한도 내에서 보험급여를 하지 아니한다고 보험자의 급여면책에 대해 규정하고 있다.

국민건강보험공단은 제3자의 행위로 인하여 보험급여 사유가 발생한 때 가입자에게 보험급여를 하게 되면, 그 급여에 소요된 비용의 한도 내에서 제3자에 대한 손해배상청구의 권리를 얻게 된다. 즉, 법 제53조 제1항은 제3자의 행위에 의한 보험급여사유발생에 대한 제3자의 손해배상청구권을 규정한 것이다. 또한 동법 동조 제2항은 보험급여를 받은 자가 제3자로부터 이미 손해배상을 받은 때에는 공단은 그 배상액의 한도 내에서 보험급여를 하지 아니한다고 하여 실질적으로 건강보험 급여제한의 내용을 규정하고 있다. 이러한 본 규정의 입법취지는 보험급여의 수급자가 질병이나 부상이라는 동일한 손해에 대하여 「건강보험법」상의 보험급여와 민사상의 손해배상을 국민건강보험공단 및 가해자로부터 중복하여 보전을 받는 부당성, 피해자가 건강보험법상의 가입자 및 피부양자라는 사유만으로 불법행위를 한 가해자의 책임이 면제되는 문제점을 방지하여 국민건강보험의 재정을 보호하고 지속적으로 안정적이고 건전한 국민건강보험이 유지되도록 하는 데 있다고 할 수 있다. 본 규정 중 '그 배상액의 한도 내에서 보험급여를 하지 아니 한다'는 의미는 '배상액의 한

제라는 주장(건강보험심사평가원, "역사와 해설 국민건강보험법", 2011, 건강보험심사평가원, 682면)이 대립되고 있다.

도 내'가 곧 보험자 면책의 범위를 나타내는 것으로서, 자동차보험으로 배상받은 부분을 건강보험의 보험자가 면책하기 위해서는 배상받은 금액의 범위에 해당하는 배상부분의 성질이 동일하여야 할 것이다. 또한 보험급여를 하지 아니한다는 의미는 곧 보험자의 보험급여의 절대적 면책규정이므로, 면책의 범위는 제한적으로 해석되어야 한다. 따라서 면책의 근거가 손해배상의 원리에 따라 이중배상금지가 적용되기 위해서는 중복의 의미를 가질 수 있도록 동일 성질의 것이 비교되어야 하고, 동일 성질의 급여에 한하여 중복성이 판단되어야 할 것이다. 즉, 보험자의 건강보험 요양급여의무가 면제되는 항목의 성질과 자동차보험상의 손해배상 항목의 성질은 동일하여야 한다.[152]

Ⅲ. 급여제한의 타당성 검토

1. 손해의 의의

손해에 대한 현행 우리나라 통설은 1855년 독일 Mommsen 주장에 의해 금전배상주의를 기초로 형성된 '차액설'이라 할 수 있다. 차액설에 의하면, 손해라 함은 '법익에 관하여 받는 불이익으로서 가해원인이 없었다면 존재하였을 이익상태와 가해가 있는 현재 상태와의 차이'라 한다. 즉, 사건 이후의 사실적 재산상태와 사건이 없을 경우의 가정적 총 재산상태와의 차이를 이익의 감소로 보고 이를 손해로 간주하는 것이다.

자동차사고로 인한 손해는 크게 적극적 손해, 소극적 손해 및 정신적 손해라는 3가지로 분류된다[153](<표 5-1> 참조). 우선 적극적 손해는 기존 이익의 멸실, 훼손 또는 신체의 손해와 같이 기존 재산의 멸실 또는 감소를 말하는 것

---

152) 국민건강보험공단, 『2009 상해요인 사후관리 전문과정-상해요인결정실무』, 국민건강보험공단, 2009, 352면.
153) 김진현·송기민·유왕근·이태진, "업무(공무)상 질병·부상 및 경과실 자피 교통사고 요양급여비용 부담주체에 관한 연구", 서울대학교, 2009.

으로서, 인적 손해와 물적 손해로 구분된다. 이 중 인적 손해는 치료하기 위해 직접적으로 지불한 치료비, 타인의 도움이 필요한 개호비, 장례비 등이 포함된다. 물적 손해로는 파손된 차량의 수리비, 세탁비, 멸실된 소지품 비용, 파손 차량 수리를 위한 견인비 등이 있다. 두 번째로 소극적 손해는 장래에 얻을 수 있었던 이익을 얻지 못한 손해를 말하며, 일실수입이 인적손해에 포함되고, 자동차 파손으로 인한 가치 하락부분을 물적 손해에 포함시킬 수 있다. 세 번째는 정신적 손해가 이에 해당한다.

<표 5-1> 자동차손해배상금의 구성

<table>
<tr><td colspan="2">구분</td><td colspan="2">내용</td></tr>
<tr><td colspan="2">적극손해</td><td colspan="2">• 치료관계비:154) 입원료, 응급치료, 호송, 진찰, 전원, 퇴원, 투약, 수술(성형수술 포함), 처치, 의지, 의치, 안경, 보청기 등에 소요되는 필요 타당한 실비 및 치아보철비</td></tr>
<tr><td colspan="2">위자료</td><td colspan="2">• 책임보험 상해구분에 따라 1급부터 14급까지 구분하여 지급되는데, 가령 1급 200만 원부터 14급 9만 원까지 인정함.
• 자보법시행령 별표 2의 책임보험상해구분과 관련이 있음.</td></tr>
<tr><td colspan="2">휴업손해</td><td colspan="2">• 휴업기간 중 피해자의 실제 수입감소액의 80% 해당액을 지급
• 1일 수입감소액×휴업일수×80/100
• 피해자의 직업群을 나누어 보상(유직자, 가사종사자, 무직자, 소득 2 이상자, 외국인 등)
• 휴업일수는 피해자 상해 정도를 감안한 치료기간으로 계산하며 피해자의 실제 수입 감소액의 80% 선으로 책정</td></tr>
<tr><td rowspan="5">기타 손해배상금</td><td colspan="1">입원</td><td colspan="2">입원기간을 일수로 계산하여 지급</td></tr>
<tr><td colspan="1">통원</td><td colspan="2">실제 통원한 일수에 대하여 지급</td></tr>
<tr><td rowspan="3">후유장해</td><td>위자료</td><td>노동력상실을 기준으로 삼으며 자보법시행령 별표 3의 장애등급과 상관(신체감정의사의 역할)</td></tr>
<tr><td>상실수익액</td><td>노동상실률과 상실기간</td></tr>
<tr><td>정간호비</td><td>노동력상실 100% 피해자 해당</td></tr>
</table>

자료출처: 『2010 상해요인 사후 관리 전문과정–자동차사고와 건강보험』(국민건강보험공단, 2010) 재구성.

---

154) 적극 손해 중 구조수색비를 제외한 치료관계비를 의미함.

2. 현금급여성과 실현가능성

가. 건강보험의 현금급여성

국민건강보험이 갖는 급여의 성격은 크게 '사회기본권 및 재산권적 성격', '공공적 및 강제적 성격', '현물급여적 성격'으로 구분될 수 있다. 그중 국민건강보험법상의 요양급여는 원칙적으로 요양기관에 의하여 질병 또는 부상이 치유되기까지 요양케 하는 현물급여의 형태[155]로 이루어진다고 할 것이므로, 피보험자가 요양기관에서 치료를 받았을 때 현실적으로 보험급여가 이루어지므로[156] 요양급여를 현금으로 요구할 수는 없다고 할 것이다.[157] 이는 과거 의료보험 때부터 확고한 입장으로서, 피보험자가 요양취급기관에서 치료를 받았을 때 현실적으로 보험급여가 이루어진다고 보아야 한다.

나. 자동차사고 관련 의료비 중복

자동차사고 손해배상보험금과 관련하여 구체적인 통계 내역이 공개된 적은 없다. 다만, 자동차보험료 중 의료비가 보험금의 40% 안팎을 차지한다[158]고

---

155) 「의료보험법」 제27조 제1항에 의하면 요양급여는 보험자도 지정한 요양기관에서 질병 또는 부상이 치유되기까지 요양하게 하는 현물급여의 형태로 이루어지는바, 원고가 요양급여에 의하여 피고에게 금원의 지급을 구할 수는 없다. 또한 원고가 요양비를 청구하는 것으로 보건대, 「의료보험법」 제35조 제1항에 의하면 요양비를 지급받기 위해서는 피보험자나 피부양자가 긴급 기타 부득이한 사유로 인하여 요양기관 이외의 의료기관 등에서 요양을 받을 것이 요구되나, 원고가 긴급 기타 부득이한 사유로 요양기관 이외의 의료기관에서 치료를 받은 사실을 인정할 증거가 없으므로, 원고의 위 주장도 이유 없다. 서울지방법원 2001.10.19. 선고 2001나20881 판결.
156) 「국민건강보험법」상의 요양급여는 피보험자가 요양기관에서 치료를 받았을 때 현실적으로 보험급여가 이루어진다. 대법원 1994.12.9. 선고 94다46046 판결, 대법원 2005.1.14. 선고 2004다59249 판결, 대법원 2010.4.29. 선고 2010다7294 판결.
157) 신수식 외, "산재보험급여체계의 합리적 개선방안에 관한 연구", 노동부, 2005.
158) 배성민, "車보험료 치료비 비중, 한국이 獨 8배 이유는", 머니투데이, 2011.04.27. 12:00 입력, http://car.mt.co.kr/news/news_article.php?no=2011042711170919134. 2011.8.16. 검색.

하나, 실제 치료비가 약 7%인 8,000억 원에 불과하다고 한다[159](<표 5-2> 참조). 즉, 아래 표에서 보는 바와 같이 2009년 회계연도 기준으로 전체 손해보험사의 자동차 원수보험료가 112,224억 원이며, 치료비가 7,811억 원으로 보험료 중 치료비가 차지하는 비중은 7.0%이다.

<표 5-2> 자동차 보험료 및 치료비 현황

구분	A. 보험료(억 원)	B. 치료비(억 원)	치료비 비중(A/B, %)
FY'09	112,224	7,811	7.0
FY'08	109,371	8,180	7.5
FY'07	108,094	8,013	7.4
FY'06	96,492	7,949	8.2

자료출처: 자동차보험 진료수가 심사업무위탁 관련 법안에 대한 대한의사협회 의견(대한의사협회, 2011). 자동차사고로 인한 손해배상금과 관련하여 보험료 중 의료적 치료비가 차지하는 비율은 7.0%이고, 건강보험은 현물급여 등 성격상 99.8%[160]가 치료비라 할 수 있다. 건강보험과 자동차보험이 중복급여로 급여제한이 되기 위해서는 동질의 성질인 경우에 한하여야 하므로 건강보험과 자동차보험의 치료비부분에 한정하여 중복급여로 급여제한이 되어야 한다.

다. 건강보험 급여원칙과 '배상 한도 내' 규정의 실현가능성

국민건강보험의 급여원칙을 규정하고 있는 국민건강보험 요양급여의 기준에 관한 규칙 제4조 제1항은 "요양기관은 가입자 등이 법 제48조 제1항·제2항 또는 법 제53조 제2항의 규정에 해당되는 것으로 판단되는 경우에도 요양급여를 실시"하도록 규정하고 있다.[161] 이는 의료의 중요성과 긴급성 및 건강

---

159) 고신정, "자보 지출내역 낱낱이 공개하라", 의협신문, 2011.05.16. 17:32:50 입력, http://www.doctorsnews.co.kr/news/articleView.html?idxno=70518, 2011.8.16. 검색.
160) FY'09 기준 총급여비용 29,310,655,494천 원 중 치료비 성격으로 보기 어려운 장제비, 건강진단비, 요양비, 장제비를 제외한 요양급여, 본인부담액상한제 사전지급, 보인부담액 보상금, 보인부담액상한제 사후환급, 임신출산 전 진료비의 합계 29,261,310,901천 원이 차지하는 비중이다.
161) 국민건강보험 요양급여의 기준에 관한 규칙(시행 2010.12.23, 보건복지부령 제30호, 2010.12.23, 일부개정).

보험급여의 현물급여 성격을 고려하여 건강보험의 일반적인 급여제한 사유에 해당하는 경우에도 우선적으로 요양급여를 제공하도록 하고 있는 것이다. 이처럼 건강보험의 현금급여성은 일반 상품재화가 아닌 생명과 신체를 다루는 중요하고 긴박한 의료현실에서 일정한 금액만큼만 분리, 한정하여 제공하는 것이「국민건강보험법」제53조상의 '배상한도 내'의 규정과 현실적으로 부합되지 않는다고 판단될 뿐만 아니라, 윤리적·논리적 및 현실적으로 가능한지는 의문이다.

Ⅳ. 고찰

자동차사고 시 발생하는 피해에 대해 사회보장 차원에서 과잉·과소보장이 아닌 적정하게 보상하되, 이중급여가 되지 않도록 제도화되어야 할 것이다.[162] 특히 의료비 부분에 있어 자동차보험과 건강보험 간의 이중급여 금지를 위한 급여제한 규정은 본래의 취지에 맞게 한정적으로 적용되어야 한다. 현행 자동차사고 시 건강보험과 자동차보험 간의 이중급여를 금지하고 있는「국민건강보험법」제48조 제2항과 제53조 제2항은 이중수급이 되지 않는 범위 내에서 제한하되, 치료비부분에 한하여 제한하는 것이 타당하다. 즉, 생명과 신체의 중요성 등 의료의 특성과 현행 건강보험 급여의 특성을 반영한 급여제한이 되어야 한다. 이를 위해서는 자동차사고 시 급여하는 건강보험 급여의 성질과 자동차보험급여의 성질이 동일한 것에 한하여 이중급여제한이 규정되어야 한다. 즉, 자동차보험급여의 구성 중 의료비부분이 건강보험 급여와 중복된다고 볼 수 있으므로 자동차사고 시 건강보험과 자동차보험의 이중급여금지는 의료비부분에 한하여 제한되어야 한다. 따라서 자동차사고 시 피해자가 자동차보험으로부터 급여를 받았다는 이유만으로 건강보험급여제한이 되는 것이 아니라, 자동차보험급여 중 의료비부분을 별도로 산정하여 그 부분

---

162) 감신, "건강보험 급여제한 제도 개선방안 연구", (사)시민건강증진연구소, 2006.6, 13면.

에 한하여 건강보험 급여제한을 하여야 한다. 또한 장기적으로는 선진국가의
사례와 같이 자동차보험의 의료비부분은 국가의료보장제도의 영역으로 포함
시켜 사회보장차원에서 접근되어야 할 것이다.163)

---

163) 보험개발원, 자동차보험 의료비 지급 적정화방안(CEO Report 2006-07), 유성사,
    2006.3, 13면.

제6장 네덜란드 건강보험 권리구제

-옴부즈맨제도를 중심으로

Ⅰ. 서론

네덜란드에서는 사회보험 관련기관의 결정에 불만이 있을 경우 우선 당해 기관에 이의를 제기한다. 사회보장과 관련한 경우 해당기관은 13주 이내에 제기된 불만에 대해 결정을 내려야 한다. 이러한 사회보장기관의 결정에 대해서 다시 이의를 제기하고자 하는 경우에는 지방법원(Civil Court, Arrondissement-srechtbank)의 행정법 분과에 소송을 제기하며, 여기에도 만족하지 못하는 경우에는 사회보장 이의신청 중앙법원(Central Court of Social Security Appeals, Centrale Raad van Beroep)에 재이의신청(higher appeal)할 수 있다. 소송과정에서 금액이 많으면 변호사와 같이 할 수 있고, 금액이 적으면 변호사 없이 할 수 있다.

건강보험의 경우 보험종류에 따라 약간의 차이는 있으나 대체로 건강보험 옴부즈맨이, 건강보험위원회 및 법원이 권리구제절차에 관여한다. 건강보험회사의 결정에 이의가 있는 경우 법원으로 가기 전에 건강보험 옴부즈맨(Ombudsman Verzekeringen)이나 건강보험위원회(CVZ, College voor zorgverze-keringen, Health Insurance Board)에 불만을 접수할 수 있다. 옴부즈맨은 조정자(mediator)의 역할을 한다. 건강보험 가입 시 약관에 옴부즈맨에 관한 내용이 포함되어 있으며, 공적 건강보험의 제공이 다수의 민간보험회사에 의해 이루어지는 상황에서 옴부즈맨은 가입자를 도와주는 입장에 있게 된다. CVZ는 건강보험회사에 대해 시정을 명령할 수 있으며, 동일한 불만이 지속적으로 제기되는 경우 보건사회부에 알림으로써 정책형성 시 참고자료를 제공한다.

Ⅱ. 보건의료제도 현황

1. 일반현황

2004년 네덜란드의 인구는 약 1,630만 명이고 인구밀도는 제곱킬로미터당 약 450명이다. 순수 네덜란드인은 약 81%이고, 약 40%는 종교가 없으며 가톨릭교, 네덜란드 개신교, 칼뱅교, 무슬림, 힌두교와 그 밖의 종교가 존재한다. 평균 기대수명은 남녀 각각 76세, 80.7세이고 사망률은 EU 평균보다 약간 낮지만 주산기 및 영아사망률은 평균 수준이다. 제1의 사망원인은 심장질환이고 그다음은 악성종양(암)이다. 보건의료지출은 GDP의 약 9.1%이고, 전체 지출 중 공공부문이 차지하는 비율은 63%로, 1980년대 70%에서 점차 줄어들고 있으며, 다른 EU국가들에 비해 상대적으로 낮은 편이다.

네덜란드의 보건의료조직은 대부분 자발적으로 설립되었으며, 이는 대부분의 병원이 민간 비영리인 이유이기도 하다. 보건의료체계는 크게 세 부문으로 나누어져 있으며, 전 세계에서 가장 오래된 보험체계를 가지고 있다. 지속적인 보건의료체계 개혁하에서 존재하고 있는 시스템들을 하나로 통합할 것인지 아니면 그대로 유지할 것인지에 대한 논쟁 또한 계속되어 왔다. 대부분의 개혁은 경쟁력을 높이는 데 중점이 두어졌는데, 어려운 점은 통합성과 재정적 접근성은 유지하면서 효과적인 시장 경쟁이 이루어지도록 하는 데 있다. 네덜란드의 보건의료체계는 세 부문의 보험으로 이루어져 있는데, 이는 복잡할 뿐만 아니라 계속적으로 논쟁의 대상이 되어왔다. 두 번째 부문(일반건강보험, ZFW)은 일정소득 이하의 사람에 대한 강제적 건강보험과 민간보험으로 나누어져 있는데, 이는 지난 15년 이상 형평성에 대한 반향을 불러일으켜 왔다. 하지만 1999년 네덜란드 국민들의 73.4%가 잘 발달된 일차보건의료 덕분에 전체적인 보건의료체계에 만족하고 있다.

네덜란드의 보건의료체계는 크게 세 부문으로 나누어지며, 각각 다른 기구에 의해 관리되어진다. 첫 번째 부문은 예외적 의료비 지출(exceptional medical expenses)에 대한 국민의료보험(특별의료비보험, AWBZ)이며, 두 번째 부문은 일정소득 이하 인구에 대한 강제적 건강보험(공공의료보험, ZFW, ZiekenFondsWet) 또는 자발적 민간의료보험으로 이루어진다. 세 번째 부문인 자발적 보충적 의료보험이다. 이러한 중층적 체계는 위험(risk)과 비용(cost)의 관계를 고려한 것이다. 즉, 발생위험은 낮으나 비용이 높은 경우 강제적 보험을 통해 급여하고, 발생위험은 높지만 비용이 낮은 경우 부가적 자발적 보험을 통해 급여한다. 네덜란드 보건의료재원의 88%가 공공 및 민간 건강보험제도에 의해 조달된다. 2003년을 기준으로 보험체계의 첫 번째 부문과 두 번째 부문에 의해 커버된 비용은 약 419억 유로였으며, 이는 거주자 1인당 2,600유로에 해당한다. 이 지출에 대한 재원조달은 ZFW보험료 31%, 민간보험 및 공무원 보험에서 13%, AWBZ보험료 32%, 부가적 보험료 6%, 정부 기여금 20% 등으로 이루어진다.

가. 국민의료보험(특별의료비보험, AWBZ)

특별의료비보험은 장기요양(long-term care)이나 고비용 의료비와 관련된 예외적인 의료비 지출에 대해 제공된다. AWBZ 가입자는 일반적으로 현물급여를 제공받지만 예외적으로 개인예산(personal budget)의 형태의 현금급여를 받을 수도 있다. 이 경우 환자는 의사에게 직접 진료비를 지불하게 된다. AWBZ은 병원에의 입원, 양로원이나 간호요양소에서의 케어, 정신과 진료, 장애에 대한 진료, 예방적 의료에 대해 비용을 지불한다. 32개의 지역사무소가 질병금고, 민간보험회사, 공무원 보험 등을 대신하여 AWBZ보험을 집행한다.

AWBZ보험은 네덜란드에 살고 있는 모든 사람에게 적용되며, 전체 보건의료지출의 약 40%를 차지하고 있다. 재원조달은 보험료와 정부기금에 의해 이루어진다. 납세자나 사회보장수급자는 급여의 일부가 보험료로 지불이 되며, 세금을 내지 않는 사람에게는 보험료가 부과되지 않는다. 2003년 기준 AWBZ의 수입(지출) 총액은 193억 유로로, 소득비례 보험료가 134억 유로로, 개별 보험료가 19억 유로, 기타 재원이 40억 유로를 차지한다.

나. 공공의료보험(ZFW), 건강보험접근법(the Health Insurance Access Act)

일반적인 의료서비스(가정의 및 전문의, 의약품 및 치료기구, 병원 진료, 응급 이송, 산전 진찰 등)에 대해 제공되며, 이 비용은 대개 질병금고, 민간의료보험 및 공무원 건강보험에 의해 급여된다. 이 부분이 전체 보건의료지출의 약 50%를 차지하고 있다. 일반적인 의료비 지출은 많은 수의 의료보험회사에 의해 급여되는데, 이 중 가장 중요한 것이 ZFW에 의해 관리되는 것이다. 여기에 가입된 가입자 수는 1,000만 명 이상으로 전체 네덜란드 인구의 약 63%를 차지하고 있다. 2004년 기준으로 급여가 32,600유로 이하인 사람과 모든 사회보장수급자는 ZFW에 가입해야 한다. ZFW가입 대상에 해당되는 네덜란드 거주민은 자동적으로 보험에 가입되며 보험급여혜택을 받는가에 관계없이 법정 보험료를 내야 한다. 보험가입혜택을 받기 위해서는 하나의 질병금고에 등록해야 하며 보험급여는 배우자와 자식에게도 제공된다.

ZFW의 운영수입은 고용주와 피고용인이 내는 보험료(정률 혹은 정액 보험료)와 정부기여금(전체 지출의 24%), 민간부문 보험료(정액 보험료)로 이루어지며, 위의 모든 수입은 CVZ에 의해 관리되는 중앙기금으로 모여지게 된다. 2003년 기준 ZFW 수입(지출) 총액은 156억 유로로 소득비례보험료가 107억 유로, 정액 보험료가 22억 유로, 기타 재원이 27억 유로 등을 차지한다.

민간건강보험은 전체 인구의 30%를 커버하며, 표준형 건강보험(standard policy)으로 제공되거나 다른 형태로 제공된다. 표준형 건강보험에는 건강보험접근법에 명시된 보험료율이 적용되며, 표준형 건강보험이 강제되는 것은 아니지만 보험회사는 반드시 가입자에게 이를 제시해야 하고 법정 기준에 해당되는 가입자에게 적용해야 한다. 표준형 건강보험은 배우자나 자식에게는 적용되지 않는다.

앞의 두 가지 재원 외에 조세, 본인부담지출, 자발적 보충형 건강보험
(voluntary supplementary insurance)에 의해 보건의료재원조달이 이루어진다. 보
건의료지출에서 조세는 5.6%, 본인부담지출은 5.8%, 보충적 의료보험(세 번째
형태)은 3%를 차지한다. 보충적 의료보험에는 치과진료, 보철, 보청기 등이 포
함되며, 보충적 의료보험의 급여범위와 보험료는 보험회사에 의해 정해진다.

2. 관련기관

네덜란드에서 건강보험과 관련한 정부기구는 다음과 같다. 우선, 보건복지
체육부(the Ministry of Health, Welfare and Sport)에서는 특별의료비보험과 일
반건강보험을 관리운영하고 있다. 보건복지체육부와 지방당국에서는 공공보
건의료를 책임지고 있다. 보건의료의 질(質)은 세 기관에서 관리하고 있는데,
이 중 보건의료감시기구(the Health Care Inspectorate)가 보건의료의 질과 접근
성을 관리하고 있는 가장 중요한 역할을 하고 있는 자율적 기관이다. 사회고
용부(the Ministry of Social Affairs and Employment)에서는 보건복지체육부와
협력하여 고용과 사회보장정책, 보건관련 사회보장제도를 담당하고 있다. 재
무부(the Ministry of Finance)에서는 보건복지체육부와 함께 표준으로 개발된
정책이 민간건강보험자들에 의해 제대로 실행되는지 감독하고 있다. 또한 건
강보험관련조직으로는 건강보험위원회(the Health Care Insurance Board, CVZ)
관리하에는 2004년 기준 22개의 질병금고가 있으며, CVZ는 수입을 포함하여
특별의료비보험과 건강보험의 일상적 이행을 관리하고 있다. CVZ는 보건복
지체육부 장관에 의해 임명된 9명의 독립적 위원으로 구성되며, 건강보험기금
을 적절히 관리하고 또한 건강보험과 관련해서 정부에게 조언을 해주는 일 등
을 한다. 건강보험감독위원회(the supervisory Board for Health Care Insurance,
CTZ)는 행정기구를 비롯하여 특별의료비보험(AWBZ)과 일반건강보험(ZFW)
의 실행을 감독하고 있다. 그 외에 보건의회(the Health Council)는 정부에 의
학, 보건의료, 공중보건, 환경보호에 관한 과학적 측면을 조언해주는 정부 기

관으로 160명의 독립적 위원으로 구성된다. 공중보건 및 보건의료의회(the Council for Public Health and Health Care)는 여왕에 의해 임명된 9명의 구성원으로 이루어진 독립된 정부기관이며, 보건의료의 전략적 조언과 복지정책에 관해 조언하고 있다.

보건의료수가위원회(the Board for Health Care Tariffs)는 정책가이드라인을 결정하고 수가협상의 틀을 결정하며, 보건의료수가에 관련된 법을 실행하는 데 관련된 일들을 검토하고 조정한다. 또한 의료평가위원회(The Medicines Evaluation Board)는 의약품 규제에 대한 책임이 있으며, 네덜란드 병원시설 위원회(the Netherlands Board for Hospital Facilities)는 병원계획정책과 인프라에 대한 조언을 하고 있다. 국립보건환경원(the National Institute for Public Health and the Environment)은 보건의료, 백신의 개발과 임상적 시험 및 평가에 관한 기본적 자료 수집에 관여하고 있다. 왕립네덜란드의사협회(the Royal Dutch Medical Association), 환자와 소비자연합(the Dutch Federation of Patients and Consumers) 등의 민간조직도 중요한 역할을 하며, 보건의료개선기구(the Dutch Institute for Health Care Improvement)는 보건의료의 질 관리(QA)와 개선에 집중한다.

정부는 병원과 보건의료기관, 의사, 간호사 및 다른 보건의료전문직을 규제하고 있다. 특별의료비보험과 일반건강보험하에 서비스를 제공하고자 하는 모든 기관은 보건복지체육부에 의해 승인되어져야 하며, 질병금고는 모든 인가기관과 계약하고 있어야 한다. 국민의료보험(특별의료비보험, AWBZ)과 공공의료보험(ZFW)은 질병금고에 의해 내려진 결정에 대해 권리구제를 신청할 수 있는데, 대부분 급여(benefit)에 관한 것이다. 제기된 불만 건에 대해 거절하기 전에 질병금고나 관련 특별의료비보험 제공회사는 건강보험위원회(the Health Care Insurance Board, CVZ)에 조언을 구해야 한다. 민간의료보험에 대한 관리감독은 연금과 보험관리당국(the Pensions and Insurance Supervisory Authority)에서 맡고 있지만, 건강보험법(the Health Insurance Access Act)과 관련된 표준형 건강보험에는 적용되지 않는다. 네덜란드에서는 정부에서 개인부문으로, 중앙정부에서 지방당국으로의 권리위임이 이루어지고 있다.

3. 보건의료전달체계

공공의료서비스는 시당국이나 구역별로 이루어져 있으며, 보건의료감시기구(the Health Care Inspectorate)에서 관리운영 및 감독하고 있다. 예방정책이 주 서비스이며, 사회경제적 차이와 노인들의 이환율을 줄이는 데에 힘쓰고 있다. 1차 보건의료는 주로 1차 의사인 가정의에 의해 이루어지고 있으며, 보건의료체계의 주된 역할과 문지기를 담당하고 있다. 각 환자는 가정의에 등록되어 있으며 전문의나 병원에 가려면 가정의의 의뢰(referral)가 있어야 한다. 대부분의 의료적 문제들은 가정의에 의해 해결되고, 전문의 의뢰 비율은 매우 낮으며, 처방률도 66%로 다른 유럽국가들(75~95%)에 비해 낮은 수준이다. 가정의들은 독립적으로 개원할 수 있으며 대개 1인 영업을 한다.

2차 및 3차 의료는 대부분 전문의에 의해 병원에서 입원 또는 외래환자 형식으로 운영된다. 병원의 90% 이상이 민간 비영리 시설이며, 나머지는 공공대학병원이다. 각 병원들은 지역별로 병상 수를 줄이려는 노력에도 불구하고 서로 합병하거나 확장하여 그 규모를 늘리고 있으며, 급성기 병상 수는 1980년 이후 계속 감소되어 인구 1,000명당 3.1병상 정도로 EU 평균 아래에 있다. 병원관리체계도 변화하여 중간단계의 관리자나 행정자가 일반적 통제를 한다. 대부분의 큰 대학병원들은 지방분권화되고 병원관리에 전문의들의 참여가 도입되었다. 그러나 보건의료체계의 재정적 구조에 있어서의 비탄력성이 외래환자와 입원환자 사이의 재정적이고 조직적인 차이를 줄이려는 노력에 장애가 되고 있다. 2001년 이후 정부는 이 문제의 해결책을 찾기 위한 조직을 구성하였다.

네덜란드에서 가장 중요한 사회서비스는 간호요양소와 양로원 서비스이다. 네덜란드는 유럽에서 높은 비율의 재가서비스를 지원하고 있으며, 특별의료비보험(AWBZ)에 의해 약간의 본인부담금을 내면 재가서비스를 이용할 수 있다. 재가서비스 대상자는 주치의로부터 의료서비스를 제공받을 수 있다. 사회서비스는 노인들이 건강한 삶을 독립적으로 살 수 있고 위급상황 시 양로시설을 사용할 수 있도록 하는 서비스를 포함하고 있다. 사회보험과 세금을 통한 노인 서비스의 비용이 늘어날 것이라고 예상하고 있으나 본인부담금의 비율도 같이 증가하고 있는 상황이다. 또한 정신보건서비스도 폭넓게 제공되고 있는데, 외래환자에서 장기요양거주자까지 포함하며 정신과 치료에서 지역사회 내 상담치료까지 포함하고 있다. 66개의 일반병원과 대학병원 내의 정신과의 규모는 크지 않고 상대적으로 평균 재원기간도 짧은 편이다.

Ⅲ. 건강보험 옴부즈맨(Ombudsman Verzekeringen)

1. 이의신청제도 현황

불만조정기구(Foundation complaint institute)는 보험과 관련한 소비자의 불만 및 이의에 대해 법적 체계 내에서 책임지고 이해당사자 간의 이견을 조정하는 데 설립 목적이 있다. 불만조정기구는 보험심사회와 보험옴부즈맨으로 구성된다. 네덜란드 보험옴부즈맨은 보험옴부즈맨 규정하에 활동들을 수행하는데, 보험심사회(Supervisory Board insurance)는 자체 내규를 갖고 있다. 네덜란드 건강보험과 연금의 불만과 관련한 문제가 많은 부분을 차지한다. 불만조정기구와 옴부즈맨의 대표 기능은 한 사람이 담당한다. 기구 내에는 보험 변호사, 노동 전문가, 연금전문가, 전문의료인 등이 있고 각 사무처가 업무를 보조한다. 14개 사무처의 업무와 관련한 정기간행물이 제작되고, 사무처에는 각 부서별로 사무장을 제외한 7명의 직원이 있다. 2003년 정보제공서비스가 마련되면서 불만조정기구와 관련하는 업무는 급격히 증가하고 있는데, 2002년 1,665건, 2003년 6,435건에서 2004년 9,436건에 이르고 있다. NIVRE부터 승인받은 전문가들 역시 불만조정기구에 근무할 수 있는데, 이들 전문가들은 보험업무, 전문직 조정담당(BCE)과 밀접한 관계가 있는 업무, BCE와 밀접한 관계가 없거나 개별 전문가를 고용하는 업무 등으로 구분된다. 2004년 말 현재 72명의 전문가 및 조정담당이 불만조정기구와 밀접한 관계에 있다. 옴부즈맨에 이의를 신청하거나 상담을 하는 경우 구두 및 서면으로 가능한데, 2004년 전체 9,889건 중 구두신청은 3,431건, 서면신청은 6,458건으로 서면신청이 약 2/3를 차지하였다. 서면신청 6,458건 중 4,633건은 보험회사, 1,580건은 위원회, 26건은 전문가가 관여하였고 그 외의 경우가 219건이었다. 서면신청 건 중 각 보험별로 살펴보면, 2004년 자동차보험의 경우가 1,141건으로 전체 3,702건 중 가장 많았고, 기타를 제외하고 화재보험(563건), 의료보험(428건), 책임보험(325건) 등이었다. 전체 신청 건 중 처리되지 않은 경우는 2003년 56건, 2004년 58건에 그쳤다.

2. 건강보험 옴부즈맨제도

네덜란드 사회보험제도의 특이점은 옴부즈맨제도를 운영하고 있다는 점이다. 이 제도는 민간보험뿐 아니라 공적 건강보험도 민간보험회사를 통해 제공할 수 있는 네덜란드 건강보험 체계와 관련되어 있다. 옴부즈맨제도는 국민 또는 가입자가 다양한 보험제도에 대해 보험회사보다 정보나 지식 면에서 취약하다는 점에 기인하여 국민 또는 가입자가 보험제도나 회사에 불만사항을 제기하는 데 있어, 보험회사와 대등한 위치에서 대응할 수 있도록 도와주는 역할을 하고 있다. 네덜란드의 옴부즈맨은 시민 옴부즈맨과 국가 옴부즈맨으로 구분하여 보험회사를 상대로 하는 불만사항 등에 대해서는 시민 옴부즈맨이 담당하고, 국가나 정부를 상대로 하는 사항에 대해서는 국가 옴부즈맨이 활동하게 된다. 옴부즈맨은 일정한 자격을 가진 자 중에서 선발하며 주로 국가공무원이었던 사람이 많다. 이들의 보수는 시민 또는 가입자가 일정액을 납부하는 건강보험료에 포함되어 있어, 국가로부터 보수를 받지 아니하고, 시민 또는 가입자로부터 보수를 받는 시스템이다. 따라서 옴부즈맨은 시민 또는 가입자와 보험회사 사이의 중간적인 입장을 취하는 것이 원칙이지만, 현실적으로 약자인 시민 또는 가입자의 입장에 가까운 편이라 할 수 있다.

옴부즈맨은 시민 또는 가입자와 보험회사와의 관계에서 발생하는 분쟁에 대해 개입하여 판가름을 해주고, 시민 또는 가입자로 하여금 보험제도에 대해 잘 몰라서 제기하지 못하는 불만사항을 제기할 수 있도록 도와주는 역할을 담당한다. 구체적으로, 보험료 체납을 이유로 시민 또는 가입자의 재산이 강제 차압당하는 경우, 사고 등 보험사건 발생 시 보험회사가 보험료 지급을 거부하는 경우, 또는 보험회사가 적법 또는 적합한 업무처리를 하였으나 이에 대해서도 시민 또는 가입자가 불만사항이 있는 경우 등의 사항에 대하여 옴부즈맨은 시민 또는 가입자를 위하여 보험회사에 불만사항을 제기하거나 제기할 수 있도록 도와준다.

옴부즈맨을 이용하면 한두 달에 처리될 수 있는 일이 법원으로 가면 몇 년씩 걸리는 경우도 있으며, 따라서 옴부즈맨은 보험과 관련된 모든 불만사항이 Civil Court로 가서 불만사항을 해결하는 데 많은 시간과 비용이 소요되는 것을 막아 불만제기자의 시간, 비용, 불편을 덜어 줄 수 있다. 옴부즈맨 이용에 따르는 비용은 없으며, 보험약관에 옴부즈맨에 대한 내용이 대체로 포함되어 있고 따라서 옴부즈맨 이용비용도 보험료에 포함되게 된다.

3. 옴부즈맨을 통한 건강보험 권리구제 절차

현재 네덜란드에는 약 30곳 정도의 보험회사가 있으며, 모두 네덜란드 보험회사 협회(ZN, Zorgverzekeraars Nederland)에 등록되어 있고, 이들 보험회사의 결정에 대해 이의가 있을 때 가입자는 옴부즈맨제도를 통해 보험자와 피보험자 간 전문성 차이를 극복하게 된다. 이때 옴부즈맨은 AWBZ(특별의료비보험, Algemene Wet Bijzondere Ziektekosten), ZFW(일반건강보험, ZiekenFondsWet), SPP(공무원의료보험), AV(민간보험, Additional Voluntary) 등의 보험과 관련된다. 건강보험 옴부즈맨은 4~5명 정도가 있으며 이들이 연간 1,200건 정도의 불만 건을 처리한다. 네덜란드의 옴부즈맨제도는 보험에 대해 불만사항을 다루고 병원이나 의사 등에 대한 의료적인 문제에 대한 불만사항을 다루지는 않는다. 물리치료를 받았는지 여부 등 매우 의약학적인 분야에 대한 불만사항은 옴부즈맨을 거치지 아니하고 바로 CVZ에 제기한다. 보험과 관련된 분야의 불만사항이 있는 가입자는 우선 해당 보험회사에 전화나 편지로 불만사항을 제기한다. 이때에도 제기 자체가 어렵거나 곤란한 경우에는 옴부즈맨에게 도움을 청할 수 있고, 옴부즈맨은 불만사항의 원활한 제기를 위해 도움을 줄 수 있다. 이렇게 제기된 불만사항을 접수한 보험회사는 이를 검토하고, 검토한 후에도 자신의 결정이 타당하여 불만을 받아들일 수 없다는 결정을 하는 경우, 불만 제기자는 다시 옴부즈맨에게 이 사항을 전한다. 이를 접수하는 옴부즈맨은 불만 제기자와 보험회사 사이에서 중립적인 위치에서 결정권한 없이 양쪽에 모두에 조언함으로써 불만을 해결하도록 힘쓴다.

네덜란드의 옴부즈맨제도는 Complaint와 Dispute의 개념을 구분하여 운영하고 있다. 가입자가 Complaint가 있는 경우 일차적으로 보험회사에 제기할 수 있는데, 대체로 이야기를 통해 쉽게 풀어질 수 있는 문제들이 complaint에 해당한다. 이때 시민 또는 가입자가 complaint를 제기하지 못하거나 잘 모르는 경우 옴부즈맨이 이를 도울 수 있다. 반면에 Dispute는 제기할 수 있는 사유가 다양하게 인정되나 그 제기에 있어 방식은 편지 등 서면에 의해 이루어져야 한다. 흔하게 제기되는 dispute 내용은 보험에 가입되어 있지 않은데 보험료 청구가 있는 경우, 보험에 가입하려 하는데 거절당한 경우 등 보험료와 보험 가입자격에 대한 것이 많다. Complaint와 Dispute는 구분하거나 명확히 분류하기는 어렵지만 대략 Complaint는 단순사항과 법에 규정된 명확한 사유에 의한 것이고 Dispute는 복잡하거나 복합적인 사항으로 폭넓게 적용되는 것으로 법원까지 가야 해결될 수 있는 것들을 많이 포함한다. Complaint와 Dispute는 경우에 따라 같을 수도 있고 다를 수도 있으며, 사안에 따라 불만을 제기하는 자가 그때그때 판단하여 적용해야 한다.

Ⅳ. 건강보험 권리구제

네덜란드의 건강보험 제도가 중층적 체계로 구성되기 때문에, 권리구제절
차 역시 보험종류별로 약간의 차이가 있게 된다. 예외적 의료비 지출에 대한
AWBZ, 일반 건강보험에 해당되는 ZFW, 민간보험, 공무원 의료보험, 의료보
험접근법에 의한 표준형 의료보험(Wtz) 등 보험종류별로 권리구제절차가 존
재한다.

1. AWBZ(특별의료비보험, Algemene Wet Bijzondere Ziektekosten)

불만(complaint)의 경우, 가입자가 보험기구에 대한 불만이 있을 때 우선 해
당보험기구에 먼저 문제를 제기하여 시정할 기회를 갖도록 한다. 일반행정법
(General Administrative Law Act)하에서 AWBZ집행기구는 해당 불만을 만족스
럽게 해결해주어야 할 의무가 있다. 만약 불만을 제기한 사람이 해당기구의
대응에 만족하지 않는다면 이 사람은 National Ombudsman에 불만사항을 제출
할 수 있다. 옴부즈맨은 '인가된 행동 기준'에 의해 이 불만내용을 평가하며,
AWBZ집행기구가 적절하고 형평하며 합리적이고 충분히 사려 깊게 결정했는
지를 판단한다. 불만이 있는 사람은 또한 CVZ에 불만을 접수할 수도 있는데,
CVZ가 판단하기에 해당 불만이 이유가 있으면 AWBZ집행기구에 시정을 명
령한다. 동일한 불만이 여러 차례 접수되는 경우에 CVZ는 보건복지체육부에
이를 보고하여 정책이나 관련 규제, 규정 등의 수정이 이루어질 수 있는 근거
를 제공한다.

AWBZ 집행기구의 결정에 불만이 있는 가입자는 일정한 기간 내에 이의
(objection)를 제기해야 한다. 이의제기를 받은 보험기구는 해당 결정에 대해
재검토하여 이의제기대상자의 이의를 수용할 것인지를 결정해야 한다. 만약
이의제기된 내용이 AWBZ 보건의료 수급이나 관련된 보상에 관한 것이고, 해
당기관이 전적으로 이의내용을 수용할 것이 아니라면, 이의제기에 대한 결정

을 내리기 이전에 CVZ로부터 조언을 구해야 한다. 보험료와 관련된 이의일 경우에는 조언을 구하지 않아도 된다. 만약, 이의신청자가 이의신청에 대한 해당기구의 결정에 불만이 있을 경우에는 일정한 기간 이내에 행정법원 (administrative court)에 이의신청(appeal)할 수 있다.

2. ZFW(일반건강보험, ZiekenFondsWet)

가입자가 질병금고에 대한 불만(complaint)이 있을 때 우선 해당보험기구에 먼저 문제를 제기하여 시정할 기회를 갖도록 한다. 일반행정법(General Administrative Law Act)하에서 질병금고는 해당 불만을 만족스럽게 해결해주어야 할 의무가 있다. 만약 불만을 제기한 사람이 해당기구의 대응에 만족하지 않는다면 이 사람은 National Ombudsman에 불만사항을 제출할 수 있다. 옴부즈맨은 '인가된 행동 기준'에 의해 이 불만내용을 평가하며, 질병금고가 적절하고 형평하며 합리적이고 충분히 사려 깊게 결정했는지를 판단한다. 불만이 있는 사람은 또한 CVZ에 불만을 접수할 수도 있는데, CVZ가 판단하기에 해당 불만이 이유가 있으면 AWBZ집행기구에 시정을 명령한다. 동일한 불만이 여러 차례 접수되는 경우에 CVZ는 보건복지체육부에 이를 보고하여 정책이나 관련 규제, 규정 등의 수정이 이루어질 수 있는 근거를 제공한다. ZFW집행과정에서 질병금고의 결정에 불만이 있는 가입자는 일정한 기간 내에 이의 (objection)를 제기해야 한다. 이의제기를 받은 보험기구는 해당 결정에 대해 재검토하여 이의제기대상자의 이의를 수용할 것인지를 결정해야 한다. 만약 이의제기된 내용이 AWBZ 보건의료 수급이나 관련된 보상에 관한 것이고, 해당기관이 전적으로 이의내용을 수용할 것이 아니라면, 이의제기에 대한 결정을 내리기 이전에 CVZ로부터 조언을 구해야 한다. 보험료와 관련된 이의일 경우에는 조언을 구하지 않아도 된다. 만약, 이의신청자가 이의신청에 대한 해당기구의 결정에 불만이 있을 경우에는 일정한 기간 이내에 행정법원 (administrative court)에 이의신청(appeal)할 수 있다.

3. AV(민간보험, Additional Voluntary)

민간보험회사의 결정에 불만(complaint)이 있는 경우 보험회사에 가장 먼저 문제를 제기할 수 있다. 보험회사가 내린 결정에 만족하지 않는 경우 건강보험 옴부즈맨(insurance ombudsman)에 불만사항을 의뢰한다. 건강보험 옴부즈맨은 건강보험 불만 처리기구(Insurance Complaint Institute)에서 일한다. 보험계약과 관련된 분쟁사항(dispute)은 지역법원(civil court)에 제기할 수 있다.

가입자가 WTZ(표준형 의료보험) 급여여부나 급여내용에 불만(complaint)이 있는 경우 보험회사에 가장 먼저 문제를 제기해야 한다. 보험회사가 내린 결정에 만족하지 않는 경우 가입자는 지역법원(civil court)에 문제를 제기할 수 있다. WTZ 보험에 관한 보험자와 가입자 간의 분쟁사항(dispute)은 의료보험 접근법이의신청위원회(Medical Insurance Access Act Appeals Committee)에 제기될 수 있다. 이 위원회에서 이의신청사항을 검토하기 위해서 이의신청자는 약간의 비용을 지불해야 하며 이 비용은 이의신청한 내용이 받아들여졌을 때 환불된다.

4. 의료기관 이용과 관련한 권리구제

네덜란드의 모든 의료기관에는 제공된 treatment에 대해 complaint commission이 있어 이 위원회에서 환자가 의료기관에 대해 제기한 불만을 다룬다. 만약 보험자가 의료기관에 대해 불만을 제기하면, 복지부 실사를 통해 심각한 경우 폐업하게 할 수도 있다. 이때 실사 인원은 100명 정도로 이들이 118개 병원(110개 병원, 8개 대학병원, 35개 민간병원 등)을 평가한다. 네덜란드에서는 연간 20,000여 건의 불만이 제기되는데 지속적으로 증가하고 있으며, 급여 내용에 불만이 제기되면 우선 당해보험자에 청구되고, 10주 내 보험자는 CVZ의 자문을 얻고 결정을 내려야 한다. CVZ가 조언한 내용을 반드시 따라야 할 의무는 없으나 대부분 조언 내용에 따른다. 보험자 기능에 대한 불만이 제기될 경우에는 옴부즈맨의 중재를 통해 조정에 이른다. 이렇게 내려진 결정에도 보험가입자가 불만이 있을 경우에는 전국 25개 Civil Court로 상고하게 되나, 이는 연간 수백 건 정도이다. Civil Court의 결정에도 불복하는 경우 전국적으로 5개소가 있는 Court of Appeal에 상고할 수 있다.

제7장 보건의료인력 현황과 수급정책

Ⅰ. 서론

인구의 고령화에 따른 보건의료서비스 수요 증가 및 질병구조의 변화 등으로 현행 의료기관 내의 보건의료인력으로는 환자의 안전과 보건의료서비스의 질을 담보할 수 없다는 점을 고려하여, 현행 의료기관 내에 종사하는 보건의료인의 인력을 OECD 회원국 수준까지 확보될 수 있는 필요성이 대두되고 있다. 이에 따라, 현행 의료관련 법령상의 보건의료인력의 정원 등의 기준에 대해 정하고 있는 현황을 파악하고, 그 문제점과 개선방안을 찾고자 한다. 우리나라 인구의 고령화 현황을 보면, 전체 인구 중 노인인구 비중이 2000년 7%로 고령화사회, 2010년 11%를 넘어 2018년 14%로 고령사회로 진입하게 되고, 2026년 20%에 도달하여 초고령사회로 접어들 것으로 전망되며, 2050년에는 노인인구비율이 약 38.2%에 이를 것으로 보인다. 이러한 고령화는 노동공급 감소, 노동력의 질 저하, 저축·투자·소비 위축 등에 따라 경제전반의 활력이 저하되고 성장 잠재력을 악화시킬 것으로 예상되고 있다. 인구의 고령화는 사회전반에 걸쳐 많은 변화를 가져오지만, 노인의료비 급증에 따른 건강보험 재정지출 구조 악화 등 특히 보건의료분야에 직접적인 영향을 줄 것으로 예측된다. 인구고령화로 인해 급성기 중심에서 만성질환 중심으로 질병구조의 변화, 전체 평균보다 3배 높은 의료비로 국민의료비 급증, 건강보험 등 사회보험 재정부담 가중, 의료기술의 발달로 인한 기대여명 증가 및 의료서비스 수요 증가 등이 예상되고 있다. 하지만 무엇보다 고령환자는 일반환자와 다른 의료서비스의 형태와 양을 필요로 하게 되고, 의료기관은 외적인 UD와 더불어 증가하는 서비스 공급을 위한 인력확충이 요구된다. 의료인, 약사, 의료기사 등 의료관련 인력을 법률이 정하는 기준에 따라 채용하고, 이들 인력은 법률에서 정하는 임무를 수행하여야 하며, 동시에 법령에서 정하는 상호관계가 존재한다. 의료라는 목적을 달성하기 위하여 의료기관만이 가지는 특징 중의 하나는 인력 확보와 구성 인력의 역할, 의무 및 상호관계가 법률에 의해 강제된다는 것이다. 결국 의료기관은 인력관리에 있어 의료라는 특수성에 의하여 다른 조직체보다 엄격한 법률적 규제 대상인 동시에 일반적인 규제도 함께 받아야 하는 특별한 규제대상 조직이라 할 수 있다. 전문직종의 지속적인 전문능력의 함양은 환자를 진료함에 있어 직접적으로 질적 향상을 꾀할 수 있을 뿐만 아니라, 나아가 보건의료분야의 전반적인 발전을 위하여 국민보건향상에 기여할 수 있다.

Ⅱ. 보건의료인력 기준

1. 보건의료인력기준 개관

현행 의료기관 내 의료인 등의 법정정원에 관하여는 「의료법」 제36조 및 동법 시행규칙 제38조 등에 규정되어 있는데, 의사 · 치과의사 · 한의사 · 조산사 및 간호사 등 의료인에 대해서는 「의료법」 제3조 내지 제3조의5에서 정한 의료기관의 종별에 따라 입원환자 및 외래환자수를 일정비율로 입원환자수로 환산한 기준으로 의료인의 정원을 책정하고 있다. 「의료법」에서 정한 의료인의 정원기준은 연평균 1일 입원환자와 외래환자를 기준으로 하고, 정원산정은 허가병상수가 아닌 입원 및 외래 환자수를 기준으로 한다. 신규로 개설하거나 증설하는 경우에는 의료인의 수를 정확히 산정할 수 없으므로 우선 시설, 장비 등의 규모에 맞춰 의료인을 둔 후 개설(변경)허가를 받고 1년간 운영을 하면 필요한 정원을 알 수 있으므로 그때 의료인수 변동허가를 받는 것으로 산정하기로 한다.164)

2. 의료업과 의료기관 개설

현행 보건의료인력의 정원 기준에 대해서는 의료법령상에서 정하고 있다.

---

164) 보건복지부 의정 65507-893,1996. 7.19.

의료업과 의료기관 개설과 관련된 기준을 살펴보면, 우선, 현행 「의료법」 제33조(개설) 제1항은 '의료인은 이 법에 따른 의료기관을 개설하지 아니하고는 의료업을 할 수 없으며, 다음 각 호의 어느 하나에 해당하는 경우 외에는 그 의료기관 내에서 의료업을 하여야 한다'고 규정하고 있다. 이는 현행 의료법상 의료인이 의료업을 하기 위해서는 반드시 의료기관을 개설하여야 하고, 특별한 경우 이외에는 그 의료기관 내에서 하도록 하고 있다. 또한 동법 동조 제2항 및 제3항에서는 각각 의료기관 개설자와 1의료인 1의료기관 개설 원칙을 규정하고 있다. 또한 개설자 준수의무와 관련하여 「의료법」 제36조에서는 '제33조 제2항 및 제8항에 따라 의료기관을 개설하는 자는 보건복지부령으로 정하는 바에 따라 다음 각 호의 사항을 지켜야 한다'고 규정하고 있고, 동조 제5호에서는 '5. 의료기관의 종류에 따른 의료인 등의 정원 기준에 관한 사항'을 규정하고 있다. 정원과 관련된 기준으로 의료법상의 규정에 의해 의료기관을 개설하여 의료업을 하고자 하는 의료인은 '의료기관 종류에 따른 의료인 등의 정원 기준에 관한 사항을 준수하여야 하는 법정의무를 부과하고 있다. 「의료법」 제36조의 규정에 의한 의료기관 종별구분에 따른 의료인 등의 정원기준은 의료법 시행규칙에 위임하고 있다.

3. 의료기관 종별 구분

「의료법」 제3조는 의료기관 종별에 대해 정하고 있다. 즉, 의료기관은 의료인이 공중(公衆) 또는 특정 다수인을 위하여 의료ㆍ조산의 업을 하는 곳으로서, 법 제3조 제2항에서는 크게 의원급의료기관, 조산원, 병원급의료기관으로 구분하고 있다. 우선, 상급종합병원 지정과 관련하여, 법 제3조의4에서는 '종합병원 중에서 중증질환에 대하여 난이도가 높은 의료행위를 전문적으로 하는 종합병원을 상급종합병원으로 지정'할 수 있도록 하고 있다. 전문병원 지정에 대해서는 법 제3조의5에서는 '병원급 의료기관 중에서 특정 진료과목이나 특정 질환 등에 대하여 난이도가 높은 의료행위를 하는 병원을 전문병원으로 지정'할 수 있도록 하고 있다. 따라서 현행 의료법상 의료기관 종별은 의원급 의료기관, 조산원, 병원급 의료기관, 상급종합병원 및 전문병원 등으로 구분될 수 있다.

또한 의원급 의료기관(법 제3조 제2항 제1호)은 의사, 치과의사 또는 한의사가 주로 외래환자를 대상으로 각각 그 의료행위를 하는 의료기관으로서 그 종류는 의원, 치과의원 및 한의원이 있다. 조산원(법 제3조 제2항 제2호)은 조산사가 조산과 임부·해산부·산욕부 및 신생아를 대상으로 보건활동과 교육, 상담을 하는 의료기관을 말한다. 병원급 의료기관(법 제3조 제2항 제3호)은 의사, 치과의사 또는 한의사가 주로 입원환자를 대상으로 의료행위를 하는 의료기관으로서 그 종류는 병원, 치과병원, 한방병원, 요양병원 및 종합병원이 있다. 특히 요양병원은 「정신보건법」 제3조 제3호에 따른 정신의료기관 중 정신병원, 「장애인복지법」 제58조 제1항 제2호에 따른 의료재활시설로서 제3조의2의 요건을 갖춘 의료기관을 포함한다.

4. 의료인 등 직종 분류

현행 「의료법」상에서는 의료인 등의 인력기준에 대해 정하면서 그 직종에 대해서도 구분하고 있다. 의료법령에서 정하고 있는 직종분류는 크게 의료인, 약사, 의료기사 등, 영양사, 간호조무사 등이 있다.

(1) 의료인(법 제2조)

「의료법」 제2조는 의료인의 범위와 임무를 규정하고 있다. 즉, 의료인이라 함은 보건복지부장관의 면허를 받은 의사·치과의사·한의사·조산사 및 간호사 등으로 제한하고 있고, 그 구체적인 임무는 다음과 같다. '의사는 의료와 보건지도에 종사함을 임무로 한다(동조 제2항 제1호). 치과의사는 치과의료 및 구강보건지도에 종사함을 임무로 한다(동조 제2항 제2호). 한의사는 한방의료와 한방보건지도에 종사함을 임무로 한다(동조 제2항 제3호). 조산사는 조산과 임부·해산부·산욕부 및 신생아에 대한 보건과 양호지도에 종사한다(동조 제2항 제4호). 간호사는 상병자 또는 해산부의 요양상의 간호 또는 진료의 보조 및 대통령령이 정하는 보건활동에 종사함을 임무로 한다(동조 제2항 제5호)'는 것으로 규정하고 있다.

(2) 약사 및 한약사

약사는 「약사법」에 그 업무내용에 대해 규정하고 있고, 「의료법」에서는 그 시행규칙 제38조 제2항의 규정에 '의료인 외에 다음의 기준에 따라 필요한 인원을 두어야 한다'고 규정하고 있다. 즉, 약사는 「약사법」 제2조에서 '의약품·의약외품 및 의료용구의 제조, 조제, 감정, 보관, 수입, 판매(수여를 포함한다)'와 기타 약학기술에 관련된 사항을 담당한다(한약사는 한약 및 한약제제에 관련된 사항을 담당한다)고 하여, 약사의 업무내용을 규정하고 있고, 「의료법 시행규칙」에서는 그 인력기준에 대해 정하고 있다.

(3) 의료기사 등

의료기사 등은 의료기사와 의무기록사 및 안경사를 포함하는 것을 말하며, 의료기사에는 임상병리사, 방사선사, 물리치료사, 작업치료사, 치과기공사 및 치과위생사 등이 있다(「의료기사 등에 관한 법률」 제1조 내지 제3조). 의료기사에 대한 직접적으로 규정하고 있는 법률은 「의료기사 등에 관한 법률」(법률 제10564호, 2011.4.7)이다. 다만, 의료법령상에서도 의료기사에 대해 일부 규정하고 있음. 의료법령상에서 규정하고 있는 의료기사에 대한 내용은 다음과 같다. 「의료법」 제6장(감독) 제66조 자격정지 규정에서 '의료기사가 아닌 자에게 의료기사의 업무를 하게 하거나 의료기사에게 그 업무 범위를 벗어나게 한 때(「의료법」 제66조 제1항 제6호)'로 「의료법」에서 의료기사에 대해 규정하고 있고, 「의료법 시행규칙」 제2항 제3호에서는 '의료기관에는 보건복지부장관이 정하는 바에 따라 각 진료과목별로 필요한 수의 의료기사를 둔다'로 규정하고 있다. 「의료기사 등에 관한 법률」(법률 제10564호, 2011.4.7) 제2조에서는 의료기사의 종별에 대해 규정하고 있고, 제3조에서는 그 업무범위와 한계에 대해 규정하고 있다. 동법 제2조의 규정에 의한 의료기사의 종별은 임상병리사, 방사선사, 물리치료사, 작업치료사, 치과기공사 및 치과위생사로 정하고 있고, 동법에서는 '의료기사 등'의 범위를 정하고 있는바, 이는 의료기사 이외에 의무기록사와 안경사를 의료기사 등에 포함하고 있다.

임상병리사는 병리학·미생물학·생화학·기생충학·혈액학·혈청학·법의학·요화학·세포병리학·방사성동위원소를 사용한 가검물 등의 검사 및 생리학적 검사(심전도·뇌파·심폐기능·기초대사 기타 생리기능에 관한 검사를 말한다)의 분야에서 임상병리검사업무에 필요한 기계·기구·시약 등의 보관·관리·사용, 가검물 등의 채취·검사, 검사용 시약의 조제, 혈액의 채혈·제제·제조·조작·보존·공급 기타 임상병리검사업무에 종사한다. 방사선사는 전리 및 비전리방사선의 취급과 방사성동위원소를 이용한 핵의학적 검사 및 의료영상진단기·초음파진단기의 취급, 방사선기기 및 부속기자재의 선택 및 관리업무에 종사한다고 규정하고 있다. 물리치료사는 온열치료, 전기치료, 광선치료, 수치료, 기계 및 기구치료, 마사지·기능훈련·신체교정운동 및 재활훈련과 이에 필요한 기기·약품의 사용·관리 기타 물리요법적 치료업무에 종사한다. 작업치료사는 신체부분의 기능장애를 원활하게 회복시키기 위하여 그 장애 있는 신체부분을 습관적으로 계속 동작시켜 지정된 물체를 만들거나 완성된 기구를 사용할 수 있도록 훈련, 치료하는 업무에 종사한다.

치과기공사는 치과진료를 행하는 의료기관 또는 시장·군수·구청장(자치구의 구청장에 한한다. 이하 같다)이 인정하는 치과기공소에서 치과의사의 진료에 필요한 치과기공물·충전물 또는 교정장치의 제작·수리 또는 가공 기타 치과기공업무에 종사한다. 또한 치과위생사는 치석제거 및 치아우식증의 예방을 위한 불소도포 기타 치아 및 구강질환의 예방과 위생에 관한 업무에 종사한다.

의무기록사는 의료기관에서 질병 및 수술분류·진료기록의 분석·진료통계·암등록·전사 등 각종 의무에 관한 기록 및 정보를 유지, 관리하고 이를 확인하는 업무에 종사한다. 그리고 안경사는 시력보정용 안경의 조제(콘택트

렌즈의 조제를 제외한다) 및 판매 업무에 종사함. 이 경우 안경도수를 조정하기 위한 시력검사(약제를 사용하는 시력검사 및 자동굴절검사기기를 사용하지 아니하는 타각적 굴절검사를 제외한다)를 할 수 있다(「의료기사 등에 관한 법률」 제2조 제8호).

(4) 기타

「의료법」 제36조(준수사항)는 의료법상 의료기관 개설자의 일정 준수사항을 정하고 있고, 동조 제6호에서는 준수사항의 하나로 '급식관리 기준에 관한 사항'을 제시하고 있다. 영양사는 「의료법 시행규칙」 제38조(의료인 등의 정원) 제2항 제2호는 "입원시설을 갖춘 종합병원·병원·치과병원·한방병원 또는 요양병원에는 1명 이상의 영양사를 둔다"고 규정하고 있다. 또한 「의료법 시행규칙」 제39조와 관련하여 별표 6에서는 의료기관의 급식관리 기준을 별도로 정하고 있으며, 본 기준에서는 '영양사' 이외에도 '급식 관련 종사자'를 언급하고 있다.

또한 사회복지사의 경우는, 「의료법 시행규칙」 제38조 제2항 제6호에 의하면, '종합병원에는 「사회복지사업법」에 따른 사회복지사 자격을 가진 자 중에서 환자의 갱생·재활과 사회복귀를 위한 상담 및 지도 업무를 담당하는 요원을 1명 이상 둔다'고 규정하고 있다.

간호조무사를 살펴보면, 「의료법 시행규칙」 제38조 제3항에 의하면, '보건복지부장관은 간호사나 치과위생사의 인력 수급상 필요하다고 인정할 때에는 제1항에 따른 간호사 또는 치과위생사 정원의 일부를 간호조무사로 충당하게 할 수 있다'고 규정하고 있다.

5. 각 인력별 정원 기준

현행 의료법령상 인력별 정원기준은 의료기관 종별에 따라 그 정원의 기준을 정하고 있음. 또한 그 인력별은 크게 의료인, 약사 및 한약사 등으로 구분하고 있고, 의료인의 정원기준은 「의료법 시행규칙」 별표 5에서 정하고 있다.

(1) 의사

의료기관 종류	의사 정원
종합병원	연평균 1일 입원환자를 20명으로 나눈 수(이 경우 소수점은 올림). 외래환자 3명은 입원환자 1명으로 환산함.
병원	연평균 1일 입원환자를 20명으로 나눈 수(이 경우 소수점은 올림). 외래환자 3명은 입원환자 1명으로 환산함.
치과병원	추가하는 진료과목당 1명(법 제43조 제2항에 따라 의과 진료과목을 설치하는 경우)
한방병원	추가하는 진료과목당 1명(법 제43조 제2항에 따라 의과 진료과목을 설치하는 경우)
요양병원	연평균 1일 입원환자 40명마다 1명을 기준으로 함(한의사를 포함하여 환산함). 외래환자 3명은 입원환자 1명으로 환산함.
의원	연평균 1일 입원환자를 20명으로 나눈 수(이 경우 소수점은 올림). 외래환자 3명은 입원환자 1명으로 환산함.

(2) 치과의사

의료기관 종류	치과의사 정원
종합병원	연평균 1일 입원환자를 20명으로 나눈 수(이 경우 소수점은 올림). 외래환자 3명은 입원환자 1명으로 환산함.
병원	추가하는 진료과목당 1명(법 제43조 제3항에 따라 치과 진료과목을 설치하는 경우)
치과병원	연평균 1일 입원환자를 20명으로 나눈 수(이 경우 소수점은 올림). 외래환자 3명은 입원환자 1명으로 환산함.
한방병원	추가하는 진료과목당 1명(법 제43조 제3항에 따라 치과 진료과목을 설치하는 경우)
요양병원	추가하는 진료과목당 1명(법 제43조 제3항에 따라 치과 진료과목을 설치하는 경우)
치과의원	연평균 1일 입원환자를 20명으로 나눈 수(이 경우 소수점은 올림). 외래환자 3명은 입원환자 1명으로 환산함.

(3) 한의사

의료기관 종류	한의사 정원
종합병원	추가하는 진료과목당 1명(법 제43조 제1항에 따라 한의과 진료과목을 설치하는 경우)
병원	추가하는 진료과목당 1명(법 제43조 제1항에 따라 한의과 진료과목을 설치하는 경우)
치과병원	추가하는 진료과목당 1명(법 제43조 제1항에 따라 한의과 진료과목을 설치하는 경우)
한방병원	연평균 1일 입원환자를 20명으로 나눈 수(이 경우 소수점은 올림). 외래환자 3명은 입원환자 1명으로 환산함.
요양병원	연평균 1일 입원환자 40명마다 1명을 기준으로 함(의사를 포함하여 환산함). 외래환자 3명은 입원환자 1명으로 환산함.
한의원	연평균 1일 입원환자를 20명으로 나눈 수(이 경우 소수점은 올림). 외래환자 3명은 입원환자 1명으로 환산함.

(4) 조산사

의료기관 종류	조산사 정원
종합병원	산부인과에 배정된 간호사 정원의 3분의 1 이상
병원	산부인과에 배정된 간호사 정원의 3분의 1 이상(산부인과가 있는 경우에만 둠)
한방병원	산부인과에 배정된 간호사 정원의 3분의 1 이상(법 제43조 제2항에 따라 산부인과를 설치하는 경우)
의원	산부인과에 배정된 간호사 정원의 3분의 1 이상(산부인과가 있는 경우에만 둠)

(5) 간호사

의료기관 종류	간호사 정원(치과의료기관의 경우에는 치과위생사 또는 간호사)
종합병원	연평균 1일 입원환자를 2.5명으로 나눈 수(이 경우 소수점은 올림). 외래환자 12명은 입원환자 1명으로 환산함.
병원	연평균 1일 입원환자를 2.5명으로 나눈 수(이 경우 소수점은 올림). 외래환자 12명은 입원환자 1명으로 환산함.
치과병원	연평균 1일 입원환자를 2.5명으로 나눈 수(이 경우 소수점은 올림).

	외래환자 12명은 입원환자 1명으로 환산함.
한방병원	연평균 1일 입원환자를 5명으로 나눈 수(이 경우 소수점은 올림). 외래환자 12명은 입원환자 1명으로 환산함.
요양병원	연평균 1일 입원환자 6명마다 1명을 기준으로 함(다만, 간호조무사는 간호사 정원의 3분의 2 범위 내에서 둘 수 있음). 외래환자 12명은 입원환자 1명으로 환산함.
의원	연평균 1일 입원환자를 2.5명으로 나눈 수(이 경우 소수점은 올림). 외래환자 12명은 입원환자 1명으로 환산함.
치과의원	연평균 1일 입원환자를 2.5명으로 나눈 수(이 경우 소수점은 올림). 외래환자 12명은 입원환자 1명으로 환산함.
한의원	연평균 1일 입원환자를 5명으로 나눈 수(이 경우 소수점은 올림). 외래환자 12명은 입원환자 1명으로 환산함.

나. 약사 및 한약사

(1) 약사 및 한약사[별표 5의 2]

의료기관 종류		약사 정원
상급종합병원		연평균 1일 입원환자를 30명으로 나눈 수와 외래환자 원내조제 처방전을 75매로 나눈 수를 합한 수 이상의 약사
종합병원	500병상 이상	연평균 1일 입원환자를 50명으로 나눈 수와 외래환자 원내조제 처방전을 75매로 나눈 수를 합한 수 이상의 약사
	300병상 이상 500병상 미만	연평균 1일 입원환자를 80명으로 나눈 수와 외래환자 원내조제 처방전을 75매로 나눈 수를 합한 수 이상의 약사
	300병상 미만	1인 이상의 약사
병원		1인 이상의 약사. 다만, 100병상 이하의 경우에는 주당 16시간 이상의 시간제 근무 약사를 둘 수 있다.
치과병원(30병상 이상에 한정한다)		1인 이상의 약사. 다만, 100병상 이하의 경우에는 주당 16시간 이상의 시간제 근무 약사를 둘 수 있다.
한방병원		1인 이상의 한약사. 다만, 100병상 이하의 경우에는 주당 16시간 이상의 시간제 근무 한약사를 둘 수 있다.
요양병원		1인 이상의 약사 또는 한약사. 다만, 200병상 이하의 경우에는 주당 16시간 이상의 시간제 근무 약사 또는 한약사를 둘 수 있다.

비고: 약사 수의 산정 시 그 수가 1 미만인 경우에는 1로 하고, 1 이상인 경우 소수점은 반올림한다.

다. 의료기사

「의료법 시행규칙」 제2항 제3호에서는 '의료기관에는 보건복지부장관이 정하는 바에 따라 각 진료과목별로 필요한 수의 의료기사를 둔다'로 규정하고 있다. 따라서 임상병리사, 물리치료사, 작업치료사, 방사선사, 치과기공사, 치과위생사 등 의료기사는 보건복지부장관이 정하는 바에 따라 각 진료과목별로 필요한 수의 의료기사를 두도록 하고 있으나, 보건복지부장관이 정하는 바가 무엇인지 명확하지 아니하고 현재는 규정하고 있는 것이 없다.

라. 기타

의무기록사에 대해서는 「의료법 시행규칙」 제38조(의료인 등의 정원) 제2항 제4호의 규정에 따라, '종합병원에는 보건복지부장관이 정하는 바에 따라 필요한 수의 의무기록사(醫務記錄士)를 둔다'고 하고 있다. 간호조무사는 「의료법 시행규칙」 제38조 제3항에 의하여 간호조무사는 간호사나 치과위생사의 인력수요를 일부 충당하는 것으로 정하고 있다. 즉, 의료기관에는 보건복지부장관이 정하는 바에 따라 필요한 수의 간호조무사를 둘 수 있고, 「의료법 시행규칙」 제28조의6 제3항에 의거 간호사 또는 치과위생사의 인력수급상 필요하다고 인정되는 경우 간호사 등의 정원 일부를 간호조무사로 충당할 수 있다. 특히 요양병원의 경우 간호사 정원의 3분의 2 범위 내에서 간호조무사를 둘 수 있다. 또한 응급구조사는 「응급의료에 관한 법률」 제39조(응급구조사의 배치) 구급차 등의 운용자는 응급환자를 이송하거나 이송하기 위하여 출동하는 때에는 법 제48조의 규정에 따라 그 구급차 등에 응급구조사 1인 이상이 포함된 2인 이상의 인원이 항상 탑승하도록 하여야 한다. 다만, 「의료법」에 의한 의사 또는 간호사가 탑승한 경우에는 응급구조사가 탑승하지 아니할 수 있다.

영양사는 「의료법 시행규칙」 제38조(의료인 등의 정원) 제2항 제2호는 "입원시설을 갖춘 종합병원·병원·치과병원·한방병원 또는 요양병원에는 1명 이상의 영양사를 둔다"고 규정하고 있다. 병원에서의 영양관리는 환자의 영양상태를 판정하고 적절한 영양치료를 수행하여 영양상태 개선을 통한 치료효과의 증대를 목적으로 하고 있고, 「의료법」상 영양사는 입원시설을 갖춘 종합병원·병원·치과병원·한방병원 또는 요양병원에서 1인 이상을 규정하고 있다. 조리사는 「의료법 시행규칙」 제39조와 관련하여 별표 6에서는 의료기관의 급식관리 기준을 별도로 정하고 있으며, 본 기준에서는 '영양사' 이외에도 '급식 관련 종사자'를 언급하고 있다. 사회복지사는 「의료법 시행규칙」 제38조 제2항 제6호에 의하면, '종합병원에는 「사회복지사업법」에 따른 사회복지사 자격을 가진 자 중에서 환자의 갱생·재활과 사회복귀를 위한 상담 및 지도 업무를 담당하는 요원을 1명 이상 둔다'고 규정하고 있다

6. 개선사항

「의료법 시행규칙」 제38조 제2항 제3호 내지 제5호에서 '보건복지부 장관이 정하는 바에 따라'라고 하위 위임규정을 두고 있지만, 별도로 정한 것이 「노인복지법」 등에 일부 규정된 것을 제외하고는 명확하게 세부규정을 마련하고 있지 않다. 특히 의료기사, 의무기록사 등의 정원기준은 입법 불비 또는 입법 부작위 또는 포괄적 위임으로 보아 보다 명확하게 규정될 필요가 있다. 병원인력의 법정 정원을 규제함에 있어 일정한 외래 및 입원 환자수를 의료인 산정기준으로 설정함은 우리 의료법 제정 시 일본의 의료법을 인용한 결과라 할 수 있다. 즉, 일본은 그 후 의료 환경의 변화에 따라 이 산정기준을 개선해 왔으나, 우리 의료법은 몇십 년째 이 기준을 고수해오고 있다.

또한 병원직종별 분류의 특징은 매우 전문적이고 다양한 직종으로 그 파악이 쉽지 않다. 가령, 간호직만 해도 간호사, 간호조무사, 간호보조원, 간호서무원이 있으며, 전문간호사의 경우는 산업간호사, 가정간호사, 보험간호사, 마취간호사, 임상간호사 등으로 그 전문성과 업무성질에 따라 세분화되어 있다.

또한 임상병리사, 방사선사, 물리치료사, 작업치료사, 치과위생사, 치과기공사 등 의료기사와 안경사, 의무기록사, 의료기사 등이라 규정되어 있으나 현실적으로는 보건직이라 통칭하고 있는 등 현행 인력 직종 등의 규정이 명확하지 않고 규정하고 있는 법령과 관련 규정이 다양하고 체계적이지 못하다. 또한 그 용어도 불분명하여 의료현실을 제대로 반영하고 있지 못함으로 인하여 혼란을 초래하는 문제가 있다.

제8장 고령화시대 노인연령규범 정책

Ⅰ. 서론

노인에 대한 개념은 국가나 사회의 정치적·사회적·문화적·역사적 배경, 관습은 물론 현재 및 미래에 주어지는 여건에 따라 단순히 연령으로만 규정할 수 없듯 노인에 대한 체계적이고 일의적인 정의를 찾기는 어렵다.165) 하지만 고령화시대에 노인의 삶의 질과 복지향상을 규정하고 있는 현행 노인 관련 법령들의 필요성과 중요성에 비하여, 현행 노인 관련 법령들은 그 적용대상의 범주와 개념 규정에 대해 비체계적으로 규정되어 있다. 즉, 현행 법령상 노인에 대한 정의는 연령기준, 기능적 측면, 관점상의 차이 등 분류기준이 다양하고, 같은 기준이라 하더라도 상이하게 분류된 경우가 많다. 우선, 연령별로 보았을 때, 「노인장기요양보험법」에서는 '노인 등'을 65세 이상의 노인 또는 65세 미만의 자로서 치매·뇌혈관성질환 등 대통령령으로 정하는 노인성 질병을 가진 자로 정의하고 있다. 또한 「기초노령연금법」은 연금지급대상을 '65세 이상인 자로서 소득인정액이 대통령령으로 정하는 금액 이하인 자'로 정하여 현행법령에서는 통상 65세를 노인의 개념화하는 기준으로 정하고 있는 듯하다. 그러나 「고용상 연령차별금지 및 고령자고용촉진에 관한 법률」은 55세 이상을 '고령자', '50세 이상 55세 미만'을 '준고령자'로 하여, 고용과 관련하여서는 50세, 55세를 고령의 기준으로 정하고 있다. 이와는 달리, 장애인·노인·임산부 등의 「편의증진보장에 관한 법률」에서는 '장애인 등'이라 함은 장애인·노인·임산부 등 생활을 영위함에 있어 이동과 시설이용 및 정보에의 접근 등에 불편을 느끼는 자라 정의하여 노인을 연령이 아닌 기능상의 기준으로 분류, 접근하고 있다. 또한 노인복지법 등은 노인을 보호의 대상으로 보는 반면, 최근 제·개정되는 법령에서는 노인의 자립을 지원하는 시각으로 그 법적 관점의 변화를 보이고 있다. 이처럼 노인을 대상으로 하거나 노인과 결부된 법적 규정이 각기 목적성 없이 수단적으로 정의되어 혼란을 초래하고 있다.

지속가능한 국가발전에 장애요소로 등장하고 있는 급속한 인구고령화 문제

---

165) 서병숙, 『노인연구』, 서울: 교문사, 1991, 1면.

는 고령자의 의식주를 비롯하여, 취업, 연금 등의 소득제도, 건강, 의료, 개호 등의 보건제도, 봉사, 지역활동, 사회참여 등의 여가활동 및 고령자의 생활지원, 재산보호와 상속문제, 성년후견 등 다방면에서 노인복지제도가 논의될 수 있다.166) 이처럼 중대하게 대두되는 고령화 정책과 제도의 효율성과 실효성을 확보를 위한 기초적인 내용으로서, 노인과 관련한 개념과 연령규범에 대해 관련 법규정을 분석하고 연구할 필요가 있다. 이를 위해 노인 관련 현행 법령에 관한 실증적 분석이 이루어져야 하였다. 또한 종래 고령·노령·노인 개념은 법규범 내에서 임의적이고 포괄적 또는 상대적 개념이었다. 그러나 급속한 고령화 사회에 이들 개념이 갖는 사회·정치·경제적 개념의 의미가 크므로 명확해질 필요가 있는 것이다. 이러한 시대흐름의 반영은 법의 타당성과 실효성 확보를 위해 법체계적으로 정리될 필요가 있다. 즉, 「노인복지법」 제정당시 4%의 노인인구에서 현행은 11%에 이르는 증가를 보이고 있다. 이처럼 관련법령이 현실에 맞게 개정될 필요가 있으며, 이를 위해 고령화시대에 맞는 노인의 법적 개념과 범주의 재정립을 위해 노인 관련 법령의 현황을 정리할 필요가 있다.

Ⅱ. 이론적 배경

노화에 대한 많은 연구가 이루어졌으나167) 노인 연령규범의 법적 기준과 범주에 대한 연구는 고령사회의 대응차원에서 일부 특정분야별 법적 또는 정책적 정비를 위한 연구만 드물게 있다.168) 그중 노인에 대한 연령규범 또는

---

166) 김숙자, "민법상의 고령자보호에 관한 고찰", 『사회과학논총』 제18집(2002), 명지대학교 사회과학연구소, 118면.

167) Herring, J.(2009). *Older People in Law and Society*. Oxford: Oxford University Press. p.4.

168) 고령화사회와 그에 대한 법적 또는 정책적 대책의 선행연구로는 다음과 같다. 고준기, "연금위기에 대응하는 고용정책적 수단과 노후보장체계의 정비에 관한 연구(Ⅱ)-고령사회에 대응한 노후보장체계의 법제도적 정비를 중심으로-", 『법과 정책연구』, 제5집 제2호(2005), 1041~1072면; 고준기·이희성, "연금위기에 대응하는 고용정책적 수단과 노

개념에 대한 연구를 살펴보면 다음과 같다. 이금룡은 한국사회에 노년기 연령규범이 형성여부, 적용시기, 형성의 확고성 그리고 바람직한 연령규범에 대해 고찰하였다.[169] 이수림과 조성호는 노인문제와 '나이 듦(aging)'에 대한 이해의 틀을 마련하고자 나이 듦의 의미를 규명하고, 성공적 노화의 통합적 개념화를 시도하였다.[170] 한편 원영신은 노인체육 측면에서 현황과 법 및 제도를 분석하고, 건민정책으로서 노인체육을 활성화할 수 있는 법제화 방안을 모색하였다.[171] 유병선·홍형옥은 노인주택과 관련한 법률을 분석하여 양로시설과 노인복지주택의 개념이 혼동되는 등 문제점을 밝히었다.[172] 이처럼 지금까지 연구들은 노인 연령규범의 법적 개념과 범주 연구에 한계를 보이고 있다.

서구권에서는 논의에 따른 합의가 이루어져 노인을 'older person'으로 표기하고, 국제연합에서 연금수급연령 등과 같은 기준을 고려하면서 국제 간 비교의 용이성을 위해 65세 이상의 인구집단을 고령자로 구분하고 있다. 우리나라도 노년학분야에서 대체적으로 이런 기준을 적용하고 있다.[173] 이와 같은 연령 이외에도 사회적 역할 상실, 신체적·심리적·정신적·기능적 연령기준으로 노인의 분류기준을 적용하기도 한다. 국제적으로도 노인에 대한 정의는 시대별 또는 지역적·국가적 특성과 사회적 환경에 따라 다양하게 정의되고 있다.[174]

후보장체계의 정비에 관한 연구(상)-연금제도와 고령자고용촉진정책의 상호연계를 위한 법적 과제를 중심으로-", 『중앙법학』, 제7집 제4호(2005), 393~423면; 고준기, "고령화사회에서의 노동시장환경변화에 따른 고용시스템의 한계와 법적과제", 『노동법학』, 제18호(2004), 259~289면; 고준기, "고령화사회의 노동시장의 특징과 법적과제", 『기업법연구』 제14집(2003), 429~452면; 김소영, "고령화사회의 노동법적 문제", 『노동법학』, 제23호(2006), 79~108면 등 다수.

169) 이금룡, "한국사회의 노년기 연령규범에 관한 연구", 『한국노년학』 제26권 1호(2005), 143~159면.

170) 이수림·조성호, "나이 듦과 지혜: 성공적 노화의 통합적 개념화", 『한국심리학회지 사회문제』 제13권 제3호(2007), 65~87면.

171) 원영신, "노인관련법 고찰을 통한 노인체육의 법제화", 『스포츠와 법』 제8권(2006), 163~198면.

172) 유병선·홍형옥, "노인공동생활주택 법률정립 방향에 관한 연구", 『국토연구』 제47권(2005), 145~167면.

173) 김혜경, "전기·후기 고령자의 건강수준 및 복지욕구에 관한 비교연구", 『한국노년학』 제26권 1호(2005), 1면.

1951년 미국에서 개최된 제2회 국제노년학회는 노인을 인간의 노화과정에서 나타나는 생리적·심리적·환경적 변화와 행동의 변화가 상호작용하는 복합형태의 과정에 있는 사람으로 정의하였다. 또한 '경제적·사회적 및 문화적 권리에 관한 국제 규약(ICESCR[175])'에 기초한 견해에 따르면 'older person', 'the aged', 'the elderly', 'the third age', 'the ageing'의 용어들이 여러 국제문서에서 혼용되고 있는데, ICESCR에 따라서 설치된 규약인권위원회(CESCR[176])는 유엔총회결의 제47/5호 및 제48/98호에 사용된 'older persons'를 사용하기로 하였다.[177] 유럽연합의 통계국인 Eurostat는 65세 이상의 사람들을 '노인'으로 간주한다. 65세 이상이 노인의 기준연령이 된 것은 1889년 6월 22일 독일에서 세계 최초로 제정된 연금보험(Rentenvesicherung)에서 유래한다.[178] 하지

---

174) 60세 이상 인구의 명칭에 대하여는 김미애, "60세 이상 인구의 명칭에 대한 대학생의 평가적 태도에 관한 탐색적 연구", 『한국노년학』 제24권 제1호(2004), 149~167면 참조. 고령에 대한 다양한 정의방식에 대하여는 Lawrence A. Frolik and Alison P. Barnes, An Aging Population: A Challenge to the Law, Lawrence A. Frolik (Ed.), *Aging and the law: An Interdisciplinary Reader*, Philadelphia: Temple University Press, 1999, pp.27~31 참조.

175) 세계인권선언은 모든 개인이 누리는 사회보장권과 관련하여 노인을 염두에 둔 '노령'을 명시하고 있다(제25조 제1항). 세계인권선언의 일반원칙들이 법적 구속력 있는 문서에 담길 필요성에 관하여 기본적으로 동의가 있어 1966년 '경제적·사회적 및 문화적 권리에 관한 국제규약(International Covenant on Economic, Social and Cultural Rights, ICESCR)(인권규약 A)'과 '시민적 및 정치적 권리에 관한 국제규약(International Covenant on Civil and Political Rights, ICCPR)(인권규약 B)' (및 그 선택의정서)이 UN 총회에서 채택되었다. 이들 규약은 35개국이 비준을 완료한 1976년 각각 발효하였으며, 우리나라는 1990년 4월 10일 두 규약 및 후자의 선택의정서 모두에 가입, 같은 해 7월 10일 발효하였다.

176) Committee on Economic, Social and Cultural Rights.

177) 강병근, "노인인권보호에 관한 국제법적 논의-유엔규약인권위원회의 일반논평을 중심으로-", 『서울국제법연구』, 제15권 2호, 2008, 92면.

178) 당시 비스마르크가 65세를 기준으로 정한 것의 특별한 근거는 없었다. 당시 노인의 제반 특성을 고려하여 합리적이고 과학적인 근거를 가지고 정한 것이 아니라, 비스마르크 자신이 개인적으로 60대 중반에 건장했던 사실을 감안한 임의적인 판단으로 정한 것이었다. 최성재·장인협, 『고령화사회의 노인복지학』, 서울: 서울대학교출판문화원, 2010, 33면. 2002년 마드리드에서 개최된 '노년에 관한 제2차 세계회의'는 1982년의 '비엔나 행동계획'을 구체화하여 '마드리드 고령화 국제행동계획'을 채택하였는데, 60세 이상을 노인으로 봉양하도록 할 것을 권고한 바 있다. 김유성, 『한국사회보장법론』, 법문사, 2002, 432면. 2002년 4월 12일에 채택된 마드리드 고령화 국제행동계획(The Madrid International Plan of Action on Aging)은 모든 연령을 위한 사회 건설의 도전에 대응

만 고령사회에서 노인에 대한 관념과 인식은 각 나라마다 상대적으로 그 나라의 여건에 맞게 운영되는 정책적인 측면이 강하다. 또한 어떠한 연령이든 법령들에서 특정 연령을 기준으로 노인을 규정하여, 그 연령에 이른 자에게 적용하는 것은 노인의 개인적인 특성을 고려하지 않은 일반화의 오류라는 비판이 있다.

Ⅲ. 노인 등 관련 법제 현황

1. 기준 또는 범주의 입법적 불비

노인 등이 현행 법령 본문에 포함된 112건 법령은 우선 해당개념에 대한 기준 또는 범주를 규정하고 있는가에 따라 분류될 수 있다. 즉, 법령상 노인 등의 개념에 대해 본문에서 규정하고 있음에도 그 기준이나 범주의 타당성은 별론으로 하고, 단순 유무만으로 분류하면 <표 8-1>과 같다.

<표 8-1> 노인 등 기준 또는 범주 규정 유무

구분	건(수)	비율(%)	비고
전체	112	100	
규정 있음	73	65.2	
규정 없음	39	34.8	

자료: 국가법령정보센터(http://www.law.go.kr) 법령자료의 재구성

노인 등의 개념에 대해 법령 본문에 규정되어 있으나 그 기준이나 범주에

하는 개발에 대한 국제적 논쟁과 국가 정책의 실행에 인구 고령화 논의를 포함시키기 위한 틀을 제공한다(United Nations, Development in an aging world, New York: UN, 2007, v.). 보다 자세한 것에 대하여는 United Nations, *Report of the Second World Assembly on Ageing*, New York: UN, 2002; 보건복지부, 『마드리드 고령화국제행동계획』, 보건복지부 기획관리실 국제협력담당관실, 2002 참조

대해 단순히 규정하고 있는 경우는 73건(65.2%)이고, 규정되어 있지 않은 경우는 39건(34.8%)이다.[179] 고령화 시대에 노인보건복지제도의 수혜자로 노인을 정하고 있음에도 불구하고, 그 대상에 전혀 규정하고 있지 않은 법령이 약 35%에 이르고 있다. 이는 법과 제도의 적용대상에 대해 자의적 해석을 유발하여 제도의 혼란과 실효성을 보장할 수 없게 작용할 것으로 판단된다.

2. 연령 기준에 따른 규정

노인 등의 개념에 대해 법령 본문에 규정되어 있고 그 해당 기준을 연령으로 하고 있는 경우는 65세, 60세, 65세와 60세 혼용 또는 기타 여러 기준으로 분류하였다. 또한 법률과 시행령 및 시행규칙을 하나의 법령으로 보아, 각기 규정되어 있어도 1건으로 산정하였고, 동 법령 내에서 여러 차례 규정되어 있어도 동일하게 1건으로 산정하였다(<표 8-2>).

<표 8-2> 노인 등 기준 또는 범주 규정 유무

구분	건(수)	비율(%)	비고
전체	39	100	
65세 이상	14	35.9	
60세 이상	2	5.1	
55세 또는 50세	1	2.6	
기타 여러 기준	22	56.4	

자료: 국가법령정보센터(http://www.law.go.kr) 법령자료의 재구성.

가. 65세 기준 법령

65세를 노인 등에 대한 개념의 기준으로 규정하고 있는 현행 법령은 14건으

---

179) 명시된 경우의 73건(65.2%)은 부록 1, 명시되어 있지 않은 경우 39건에 대해서는 부록 2 참조.

로서 규정된 법령 39건을 전체로 보았을 때 약 35.9%에 해당한다. 해당법령은 「국민건강보험법」, 「국민연금과 직역연금의 연계에 관한 법령」, 「기초노령연금법령」, 「도로교통법령」, 「형의 집행 및 수용자의 처우에 관한 법률」 등이 있다.180) 65세를 노인의 구분 기준으로 하고 있는 것은 국제적인 추세이며, 일반적이라 할 수 있다. 우리나라도 노인의 건강과 소득에 관련된 비교적 직접적인 법령에서 65세를 노인의 개념범주 기준으로 규정하고 있는 듯하다.

나. 60세 기준 법령

60세를 기준으로 규정하고 있는 법령은 2건으로 규정된 법령 39건을 전체로 보았을 때 약 5.1%에 해당한다. 해당법령은 「가정폭력범죄의 처벌 등에 관한 특례법」과 「조세특례제한법」이다. 「조세특례제한법」의 경우 '거주자인 60세 이상의 노인'에 대하여 생계형저축으로 인한 비과세라고 규정(제88조의2 제1항 제1호)하여, 그 대상이 되는 노인을 일반인의 관점에서 볼 때, 연령 60세를 기준으로 판단할 수 있는 여지를 제시하고 있다고 할 수 있다.

다. 55세 또는 50세 기준 법령

「고용상 연령차별금지 및 고령자고용촉진에 관한 법령」에서는 고령자와 준고령자 개념을 사용하고 있는바, '55세 이상'인 사람을 '고령자'라 하고, '50세 이상 55세 미만'인 사람은 '준고령자'라 하여, 50세와 55세를 각기 고령자와 준고령자의 기준연령으로 하고 있다. 취업과 관련하여 통상적인 퇴직시기인 50세 또는 55세를 기준으로 한 것으로 판단된다. 하지만 용어를 '노인'의 개념과 유사한 고령자 또는 준고령자로 하여, 취업과 관련하여서는 이르면 50세부

---

180) 이 중 「국민연금과 직역연금의 연계에 관한 법률」의 시행령 및 시행규칙은 동법의 내용을 위임받아 세부사항을 규정한 것으로서 노인 등에 대한 실질적인 내용이 없다. 또한 「기초노령연금법령」 관련 동법 시행령과 시행규칙은 법률을 구체화한 것이나 노인 등에 대한 실질적인 내용이 없다.

터 노인으로 보는 것으로 판단할 여지를 주고 있다.

라. 여러 연령대 혼용 기준 법령

(1) 「국가유공자등 예우 및 지원에 관한 법률」의 '양로지원'

「국가유공자 등 예우 및 지원에 관한 법률」은 각종 유공자에 대한 예우와 취업지원에 관한 법률들[181]의 모법으로서의 기능을 하는 법률로서, '양로지원'에 대해 '국가유공자나 그 유족(자녀는 제외한다)으로서 65세 이상의 남자 또는 60세 이상의 여자(전상군경, 공상군경, 4·19혁명부상자, 공상공무원 및 특별공로상이자인 남자는 60세 이상, 여자는 55세 이상)인 경우 양로지원을 받을 수 있다'고 규정하여 '양로'라는 개념의 기준으로 65세와 60세를 혼용하여 기준으로 정하고 있다(제63조).[182]

(2) 「국민연금법」의 '노령연금'

「국민연금법」에서는 노령연금 수급자에 대해 가입기간, 수급자연령, 소득업무종사 및 특수직종근로 등의 복합적인 기준으로 노령연금, 감액노령연금, 재직자노령연금, 조기노령연금 등으로 구분하여 정하고 있다(<표 8-3>).

---

181) 「5·18민주유공자예우에 관한 법률」, 「독립유공자예우에 관한 법률」, 「특수임무수행자 지원 및 단체설립에 관한 법률」.
182) 해당 국가유공자의 형제자매 또는 군인·경찰공무원 손자녀의 부 또는 모가 50세 이상인 고령의 경우 그 부 또는 모가 지정하는 사망한 국가유공자의 형제자매 중 1명에 있어서는 취업지원 대상자가 될 수 있다(제29조 제2항 및 법 시행령 제46조 제1항 제3호).

<표 8-3> 노인 등 기준 있는 법령의 구분

구분	가입기간	수급자 연령	소득업무 종사 여부	비고
노령연금	20년 이상	60세	없음	특수직종근로자는 55세
감액노령연금	10년 이상 20년 미만	60세	없음	
재직자노령연금	10년 이상	60세 이상 65세 미만	종사	특수직종근로자는 55세 이상 60세 미만
조기노령연금	10년 이상	55세 이상	종사하지 않음	본인 희망

「국민연금법」의 노령연금 수급권자는 네 종류로 나뉜다(같은 법 제61조). 첫째, 가입기간이 20년 이상인 가입자 또는 가입자였던 자에 대하여는 60세 (특수직종근로자는 55세)가 된 때부터 그가 생존하는 동안 노령연금을 지급한 다. 둘째, 가입기간이 10년 이상 20년 미만인 가입자 또는 가입자였던 자에 대 하여는 60세(특수직종근로자는 55세)가 된 때부터 그가 생존하는 동안 제1항 에 따른 노령연금액에서 일정한 금액을 뺀 연금(이하 "감액노령연금"이라 한 다)을 지급한다. 셋째, 가입기간이 10년 이상인 자가 소득이 있는 업무에 종사 하고 있으면 60세 이상 65세 미만(특수직종근로자는 55세 이상 60세 미만)인 기간에는 일정한 금액의 연금(이하 "재직자노령연금"이라 한다)을 지급한다. 넷째, 가입기간이 10년 이상인 가입자 또는 가입자였던 자로서 55세 이상인 자가 소득이 있는 업무에 종사하지 아니하는 경우 본인이 희망하면 제1항에 도 불구하고 60세가 되기 전이라도 그가 생존하는 동안 일정한 금액의 연금, 곧 '조기노령연금'을 받을 수 있다.

(3) 「노인장기요양보험법」의 '노인 등'

「노인장기요양보험법」은 "노인 등"의 개념을 사용하고 있으며, 그 정의를

'65세 이상의 노인 또는 65세 미만의 자로서 치매·뇌혈관성질환 등 대통령령으로 정하는 노인성 질병을 가진 자'를 말한다고 규정하고 있다(제2조 제1호). 이처럼 「노인장기요양보험법」상의 '노인 등'은 65세 이상의 연령상의 기준과 '치매·뇌혈관성질환 등 대통령령으로 정하는 노인성 질병'이라는 신체적·의학적인 기준을 병행하여 정하고 있다. 이는 65세 미만의 자에 대해서도 본 법률의 입법취지를 고려하여 장기요양서비스가 필요한 자에 대해 실질적인 혜택을 주기 위함으로 보인다.

(4) '노인학대' 규정

「노인복지법」상 형사처벌이 따르는 '노인학대' 규정의 경우 연령기준이 없다. 「노인복지법」은 노인에 대하여 신체적·정신적·정서적·성적 폭력 및 경제적 착취 또는 가혹행위를 하거나 유기 또는 방임을 하는 것을 '노인학대'라고 정의하면서(제1조의2 제4호) 학대의 태양만 있을 뿐, 범죄행위 객체인 노인에 대하여는 정의하고 있지 않다. 노인학대의 경우 형사처벌이 규정되어 있음에도 불구하고(법 제39조의9, 제55조의2 내지 제55조의4) '노인'의 연령기준조차 규정하고 있지 않음으로 인하여 자의적 해석 내지는 죄형법정주의를 위반 등 위법적인 요소가 있다.[183)]

3. 「노인복지법」상의 규정

가. 모법으로서의 기능 상실

「노인복지법」은 「헌법」 제10조 및 제34조 등의 기본권에 근거하여, 국가는 노인의 복지향상을 위한 정책을 실시할 의무가 있음을 입법화한 것으로 1981

---

183) 김경호, "영국의 노인보호서비스의 복지정책적 함의", 『법과 정책연구』 제7집 제1호 (2007), 245면. 처벌 관련 형법상 해석의 한계에 대한 논의는 신동운·김영환·이상돈·김대휘·최봉철, 『법률해석의 한계』, 법문사, 2000 참조.

년 6월 5일 제정되었다. 「노인복지법」 제정 당시 1970년대 초 경제성장과 산업화·도시화 등과 노인인구의 증가 및 노인문제가 심각한 사회문제로 대두되었다. 당시 4%이었던 노령인구는 증가를 시작하였고, 핵가족화에 따른 부양의식의 퇴조, 노인의 지위와 역할의 상실현상 등 산업사회로 진행되는 과정에서 야기된 문제 중 노인보호문제를 해결하기 위함을 목적으로 제정되었다. 「노인복지법」이 제정될 때에는 보건과 복지의 분리개념이 없어, 「노인복지법」은 보건을 포함한 광의의 복지의 개념을 갖고 있었다. 이처럼 「노인복지법」은 노인복지에 관하여 최초로 제정된 법률로서, 노인과 관련된 법규의 모법으로서의 성격을 가지고 있다고 할 수 있다. 하지만 노인복지 관련 그 대상이 되는 노인의 개념에 대한 정의나 범주조차 정하고 있지 않았으며, 관련 제도나 정책에 따라 그 대상의 기준연령을 개별적으로 규정하도록 하고 있어 노인복지 관련 모법으로서의 기능을 상실하였다고 볼 수 있다.

나. 다양한 연령기준으로 인한 혼란

「노인복지법」은 앞서 살펴본 바와 같이, 노인의 개념에 대한 기본적인 정의와 범주를 규정하지 않고, 관련 제도별로 기준 연령을 65세, 60세 또는 기타 기준 연령을 정하고 있다. 그 주요한 규정은 <표 8-4>와 같다.

<표 8-4> 노인복지법상의 명시 연령 기준

기준	내용	비고
65세 이상의 자	▶ 생업지원(법 제25조) ▶ 경로우대(법 제26조) ▶ 건강진단과 보건교육(법 제27조 제1항) ▶ 상담·입소 등의 조치(법 제28조 제1항 제1호 내지 제3호) ▶ 노인주거복지시설의 일부 입소대상자(법 제14조 제1항 제1호) ▶ 재가노인복지시설의 이용자 중 심신이 허약하거나 장애가 있는 자 (법 제27조 제1항 제2호)	

기준	내용	비고
60세 이상의 자	▶ 노인복지주택의 입소자격(법 제33조의2 제1항) ▶ 노인주거복지시설의 일부 입소대상자(법 제14조 제1항) ▶ 이용자로부터 이용비용의 전부를 수납 받아 운영하는 재가 노인복지시설 이용자(법 제27조 제1항 제2호)	
65세 미만 또는 60세 미만	▶ 일부 상담·입소 등의 조치(법 제28조 제2항)184) ▶ 노인주거복지시설의 입소대상자의 배우자(법 제14조 제2항)	

자료: 국가법령정보센터(http://www.law.go.kr) 법령자료의 재구성

이처럼 「노인복지법」에서도 노인 등 대상에 대한 기본적인 개념과 범주를 정하지 않고, 개별적인 기준을 사용함으로써 「노인복지법」 이외 관련된 타 법령에서도 각기 기준을 정하고 있다. 이는 노인 관련 제도의 체계적인 발전과 수혜자의 인지도와 접근도를 저하시켜 해당 제도의 실효성을 담보할 수 없게 한다고 판단된다. 이러한, 연령의 혼용 등의 기준은 연금 및 보험 등 고령화시대 주요 복지대상인 노인들에게 제도의 복잡성 등으로 접근성을 떨어뜨려 수혜대상에서 제외되어 실질적인 제도의 사각지대에 놓이게 하는 불합리한 결과를 초래하고 제도의 실효성을 떨어뜨릴 우려를 초래한다.

Ⅳ. 결론

노인의 개념을 규범화하는 것은 시대와 사회적 여건에 따라 다양할 수 있어, 개별적 사정에 따라 결정할 수밖에 없다고 한다.185) 우리나라 대법원 또한

---

184) 65세 미만의 자에 대하여도 그 노쇠현상이 현저하여 특별히 보호할 필요가 있다고 인정할 때에는 법 제28조 제1항 각 호의 조치를 할 수 있다.
185) 이형국, 『형법각론연구 Ⅰ』, 법문사, 1997, 178면; 김일수, 『한국형법 Ⅲ(각론 상)』, 박영사, 1997, 228면; 이재상, 『형법각론』, 박영사, 2000, 101면. 참고로 유기죄에서 노유는 일본 형법(제217조)의 영향을 받은 것으로 중국 형법(제261조)도 '연로자, 연소자'를 규

개별·구체적으로 살피고 있는 입장이다.186) 그러나 법은 고령화 정책의 목표
와 집행수단 등을 제시하고, 집행의 기본방향의 지침을 제공해주는 등187) 고
령화시대 노인 관련 범주와 연령규범 등 현행 법령상 노인에 대한 기준과 범
주의 규정은 필요하다. 또한 고령화시대 노인 보건복지의 중요성을 인식할 때,
고령화시대에 노인복지의 주된 대상인 동시에 주체인 노인의 개념은 보다 명
확하게 법령상 규정될 필요가 있다.188) 이러한 차원에서 고령화시대 노인보건
복지를 위한 현행 법령상 노인 연령규범에 대한 개념과 범주 규정에 대한 개
선방향을 다음 몇 가지 제시하고자 한다.

첫째, 「노인복지법」 등 노인복지 관련 기본법 등에서는 노인에 대한 기본적
인 범주와 개념을 정하여야 한다. 사회과학에서 완벽하고 객관적이고 명확한
사실이나 개념이란 존재하지 않으나,189) 법의 해석과 적용의 일관성 또는 안
정성 측면에서 적어도 노인에 관한 기본법적 성격을 갖는 법률에서는 정의되
어야 할 것이다. 즉, 노인 관련 법규의 모법 등 기준이 되는 법에서는 포괄적
이나마 범주를 정하여 주고, 관련된 개별법에서 이를 준용할 수 있도록 하여
야 할 것이다. 또한 이를 준용하는 개별법에서는 대상을 준용함에 있어 반드
시 노인 관련이라는 용어를 쓰지 않아도 되는 경우는 가급적 자제하여 용어의

정하고 있다. 통상 "부조를 필요로 하는 자"로 규정하며(스위스 형법 제27조), 아동을
추가한다(독일 형법 제221조). 프랑스 형법(제223-3조)은 유기죄의 객체를 "연령 또는
신체나 정신적 상태의 이유로 스스로 보호할 능력이 없는 자"로 규정하고 있다.

186) 대법원은 고령화와 관련하여, "1994년경 우리나라 전체 농가 인구 중 60세 이상의 농가
인구가 차지하는 비율이 25%에 달하고 있고, 사고 당시 망인이 거주하고 있던 면에 거
주하는 성인 중 농업에 종사하는 전체 인구는 약 3,370명인데 그중 60세 이상 65세 미
만은 610명이고, 65세 이상은 547명인 사정에다 농촌 인구의 도시 유입으로 인한 농촌
인구의 고령화라는 우리나라 농촌의 현실과 망인은 사고 당시 만 52세 7개월의 나이로
서 실제 농업 노동에 종사하여 왔을 뿐 아니라, 농한기인 1994. 10.부터 1995. 3.까지는
건설 현장에서 근무할 정도로 건강하였음에 비추어볼 때 농업에 종사하는 망인의 가동
연한은 65세가 될 때까지로 봄이 상당하다"고 판시한 바 있다. 대법원 1997.12.23. 선고
96다46491 판결 참조.

187) 최성모·송병주, "정책집행의 정치적 성격과 특징-의약분업정책을 중심으로-", 『한국행
정학보』 제26권 제3호(1992), 779면.

188) 한동효, "고령화사회의 노인범죄 유형별 추이와 범죄유발 요인에 관한 연구", 『한국지방
정부학회 학술대회 논문집』, 2008, 2면.

189) 임도빈, "질적 연구 방법의 내용과 적용전략: 양적인 질적 연구와 질적인 질적 연구", 『정
부학연구』 제15권 제1호(2009), 157면.

혼란을 피할 수 있게 하여야 한다. 이는 곧 정책목표의 명확성과 일관성을 높여 노인정책의 효율성과 신뢰성을 담보할 수 있게 할 것이다.

둘째, 전후기 고령자를 구분하여야 한다. 노인을 연령으로 구분하는 경우 전기노인과 후기노인으로 구분하여, 시대의 변화로 인하여 과거 보호의 대상에서 이제는 자립적인 삶을 지원할 수 있는 전기고령인구와 실질적 보호의 대상이 되어야 하는 후기고령인구와 등으로 구분될 필요가 있다. 즉, 고령자를 전기고령자(younger old, 65~74세)와 후기고령자(older old, 75세 이상)로 구분하여 각 고령자 집단에 요구되는 차별화된 보건복지정책을 추구하면,[190] 후기고령인구를 고령화시대 주요 정책의 대상으로 삼을 수 있다. 이는 노인보건의료비와 건강보험재정 건전화에도 시사점을 줄 수 있을 것으로 판단된다.

셋째, 보호에서 자립지원으로 노인에 대한 법적 시각이 변하여야 한다. 현행 법령상 노인관련 규정의 문제점 중 하나는 노인을 특별배려의 대상 등 보호의 시각을 유지하고 있으므로 장애인과 함께 동일시되고 있다.[191] 이는 종래 헌법에 기초하여 노인보호에 대한 법적 시각을 반영하고 있는 것이다. 국제연합에서도 노인문제는 아동문제와는 달리 '아동의 권리에 관한 선언' 같은 선언이 채택되지도 못했으며, 협약 형태의 국제기준이 제시되지도 못했다.[192] 그러나 노인인구의 비율이 전체인구 11%를 넘어서 고령사회 진입을 앞둔 현시대에 노인과 장애인을 동일시하는 것은 공감대를 형성하기 어렵다. 이에 노인을 바라보는 법적 시각도 보호에서 자립지원으로 변화되어야 한다. 노인인구 비율과 평균기대여명의 증대 등 사회적·문화적 노인에 대해 보호보다는 자립으로 변화하는 상황을 법에서도 반영되어야 한다. 이는 과거 보호의 대상으로 분류되던 노인이 자립지원의 대상이 됨으로써, 장애인과 함께 분류되는 현행 관련법령의 개정은 불가피하다 하겠다. 아울러서 고령화시대에 중장기

---

190) 김혜경, Erika Kobayashi, Jersey Liang, "일본 후기고령자의 자녀와의 사회적 지원과 심리적 복지감", 『한국노년학』 제23권 4호(2003), 196면.

191) 「문화예술교육 지원법」 제24조(특별한 배려가 필요한 문화적 취약계층), 「국민건강증진법」 제25조 제2항(특별히 배려·지원할 수 있다) 등 노인을 보호차원에서 규정하고 있는 법령이 있다.

192) 전광석, "사회복지관계법의 국제기준 및 국제적 보장에 관한 연구 ― 아동복지법, 노인복지법, 장애인복지법을 중심으로 ―", 『공법연구』 제30집 제4호(2002), 25면.

적 대비를 위해 다학제적 융복합 연구를 수행할 수 있는 국가적 차원의 노인
종합연구소와 정부기관의 설립이 필요하다 하겠다.

제9장 응급의료비 대불심사정책
– 현행 응급의료비미수금 대불제도에 대한 법리적 고찰

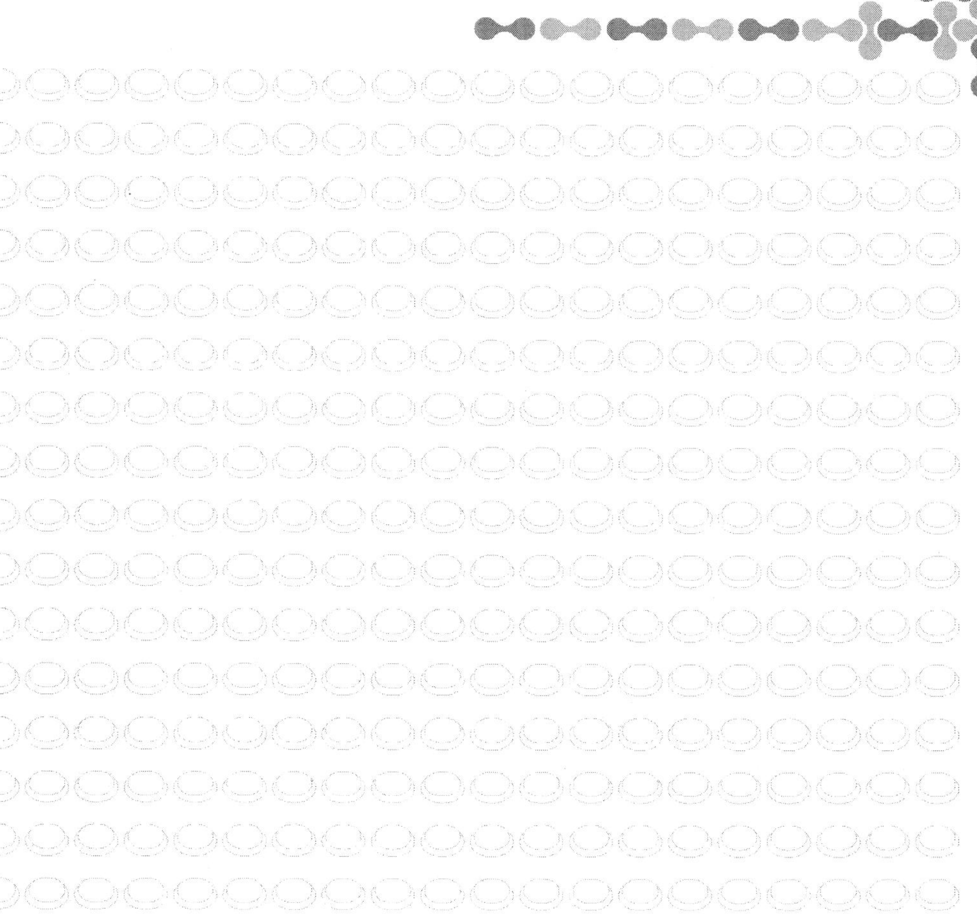

Ⅰ. 서론

1. 의의

응급의료비미수금대불제도(이하 '응급의료대불제도'라 한다)라 함은 응급환자 본인 또는 가족이 진료비를 부담할 능력이 없을 경우, 의료기관, 응급실 등에 응급진료비 및 이송처치료를 빌려주는 제도이다. 즉, 의료기관 등이 응급환자에게 응급진료 및 이송처치를 제공하고 응급환자로부터 응급의료 비용을 지불받지 못하였을 경우에는 「응급의료에 관한 법률」(이하 '법'이라 한다)에 의하여 응급의료비미수금에 대한 대불사업을 위탁받은 건강보험심사평가원(이하 '심사평가원'이라 한다)에 응급환자를 대신하여 지불하여 줄 것을 청구하면, 심사평가원은 동 응급의료비용을 대불하여 주고 사후에 응급환자 본인, 부양의무자 및 다른 법령에 의한 진료비부담의무자에게 대불금을 상환받는 제도이다. 본 제도는 응급상황 시에 국민의 생명과 건강을 보호하기 위한 응급의료가 경제적 사유로 인하여 적기에 응급의료를 제공받아야 할 응급환자에게 지연되거나 거부되지 않도록 하기 위해 마련된 제도이다. 즉, 신속히 치료를 받아야 할 응급환자에게 의료비를 내지 못한다는 이유로 의료기관 등이 응급의료를 거부하거나 지연되는 폐해를 방지하기 위해 도입되었다. 현행법에서는 응급의료종사자에게 응급의료제공에 대해 일정한 의무를 부여하고 있는데, 만일 의사에게 응급의료에 대한 응급의료제공 의무를 부과하고 의무이행에 대한 현실적인 제도적 장치가 마련되어 있지 않으면 의사에게 일방적인 의무와 부담만을 주게 되고, 이로 인하여 의사가 응급환자의 치료를 거부하거나 지연하여 환자가 피해를 보게 될 수도 있다.[193] 이처럼 위급상태에 있는 응급환자가 진료비 부담능력이 없는 상황에서도 신속하고 적정한 응급의료를 받을 수 있도록 함으로써, 국민의 생명과 건강을 보호하고 국민의료의

---

193) 범경철, "응급의료에 있어서 의사의 미수금 대불청구권", 『의료법학』 제4권 제1호, 2003. 6, 356면.

적정을 기할 수 있는 제도가 응급의료대불제도이다.

2. 도입배경

최근 사고현장에서 필요한 응급처치에 시간을 놓치거나 의료기관으로의 이송이 늦어져 환자의 생명과 신체상의 중대한 피해를 초래하는 상황이 자주 발생하고 있고, 실제로 2005년 한 해 국내응급환자 예방 가능한 사망률은 39.2%로 선진국에 비해 4~5배 높고, 2004년 통계청 분석 5개 사망순위 중 암을 제외한 2, 3, 4위는 뇌혈관질환, 심장질환, 고의적 자해(자살), 당뇨병 순으로 응급의료의 제공이 중요한 분야이다. 우리나라 응급의료체계는 1988년 서울올림픽을 계기로 1989년부터 구축되기 시작하였으며, 1991년 이후 몇 차례의 대형 참사를 겪으면서 응급의료체계의 중요성은 더욱 커져 갔다. 이후 1994년 응급의료에 관한 법률이 제정되었다. 이후 1995년 응급의학전문의 제도 신설, 1996년 권역응급의료센터 개념 도입, 2000년 「응급의료에 관한 법률」 전면개정 등 응급의료 진료체계를 체계화하고 각 분야에서 진일보한 발전방안 수립과 이에 대한 법적근거를 마련하였다고 볼 수 있다.

법은 응급의료체계의 법적 근거를 보완하고 응급의료체계의 조속한 정착과 발전을 위하여 필요한 규정을 보완함으로써 응급환자가 적기에 적정수준의 응급의료를 받을 수 있게 하여 국민의 생명과 건강을 보호하는 데 기여하고자 함과 아울러서 응급환자가 적기에 응급의료를 제공받을 수 있도록 하기 위하여, 응급의료기금을 설치, 조성하며 응급의료진료비 중 미수금에 대한 대불 등의 용도에 사용하도록 한다고 제정이유와 주요 골자는 나타내고 있다.[194] 즉, 법 제정은 당시 응급환자의 생명과 건강보호를 위해, 적기에 적정한 응급의료를 제공하도록 기금을 설치, 조성하고, 이는 대불금 마련을 위한 것이 주요 목적이었음을 나타내고 있다. 이처럼 응급의료는 응급이송체계와 의료시설 등의 요인도 중요하지만 치료비 등 경제적인 요인도 크게 작용함은 물론이

---

194) 의안번호 140500, 제안일자 1993.11.5, 국회 의안정보, http://likms.assembly.go.kr/.

라 하겠다. 하지만 이에 대한 재원은 마련되지 못하여, 2002년 응급의료재원 확충을 위한 법률 개정이 김태홍 의원 발의로 이루어졌고, 이후 매년 4~6억 원의 수입에 의존하던 기금에 2003년도 전입금 434억 원이 편성, 2004년도에는 500억 원이 편성되었다. 이로써 기금 총 운용규모가 연간 총 50억에서 500여 억 원의 규모로 크게 증가되었다.[195]

3. 선행연구

그동안 응급의료대불제도에 대해 선행된 연구는 크게 절차적인 문제와 처리지연 등 운영방안의 문제점에 대해 연구가 진행되었다. 우선, 응급의료대불의 청구에 대해 응급진료비, 이송처치료, 산출내역서 등 청구절차가 까다로운 것이 응급의료비 대불실적 저조의 원인이라 지적하면서, 절차와 방법을 간소하게 개선할 것에 대한 연구(강철환, 1997)가 있다. 이와 유사하게, 응급의료대불제도의 문제점을 청구절차의 복잡성과 낮은 응급의료수가에 대해서 찾은 연구도 있고(심우영, 2002), 1995년 6월부터 2004년 12월까지 응급대불 청구 자료를 가지고 운영 실태를 분석한 "응급의료비 대불제도의 효율적 운영에 관한 연구"는 ⅰ) 선택진료비와 상급병실료 차액 등을 대불범위에 포함시키는 '대불대상 진료비의 범위의 확대의 필요성', ⅱ) 2001년 59일, 2002년 82일, 2003년 76일로 약 2개월 정도 소요되었으나, 2004년에는 평균 157일로 약 5개월이 소요되는 등 대불청구 및 심사절차가 복잡하여 처리기간이 장기화되는 등 효율적으로 운영이 되지 못하고 있는 문제점 지적, ⅲ) 현행 서면으로만 청구하도록 하고 있는 응급의료비 대불청구를 전자문서교환방식(EDI: Electronic Data Interchange)으로 청구방식전환 등 본 제도의 운영방법 개선에 대한 연구가 있다(손경애, 2004).

또한 "응급의료비 미수금대불제도의 활성화방안"의 연구는 본 제도가 처음 시작되었던, 1995년 10월부터 2005년 12월까지 심사평가원에 접수된 응급의

---

195) 보건복지가족부, 『2005년도 보건복지백서』, 보건복지가족부, 2006.7, 347~354면.

료비 대불청구내역 9,468건에 대해 빈도분석에 의한 통계분석을 한 연구로서, ⅰ) 1995년부터 2002년까지는 전체 응급의료기금 중 응급의료비 대불기금이 80% 이상을 차지하였지만, 2003년부터는 전체 응급의료기금 중 3% 이하 책정 등 응급의료비 '대불기금의 예산 확대 필요', ⅱ) 현재 회수된 대불금 금액비율은 3.7%이고 결손처리비율도 대불금액의 0.03%로서, 결국 미회수 비율은 96.27%로 55억 9천2백만 원의 미수금이 존재하므로 이에 대한 '대불금 회수강화', ⅲ) 근거 없이 지급되는 '외국인에 대한 대불금지급 법률정비', ⅳ) 건강보험심사조정률 1~2%에 비하여 응급의료대불심사의 평균 심사조정률은 24.95%로 응급의료비 미수금대불에 대한 높은 심사조정률은 대불제도를 저해하는 요소로 작용할 수 있으므로 심사기준의 완화 등 '심사기준의 재정립' 등 청구절차의 간소화 등을 통해 응급의료대불제도의 활성화에 대해 개선사항으로 제시하여, 앞선 연구와 유사하게 현행 운영상의 문제점을 지적하였다(안민경, 2006). 이와는 달리, 본 대불심사제도가 의료보험진료비 심사제도와 동일한 방법을 활용함으로써, 본 취지에 맞지 않게 운영되고 있는 문제점을 지적하면서, 응급의료대불의 경우 응급의료를 제공하는 사실과 기간 및 진료비의 큰 흐름에 문제가 없다면 심사조정 등은 바람직하지 않다고 지적한 연구도 있다(김세라, 1999년).

하지만 위의 대부분의 연구들은 청구, 심사, 지급 등 운영상의 문제 등에 대한 연구에 그치고 있다. 지금까지는 대부분 절차, 서식 등 운영방법상의 문제로 지적하고 있으며, 연구방법 또한 현행 심사평가원에 청구된 청구 자료를 이용한 통계분석에 의존하고 있다는 점에 한계를 가지고 있다고 할 수 있다. 응급의료대불제도는 경제적 요인에 의한 문제가 현행 의료현실에서 중요한 문제로서 빈번하게 발생할 수 있으며, 그러한 사례로 우리는 치료비라는 경제적 요인에 의해 치료를 중단하여 환자를 사망에 이르게 한 '보라매병원사건'을 경험하게 되었다. 그러나 사건 이후 근본적인 해결책을 마련하지 못하고 있고, 이는 보라매병원사건 재발방지의무를 해태하고 있는 것이라 생각된다. 이러한 이유로 현행 응급의료대불제도의 법리적인 이해와 고찰을 통해 근본적인 원인과 해결방안을 찾고자 한다.

4. 응급의료에 관한 법률의 개요

법(제9124호 2008.06.13)은 총 10장 63조의 조문으로 구성되어 있고, 1994년 1월 7일 제정된 이래 2000년 전문개정(제6147호 2000.01.12)을 포함하여 지금까지 총 16차에 이르는 개정을 거쳐 온 현행법의 개요는 다음과 같다. 우선, 국민들로 하여금 응급상황에서 신속하고 적절한 응급의료를 받을 수 있도록 응급환자의 생명과 건강을 보호하고 국민의료의 적정을 기하기 위함(법 제1조), 이러한 응급의료에 관한 권리는 국민의 권리로서 성별, 연령, 민족, 종교, 사회적 신분 또는 경제적 사정 등으로 차별받지 않을 권리(법 제3조). 또한 동법 제6조 및 제10조에서는 응급의료종사자의 권리에 대해 규정하고 있다. 즉, 응급의료종사자는 응급환자를 상시 진료할 수 있도록 응급의료업무에 성실히 종사하여야 하고, 업무 중에 응급의료를 요청받거나 응급환자를 발견할 때에는 즉시 응급의료를 행하여야 하며 정당한 사유 없이 이를 거부하거나 기피하지 못하도록 하고 있으며(동법 제6조), 정당한 사유 없이 응급의료를 중단할 수 없도록 규정(동법 제10조)하고 있다. 동법에서 규정하고 있는 응급의료대불제도는 법 제19조 내지 제22조, 법 시행령 제18조 내지 제23조, 및 법 시행규칙 제9조 내지 제11조에서 그 내용을 규정하고 있다.

Ⅱ. 응급의료대불제도의 이해

응급의료대불제도는 모든 환자가 아닌 응급환자에 한하여 대불을 실시하는 것이다. 이러한 응급환자에 대해서는 법 제2조 제1호에서 '질병, 분만, 각종 사고 및 재해로 인한 부상이나 기타 위급한 상태로 인하여 즉시 필요한 응급처치를 받지 아니하면 생명을 보존할 수 없거나 심신상의 중대한 위해가 초래될 가능성이 있는 환자 또는 이에 준하는 자'라 정의하고, 이에 대해 법 시행규칙 제2조(응급환자)에서는 구체적으로 응급증상 및 이에 준하는 증상에 해당하는 경우를 법 시행규칙 별표 1에서 규정함과 동시에 그에 해당하는 증상으로 진행될 가능성이 있다고 응급의료종사자가 판단하는 증상을 응급환자라 할 수 있다.

1. 당사자 관계

응급의료대불제도는 의료기관 등이 응급환자에게 응급의료를 제공하고 이에 대한 비용을 받지 못한 경우, 이 중 응급환자 본인이 부담하여야 하는 금액(본인부담금 미수금)에 대하여 응급의료기금을 관리하는 심사평가원에 대불 청구하면 심사평가원은 일정한 심사를 거친 후, 환자를 대신하여 동 의료비를 청구기관에 지급하고 사후에 환자 또는 상환의무자로부터 상환받는 제도이다. <그림 9-1>은 이러한 관계와 절차를 보여 주고 있다.

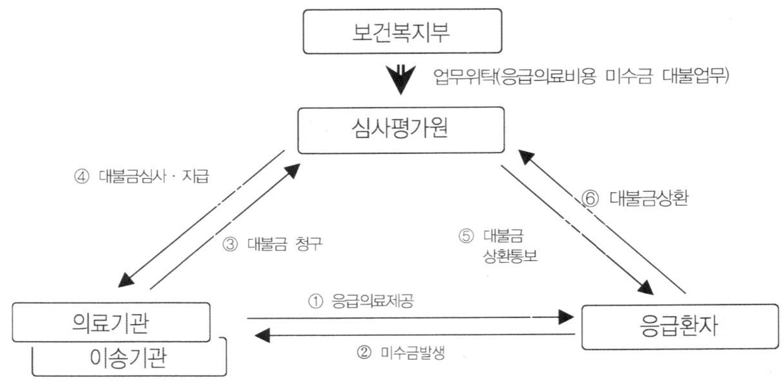

자료: 보건복지가족부·건강보험심사평가원, 응급의료비용 미수금대불제도(교육자료), 2006.4.

<그림 9-1> 응급의료대불 절차도

이러한 응급의료대불제도의 당사자는 응급환자, 의료기관, 심사평가원 등이라 할 수 있다. 다만, 본 제도에 의한 미수금 대불은 모든 환자에게 적용되는 것이 아니라 「응급의료에 관한 법률」이 정하고 있는 '응급환자'라는 일정한

조건과 '응급처치비용' 및 '응급진료비'의 범위 내에서 한정적으로 대불 하는
제도이다.196)

2. 응급대불제도의 법적 성격

가. 의료체계구축을 통한 건강보호 실현

법은 「의료법」과는 별도로 '응급환자'에 대한 생명과 건강을 보호하고자 하
는 목적으로 제정되었다.197) 국가가 국민의 생명과 건강을 보장하기 위한 방
안 중 하나로서, 보건의료체계 구축을 통해 보장하는 것이 있다. 응급의료종
사자에게 응급진료의 의무를 부과하고 이를 이행하기 위한 제반여건을 마련
하는 것은 보건의료체계 구축을 통한 국민의 생명과 건강을 보장하는 것이라
할 수 있다. 의사에게 일방적으로 의무만 부과하거나, 부여한 의무이행을 위
한 여건을 마련해주지 않는다면, 의사는 응급환자의 진료를 거부하거나 지연
하게 될 것이고, 이는 곧 응급환자의 생명과 건강에 위협이 될 것이다. 이러한
응급환자의 진료비부담여부를 판단하기에 앞서 신속하게 응급의료를 받을 수
있도록 하게 함으로써, 나아가 국민의 생명과 신체를 보호하도록 하기 위한
것이다. 이처럼 의료보장체계가 그 기능을 잘 수행할 수 있으려면 보건의료자
원의 생산과 관리에 대한 법률뿐만 아니라 이런 자원을 체계적으로 운영하도
록 관리·감독하는 등의 일정한 체계를 마련하고 관리하는 것이 필수적이라
할 수 있다.198) 따라서 응급의료대불제도의 성격은 민법상 채무불이행에 따른
금전대출성격199)이나, 극빈자나 저소득층을 위한 공공부조의 성격이 아니라,
의료기관이나 구급차를 운용하는 자가 응급환자를 기피하는 현상이 발생하지
않도록 하기 위한 것임과 아울러서 의료진에게 응급환자에 대한 치료중단금

---

196) 건강보험심사평가원, "응급진료비 대불제도", 『의료보험』 130, 1999.3, 21~23면.
197) 배현아, "응급의료법체계에서의 의사의 책임", 연세대학교 박사학위논문, 11 면.
198) 유호종·손명세, 『의료법윤리학 서설』, 동림사, 2002.3, 78면.
199) 김태홍 국회의원실, 『응급의료체계의 문제점과 개선방향 정책자료집』, 2001.9, 51~52면.

지의무를 더욱 강하게 부과200)할 수 있도록 하기 위한 의료체계구축을 통한 국가의 건강보호의무의 실현의 성격을 가지고 있다고 보아야 한다.

나. 응급의료대불청구권의 법적 성질

채권은 채무자에 대한 권리로서, 채권과 채무는 채권자와 채무자 사이의 법률관계이므로 채권자는 채무자에게만 급부를 요구할 수 있는 상대권이다. 하지만 본 응급의료대불청구권(이하 "대불청구권"이라 한다)은 응급의료서비스에 대한 대가로서 채권자는 의료기관 등이고, 채무자는 응급의료서비스를 제공받은 응급환자 또는 그 부양의무자라 할 수 있다. 하지만 본 대불청구권의 당사자는 앞서 살펴본 바와 같이, 응급의료서비스를 제공한 의료기관, 환자, 심사평가원이라 할 수 있다. 따라서 본 대불청구권의 성격은 다수당사자의 채권관계로 보아야 한다. 즉, 응급의료비미수금에 대해 다수의 채무자가 있게 되는 관계로서, 우리 민법은 이러한 다수당사자의 채권관계로서 분할채권관계, 불가분채권관계, 연대채무 및 보증채무를 인정하고 있다.201) 이 중 본 대불청구권은 보증채무의 성격을 가지고 있다고 보아야 한다.

保證債務란 주된 채무와 동일한 내용의 급부를 내용으로 하며, 주된 급부의 이행이 없으면 그것을 이행함으로써 주된 채무를 담보하는 채무를 말한다202) (「민법」 제428조 제1항). 이러한 보증채무에서 보증인은 주 채무자가 이행하지 아니하는 채무를 이행할 의무를 진다. 따라서 하나의 급부에 대해 주 채무자와 보증인(보증채무자) 2인의 채무자가 각각 독립된 채무를 지는 점에서 다수당사자의 채권관계에 속하는 것이다. 이처럼 보증채무는 주 채무와는 독립된 별개의 채무로 구성되어 있지만, 주 채무의 이행을 담보하는 것을 목적으로 하는 점에서 주 채무에 종속하는 성질도 함께 가지며, 부종성이 없는 분할

---

200) 이정원, "의학적 권고에 반한 퇴원으로 사망한 환자에 대한 형사책임", 『비교형사법연구』 제6권 제2호(통권 제11호), 한국비교형사법학회, 2004.12, 378면.
201) 곽윤직, 『채권총론(민법강의 Ⅲ)』, 박영사, 1992.
202) 지원림, 『민법강의(제6판)』, 홍문사, 2008.1, 1088면.

채무, 불가분채무, 연대채무와 구별된다고 할 수 있다.203) 보증채무의 법적성질은 i) 보증채무는 주 채무와 별개의 독립한 채무인 점(獨立性), ii) 보증채무는 주 채무와 동일한 내용의 급부를 목적으로 하는 점(內容의 同一性), iii) 보증채무는 주 채무의 이행을 담보하는 것을 목적으로 하는 점에서 주 채무와 주종관계에 있는 점(附從性), iv) 보증인은 보충성을 가져, 보증인에게 최고, 검색의 항변권을 인정하는 점(補充性) 등의 특성을 가진다.204) 또한 보증인의 변제는 채권자에 대한 관계에서 자기 보증채무의 이행이지만, 주 채무자와 내부관계에서는 실질적으로 주 채무자의 채무를 대신 이행한 것이라고 할 수 있으므로, 求償權이 발생한다.205)

대불청구권은 법 제22조의 규정에 의하여 의료기관과 구급차 등을 운용하는 자는 응급환자에게 응급의료를 제공하고 이에 대한 비용을 지불받지 못하였을 경우 심사평가원장에게 대불을 청구할 수 있다고 규정하고 있다. 이러한 점을 볼 때, 대불청구권은 다음과 같은 측면에서 보증채무의 성격을 가진다고 볼 수 있다. 우선 현행 대불청구권은 i) '의료기관 등이 응급환자에게 응급의료를 제공하고 이에 대한 비용을 지불받지 못하였을 경우'에 청구할 수 있는 附從性 및 補充性을 가지고 있다. ii) '응급환자 본인이 부담하여야 하는 금액'에 대하여 청구할 수 있으므로 보증채무의 성질상 同一性도 가지고 있다. iii) 동법 시행령 제20조 제1항 및 시행규칙 제10조의 규정에 의하여 응급의료대불을 청구할 때 제출하는 서류 중에 "환자 또는 그 보호자의 응급진료비 미납확인서"를 제출하도록 하고 있어 이는 일종의 보증채무상의 최고, 검색의 항변권을 인정하고 있는 것이라 볼 수 있다(補充性). iv) 나아가 동법 제22조에서는 심사평가원장이 미수금을 대불한 경우에는 응급환자 본인, 부양의무자 등에 대해 구상권을 가지는 점을 볼 때, 대불청구권은 현행 민법상의 保證債務 성격을 가지고 있다고 볼 수 있다.

---

203) 김준호, 『채권총칙』, 법문사, 2007.2, 208면.
204) 김준호, 『채권총칙』, 법문사, 2007.2, 209-210면.
205) 지원림, 『민법강의(제6판)』, 홍문사, 2008.1, 1102면.

3. 대불의 범위

응급의료대불제도에 의해 적용되는 응급의료비는 응급환자에게 제공된 응급의료비용 중 응급환자 본인이 부담하는 비용이라 할 수 있다. 법률 제2조 제2호에서 "응급의료"를 정의함에 있어 응급의료라 함은 응급환자의 발생부터 생명의 위험에서 회복되거나 심신상의 중대한 위해가 제거되기까지의 과정에서 응급환자를 위하여 행하여지는 상담·구조·이송·응급처치 및 진료 등의 조치를 말한다고 규정함으로써, 본 법률에 의해 응급대불이 적용되는 응급상황은 "응급환자의 발생부터 생명의 위험에서 회복되거나 심신상의 중대한 위해가 제거되기까지"라 할 수 있고, 이때 응급의료비용이라 함은 응급증상 및 응급에 준하는 증상이 있는 자가 의료기관의 응급실 등에서 최초로 진료를 받기 시작한 날부터 그 증상이 완화되어 응급의료가 종료된 날까지 발생한 비용이라 정하고 있다. 또한 동법 시행규칙 제19조(미수금 대불의 범위)에서는 법 제22조의 규정에 의한 미수금 대불은 의료기관의 응급의료비용과 이송처치료로서, 이 중 응급환자 본인이 부담하여야 하는 비용이다. 즉, 응급환자가 응급의료를 적용받고 그 위해가 제거되기까지의 진료와 관련된 비용 중 건강보험 및 의료급여 등 다른 법령에 의해 지급받는 비용을 제외한, 본인이 지불해야 하는 비용을 말한다고 할 수 있다.

4. 신청·심사 및 지급 절차

가. 신청

의료기관 등은 응급환자에 대해 응급의료를 실시하고 미수금이 발생하면 심사평가원에 응급의료대불을 신청할 수 있다. 이에 심사평가원장은 청구된 대불금에 대해 일정한 심사를 거친 후 대불금을 지급한다. 의료기관과 구급차 등을 운용하는 자는 응급환자에게 응급의료를 제공하고 이에 대한 비용을 받

지 못하였을 경우, 진료종료일 또는 이송종료일부터 3년 이내에 심사평가원장
에 대해 미수금의 대불청구를 하여야 한다(동법 시행령 제20조). 또한 동법 시
행규칙 제10조에서는 미수금 대불청구 시 별지 제4호 서식의 응급환자진료비
(이송처치료) 미수금대불청구서와 관련 구비서류를 첨부하여 심사평가원장에
게 제출하여야 한다고 하고 있다.206)

나. 심사 및 지급

대불금 지급범위는 의료기관 등의 대불청구 내역을 심사한 후 산출된 금액
으로 한다고 하여, 대불청구내역을 장관이 정하는 기준에 따라 심사한 후 산
출된 금액을 대불금으로 지급하도록 하고 있다. 이때 장관이 정하는 기준이라
함은 동법 시행규칙 제9조에 규정되어 있는 것으로서, 심사평가원장은 의료기
관 등으로부터 미수금 대불청구를 접수한 때에는 수가대조, 비용산출의 적정
성, 의료행위 적정성 및 공정성을 가지고 심사를 하게 된다. 먼저, ⅰ) 수가대
조심사는 응급진료비 및 이송처치료 산출내역서를 응급의료수가기준, 국민건
강보험법령의 요양급여비용산정기준 및 의료급여법령의 의료급여수가의 기
준 및 일반기준과 대조하여 심사하는 것이다. ⅱ) 둘째, 의료행위의 적정성 및
공정성 심사는 의약학적 측면과 비용효과적 측면을 고려하여 심사하며 의약
학적·전문적 판단이 요구되는 사항과 공정한 심사를 위해 심사평가원에 소
속된 진료비심사평가위원회의 의약학적인 측면과 비용효과적인 측면에서 응
급의료를 적정하게 행하였는지의 여부를 심사한다. ⅲ) 셋째, 비용산출의 적
정성심사는 응급의료비용 및 이송처치료 산출의 적정성 여부를 심사한다.

5. 구상권

응급의료대불제도는 심사평가원이 환자를 대신하여 응급의료비를 청구기

---

206) 응급의료비미수금대불청구심사기준(보건복지부 고시 제2003-64호, 2003.11.4) 제3조.

관에 지급하는 것으로 종료하는 것이 아니라, 지급된 이후 환자(또는 보호자)로부터 대불금을 상환받아야 비로소 종료되는 제도이다.[207] 이에 따라, 미수금을 대불한 경우 심사평가원장은 대불 대상자에 대해 대불금을 구상할 수 있다. 심사평가원장은 이러한 대불금 제도에 대해 청구부터 심사, 지급 및 환수에 이르기까지 절차와 심사를 마련하고 있고, 대불금을 추심하기 위한 구상권 제도를 법 제22조 제2항 및 동법 시행령 제21조에서 규정하고 있다.

이러한 대불금 구상권행사의 상대방은 응급환자 본인, 부양의무자 또는 다른 법령에 의한 진료비 부담의무자로 동법 제22조에서는 규정하고 있다. 구상권 범위에 대해, 동법 시행령 제18조에서는 대불대상자의 예외규정을 두어, 본 규정에 해당하는 경우는 대불대상자가 될 수 없도록 하고 있다. 예외규정은 먼저, ⅰ) 다른 법령에 의하여 응급의료행위에 대한 비용 전액을 지급받는 자와 ⅱ) 다른 법령에 의하여 응급의료비용의 일부를 지급받는 자로서 그 나머지 응급의료비용을 부담할 능력이 있는 자로 규정하고 있으므로, 이에 대한 입증자료로서 환자 또는 보호자의 미납확인서를 대불청구 시 구비하도록 동법 시행규칙 제10조에서 정하고 있다.

6. 이의 신청

현행 응급의료대불제도에 대한 권리구제는 보건복지가족부 고시인 '응급의료비미수금대불청구심사기준(이하 "고시"라 한다)'에 규정되어 있다. 본 고시는 법 제22조 제2항 및 동법 시행규칙 제9조 제2항의 규정에 의하여, 응급의료비 미수금 대불청구에 대한 심사기준을 규정하기 위하여 마련된 심사기준에 대한 고시이다. 즉, 응급의료비 미수금 대불청구 심사기준 제10조 제1항은 "대불청구금 심사결과에 이의가 있는 경우 이의신청서에 관련서류를 첨부하여 심사평가원장에게 이의신청 할 수 있다"고 이의신청에 대해 규정하고 있다. 동조 제2항에서는 '심사결과 및 지급통보서가 당해 의료기관 등에 도달한

---

207) 건강보험심사평가원, "응급진료비 대불제도", 『의료보험』 130, 1999.3, 21~23면.

날부터 90일 이내에 하여야 한다'고 이의신청을 제기할 수 있는 기간에 대해서도 규정하고 있다. 그리고 동 고시 제11조에서는 이렇게 제기된 이의신청에 대해 심사평가원장은 이의신청을 받은 날부터 60일 이내에 결정하도록 심의기간을 정하고 있고, 30일의 범위 안에서 그 기간을 연장할 수 있다고 하고 있다.

Ⅲ. 법리적 고찰

1. 청구인 적격

가. 적용범위

법에서는 모든 국민은 응급의료를 받을 권리가 있고, 이에 경제적 사유로 차별받지 않는다고 규정하고 있다. 하지만 심사평가원에서 제출한 국정감사 자료를 보면, 의료기관 등이 심사평가원에 응급의료대불을 청구하는 주요 경우로는 ① 가족, 친족 등 보호자(부양의무자)를 알 수 없는 경우, ② 행려자, ③ 주민등록 말소자, ④ 경제적 빈곤자(의료급여수급권자 등), ⑤ 외국인 등으로 보고하고 있다.[208] 이는 응급의료대불제도가 법에서 정한 '모든 국민'의 대상범위를 하위법령에서 대상범위를 축소시킨 결과로 보인다. 즉, 동법 시행령 제18조는 법 제22조의 규정에 의한 미수금 대불의 대상에 대해 위임받은 세부사항을 규정하고 있는바, 그 제외되는 대상을 시행령 제18조에서 "다른 법령에 의하여 응급의료행위에 대한 비용 전액을 지급받는 자"와 "일부를 지급받되 나머지에 대해서는 부담능력이 있는 자"로 규정하여 대상을 축소시키고 있는 것이다.

---

208) 국정감사 건강보험심사평가원 제출자료: http://www.hira.or.kr(국회관련정보공개>주요정책자료).

　최초 대불금의 대상은 사실상 대불금 지급의 범위에 해당하는 사항만을 규정하고 있었다. 제정된 시행령(대통령령 제14496호, 1994.12.31) 제20조에서는 미수금 대불의 대상에 대해 '이송처치료'와 '의료기관의 응급실에서 응급의료 개시일부터 15일 이내 제공하는 본인부담의 응급의료비용'으로 하고 있다.209) 하지만 2000년 전문개정 시, 응급의료대불 대상자의 범위를 축소시켰다. 전문 개정된 시행령(영 제16885호, 2000.7.1) 제14조 제2호의 규정에서는 응급의료 미수금 대불 대상에 해당하지 아니하는 자로 "응급의료비용을 부담할 능력이 있는 자"를 규정210)함으로써, 응급의료대불의 대상에 제한이 되었다. 이는 응급의료대불제도의 성격을 '모든 국민의 응급의료대불제도'에서 '일부 경제적 빈곤층을 위한 응급의료대불제도'로 전환시켰다고 할 수 있다. 개정 당시는 보라매병원사건이 발생하고 그 재판이 진행 중인 때였고, 국민건강보험이 전 국민 건강보험으로 새롭게 탄생하는 시기였으며, 의료급여제도도 존재하던 때였다. 여기서 응급의료대불제도가 의료비 지급이 곤란한 자들에 대해 대불하여 주는 것이지만, 중요한 것은 경제적으로 빈곤자만을 위해 의료비를 지원하는 제도가 아니라는 점이다. 즉, 응급의료제도나 응급의료대불제도, 나아가 본 법률은 모든 국민을 대상으로 정하고 있는 것이지, 경제적으로 빈곤자를 구제하기 위한 것은 아닌 것이다. 만일 경제적 빈곤자를 위한 것이라면 이는 "기금"이 아닌 국가차원에서 "국가예산"으로 감당하여야 하는 것이며, 이는 의료급여제도나 국민기초생활보장제도, 긴급복지지원제도 등 사회보장제도 분야에서 담당하여야 하는 것이기 때문이다.

　응급의료대불제도는 모든 응급환자는 신속히 응급의료를 제공받을 수 있도록 한 것이며, 이를 위해 응급의료종사자에게 응급의료제공과 중단금지 등 일정한 의무를 부과하고 있다. 이러한 응급의료의 인력과 시설 장비 등 대부분이 민간에 의해 운영되는 점과 응급환자 혹은 그 부양의무자가 경제적 사정 등으로 응급환자의 생명과 신체의 이익에 반하는 의사결정을 하지 않도록 하기 위함이며, 혹여 응급환자의 가족이나 부양의무자가 그러한 결정을 하더라

---

209) 시행령(대통령령 제14496호, 1994.12.31) 제20조(미수금대불의 대상 등).
210) 전문개정된 시행령(대통령령 제16885호, 2000.7.1) 제14조.

도 응급의료종사자는 이에 개의치 말고 주어진 응급의료제공 의무를 충실히 수행할 수 있도록 하기 위함이다. 또한 '경제적 사정 등'을 이유로 차별받지 아니한다고 법률에서 규정하고 있고, 이는 '빈곤'이나 '가난' 등이 아닌 '경제적 사정'임을 분명히 하고 있다. 즉, 생명과 건강의 보호하는 데 있어 '경제적 사정'이 우선시 고려될 수 없음은 당연하다 할 것이다. 가난하거나 빈곤하다 하여 응급의료의 권리를 불평등하게 받지 않을 권리가 있으며, 이는 곧, 부유하거나 풍족하다 하여 불평등한 응급의료를 제공받아야 하는 것을 의미하지 않는다. 또한 응급의료대불제도가 대불금에 대해 추후 환수할 수 있고 구상권을 가지고 있음에도 대불금 대상에서 '부담능력이 있는 자'라고 규정하여, 미수금 대불의 대상을 법에서 정한 범위를 축소시키는 것은 불합리하다. 더욱이 '부담 능력이 있는 자'의 정의와 범위도 모호하다. 이러한 부담 능력 여부는 응급상황에서는 알 수가 없어, 결국 응급의료제공자 및 의료기관 등에 응급의료제공의 의무를 비롯하여, 부담 능력 여부 판단의무, 응급의료비 환수부담, 대불금 심사, 지급지연으로 인한 이자손실 등 행정 부담까지 지우고 있는 것이어서 불합리하다 할 것이다.

나. 외국인 적용

현행법 제2조의 응급의료를 적용받을 수 있는 범위를 광범위하게 정하고 있음은 본 법률의 제정목적상 타당하다고 할 수 있다. 하지만 본 법률의 대상을 국민으로 정하고 있고, 이는 '외국인'은 본 법률의 적용대상이 아님은 법률해석상에 오류는 없다고 본다. 다만, 지금까지(1995년 10월~2005년 12월) 외국인에게 지급된 응급의료비 대불금은 총 13억 원으로 전체 지급액의 1/4에 해당하는 액수이고, 외국인에 대한 응급대불금은 일반 접수 건당 청구액에 비하여 그 액수가 큰 것이 특징이다. 즉, 일반 청구 건당 비용이 968천 원인 반면, 외국인의 응급대불금 건당 평균은 6,225천 원으로 그 차이가 크다. 이에 반하여, 심사평가원이 구상한 건수는 총 3건에 금액은 3천 5백만 원으로 지급

금액대비 구상금액은 2.5%밖에 되지 않는다.211) 이처럼 외국인은 응급의료대불제도에 큰 부분을 차지하고 있음에도 불구하고, 외국인에 대한 응급의료대불제도 적용의 법적근거가 없다. 즉, 현행 응급의료에 관한 법률에서는 그 대상에 대해 "모든 국민"이라 정하고 있는바, '모든 국민'에 외국인이 포함되는지 여부에 대해 검토가 필요하다 하겠다.

응급의료대불제도를 포함한 응급의료에 대한 권리는 헌법상 보장된 기본권 중 생존권적 기본권에서 근거를 찾을 수 있겠다. 생존권적 기본권을 향유할 수 있는 자를 기본권의 주체라 볼 때, 헌법이 규정한 기본권은 원칙적으로 모든 국민에 대하여 보장된다고 볼 수 있다. 따라서 헌법이 보장하는 기본권의 주체에 외국인이 포함될 수 있는가가 문제된다. 이때 외국인은 한국국적을 갖지 않은 자로서, 외국의 국적을 가진 자뿐만 아니라 무국적자를 포함하는 개념이다. 이러한 외국인에 대해, 헌법은 "외국인은 국제법과 조약이 정하는 바에 의하여 그 지위가 보장된다"고 규정하고 있을 뿐이다. 기본권의 성격상 천부인권적인 자연권은 국가와 무관한 인간의 생래적 권리이므로, 국적에 관계없이 인정된다고 볼 수 있다. 따라서 자연권은 외국인에게도 인정된다 하겠다. 자연권인 인간으로서의 존엄과 가치, 행복추구권은 외국인에게도 인정되기 때문에 외국인의 기본권의 본질적 내용은 침해할 수 없다. 또한 인간의 권리로서의 평등권은 당연히 외국인에게도 인정되나, 정치적 평등 등에 대한 합리적 차별은 가능하다 할 것이다. 따라서 자연권과 같은 초국가적인 기본권은 당연히 외국인에게도 인정된다고 보아야 한다. 이에 대해 생존권은 국가 내적 시혜의 권리이므로 외국인에게는 인정되지 않는다는 일본의 판례가 있기는 하나, 다수설은 생존권의 성질에 입각한 것이라기보다는 입헌정책의 문제로 보고 있다.212) 이처럼 응급의료의 제공은 자연권적인 기본권으로서 외국인에 대한 적용은 당연하다 할 것이나, 응급의료대불제도가 이에 부합하는 근거로 제시되기에는 명확하지 않다고 하겠다. 따라서 현행은 외국인 적용에 대한 법

---

211) 안민경, "응급의료비 미수금대불제도의 활성화방안", 연세대학교 석사학위논문, 2006.12, 26~38면.
212) 김철수, 『헌법학신론(第18全訂新版)』, 박영사, 2008.3, 277~282면.

적 근거 없이 시행하고 있는 데에 따른 책임을 면하기 어려우며, 조속히 외국인을 응급의료대불 대상 적용여부를 검토하여 관련법령의 개정조치를 통해 법적근거를 마련하여야 할 것이다.

2. 대불청구권 성격의 전환

연대보증이라 함은 보증인이 주 채무자와 연대하여 채무를 부담하는 보증채무의 일종이다. 연대보증은 주 채무에 종속하는 부종성을 가지는 점에서는 일반 보증채무와 다름이 없으나, 보충성이 없어서 보증인이 최고 및 검색의 항변권을 가지지 않는다는 점에서, 채권자의 권리가 강화되어 있다는 데 그 특색이 있는 보증채무이다. 즉, 연대보증인은 주 채무자와 연대하여 채무를 부담하여야 하므로, 보충성이 없고, 이에 따라 최고 및 검색의 항변권이 인정되지 않는 성질을 가지고 있다.[213] 현행 保證債務 성격을 가지고 있는 대불청구권을 連帶保證 성격으로 전환하여 의료기관 등의 응급의료비용의 채권을 보호할 필요성이 있다. 이에 대한 근거는 다음과 같다. 우선, ⅰ) 현행 대불청구권은 응급환자의 치료비를 무상으로 변제하는 것이 아니라 대신 지불하고 구상권을 가지는 점, ⅱ) 제도의 취지가 응급환자의 진료비 보전이 아닌 응급의료기관 및 응급의료종사자의 신속한 응급의료제공의 유도에 있는 점, ⅲ) 응급의료체계 구축을 위해 응급의료종사자에게 일정 의무를 부과한 데에 따른 수행여건 마련의 국가의무 이행인 점, ⅳ) 동법 제22조의2의 규정과 같이 응급의료기관에 비하여 심사평가원은 미수금심사, 대불금 구상 및 결손처분 등 우월한 입장에 있는 점 등을 볼 때, 국가의 의무를 강화하고 응급의료비에 대해 채권자인 응급의료기관을 두텁게 보호하여야 한다고 판단된다. 이러한 차원에서, 대불청구권은 현재 보증채무의 성격에서 연대보증채무로 전환하여, 응급의료기관으로 하여금 응급의료진료비를 응급환자와 심사평가원을 선택적으로 청구할 수 있도록 하여야 한다. 즉, 발생한 응급의료비의 본인부담금

---

213) 김대정, 『채권총론』, fides, 2007.8, 831면.

에 대해 응급환자본인이 주 채무자가 되며, 심사평가원은 연대보증채무를 지게 하여, 현재의 보증채무보다 응급의료기관을 두텁게 보호함으로써, 의료기관으로 하여금 국가가 부여한 응급의료제공서비스 의무를 충실히 이행할 수 있는 제반여건을 마련해주어야 한다.

3. 심사제도의 타당성

법 제22조 제2항의 규정에 의한 미수금의 대불청구에 대한 심사기준은 동법 시행규칙 제9조의 규정에 의한 대불청구의 심사기준에 그 세부사항을 규정하고 있다. 동법 시행규칙 제9조에서는 대불금의 청구 시 심사에 대한 기준으로 '의약학적 측면', '비용효과적 측면'에서 응급의료를 적정하게 행하였는지 여부, 또한 대불청구의 대상인 응급진료비 및 이송처치료 산출의 '적정성 여부' 등의 기준을 규정하고 있다. 또한 법 제22조 제2항 및 동법 시행규칙 제9조 제2항의 규정에 의한 응급의료대불청구에 대한 심사기준은 보건복지가족부 고시[214]인 "응급의료비 미수금 대불청구 심사기준"에서 청구방법 및 서식 등을 규정하고 있다. 심사기준은 2003년 시행규칙 개정을 통해 시행되었다. 개정 전 시행규칙은 대불금제도에 대해 '미수금대불의 신청시기'와 '미수금대불의 청구방법'에 대해서만 규정하고 있었는데, 2003년 2월 전문개정된 시행규칙(보건복지부령 제239호)에서는 '대불청구의 심사기준 제9조'를 규정하여, 대불청구의 심사기준으로 "의약학적인 측면"과 "비용효과적인 측면"에서 응급의료를 "적정"하게 행하였는지의 여부와 대불청구의 대상인 응급진료비 및 이송처치료 등 "비용산출의 적정성 여부"를 마련하였다. 이러한 응급의료대불 심사제도에 관한 심사평가원 내부자료 <표 9-1>에 의하면, 응급의료비 대불청구금액 접수 후 지급까지의 평균 소요일수는 2001년 59일, 2002년 82일, 2003년 76일로 약 2개월 정도가 소요되었으나, 2004년에는 평균 157일이 소요된 것으로 조사되었다. 하지만 건강보험가입자나 의료급여수급자인 경우에는

---

214) 응급의료비 미수금 대불청구 심사기준(보건복지가족부 고시 제2008-52호, 2008.6.10).

요양기관에서 진료비를 심사평가원에 청구한 후, 심사평가원으로부터 '심사결과통보서'를 받고 나서 응급의료비미수금을 청구할 수 있도록 하고 있어, 실제는 이보다 더 장기간인 6개월 내지 8개월 정도가 소요되고 있음을 추정해볼 수 있다.215)

<표 9-1> 응급의료대불 심사지급에 따른 소요일수 및 심사조정률

구분	평균	2001년	2002년	2003년	2004년	2005년	비고
지급 소요일수	92일	59일	82일	76일	157일	–	
심사조정률	24.95%	23.11%	30.43%	32.92%	29.94%	28.18%	

자료: 손경애(2004, 31면), 안민경(2006,31면)의 재구성.

또한 응급의료대불청구금액에 대한 심사조정률을 살펴보면, 2001년 23.11%, 2002년에는 30.43%, 2003년에는 32.92%, 2004년도 29.94%, 2005년도 28.18%로 나타나 5년간 평균 조정률은 24.95%로서, 건강보험 심사조정률 1~2%에 비해 매우 높다고 할 수 있다.216)

가. 목적 부합성

응급의료대불제도에 대한 심사 및 그 심사기준의 문제점 중의 하나는 응급의료대불제도의 취지 내지는 본연의 기능인 '신속성'에 부합하지 않는다는 점이다. 본 제도의 '신속성'이 핵심적인 요소로 함은 법률에서 규정하고 있는 '응급의료제공자에게 형벌 등에 대해 책임 감면 등'을 통해서도 알 수 있다. 즉, 동법 제63조에서는 응급의료종사자가 응급환자에게 발생된 생명의 위험 등을 방지하기 위하여 '긴급히 제공'하는 응급의료로 인하여 응급환자가 사상에 이른 경우 그 응급의료행위가 불가피하고 응급의료행위자에게 중대한 과

---

215) 손경애, "응급의료비 대불제도의 효율적 운영에 관한 연구", 서강대학교 석사학위논문, 2004.
216) 안민경, 앞의 논문, 31면.

실이 없는 때에는 그 정상을 참작하여「형법」제268조(업무상과실·중과실치사상)의 형을 감경하거나 면제할 수 있다고 하고 있다. 이는 현행 형법총칙상의 내용으로서 당연히 적용되어야 할 '형의 감면' 사항을 배제하는 것이 아님에도 별도로 규정하고 있는 이유는, 응급상황의 "긴급히 제공하는" 특성을 들고 있다. 이렇듯 응급환자의 생명의 위험 등을 방지하기 위하여 응급의료제공자들의 응급의료제공에 있어 '긴급성'으로 인하여 발생할 수 있는 의도하지 않은 결과에 대한 책임을 감면하여 줌으로써 지연, 거부 등 소극적인 응급의료제공을 가능한 방지하겠다는 것이다. 이에는 '긴급성'이라는 응급의료의 상황이 충분히 고려되었음을 알 수 있다. 이처럼 신속하게 처리되어야 할 응급의료대불제도가 심사를 통하여 대불함으로써 의료기관에서 대불청구 후 심사를 거쳐 지급받기까지 평균 5~6개월 정도 소요되는 등 처리가 매우 늦어지고 있다. 이는 신속한 응급의료제공으로 국민의 생명과 신체보호라는 응급의료대불제도의 취지에 역행하고 있다고 하겠다. 이러한 문제는 '대불금액이 청구하는 데 소요되는 행정비용에 비해 적다고 판단되면 신청하지 않는 경우' 등 제도의 실효성에 의문이 제기되고 있다.

하지만 이러한 응급의료대불제도에 대해 심사가 타당한지는 의문이다. 더욱이 응급상황에서 '의약학적 측면', '비용효과적 측면' 및 '적정성여부'를 따져 가면서 응급의료를 제공할 수 없을 뿐만 아니라, 그렇게 할 수 있는 상황이라면 응급상황이라 할 수 없을 것이다. 오히려 응급상황임에도 그러한 심사기준을 고려해 가면서 응급의료를 제공할 수 있는 여유가 있다면 응급의료제공자에게 형벌 등에 대해 책임 감면 등의 특혜를 주어서는 안 된다고 판단된다. 이러한 심사기능의 필요성에 대한 이유로 '모럴해저드(Moral hazard)'를 들 수도 있겠지만, 모럴해저드를 방지하기 위한 심사기능으로 얻는 이익과 손실, 즉 발생을 막을 수 있음으로 인하여 얻는 이익과 이를 막기 때문에 발생하는 손해 등은 이익형량을 해보아야 한다. 본 제도의 악용을 방지하여 얻는 이익은 기금운영자산의 보존일 수 있고, 잃을 손실은 국민의 생명과 신체의 보호임을 비교해볼 때, 응급환자에 대해 응급의료를 신속히 제공케 하는 응급의료대불제도에서는 그 설득력이 적다고 볼 수 있다. 따라서 모럴해저드 문제로 인하여 응급의료대불제도를 소극적으로 운영할 것이 아니라, 적극적으로 운영하되 도덕적해이 등에 대한 우려사항은 사실관계 확인 등 사후관리를 통해 보완해 나아가야 할 것이다.

나. 포괄적 심사기준

심사평가원의 대불금심사에서는 '의약학적 측면', '비용효과적 측면' 및 '적정성 여부' 등을 심사기준으로 운영하고 있다. 이러한, 현행 심사기준은 <표 9-2>에서 보는 바와 같이, 입법목적과 취지에서 상이하다. 즉, 이러한 심사기준은 건강보험의 요양급여심사 때 적용되는 것이지, 신속하게 응급의료를 제공하도록 마련한 응급의료대불제도에서 적용할 사항은 아닌 것이다. 응급의료비용을 산정함에 있어 응급의료의 특수성을 전혀 고려하지 않고, 일반 건강보험요양급여비용심사와 동일하거나 유사한 기준을 적용함으로써, 대불기금 지급절차가 지연되고 장기화되고 있는 것이다. 또한 동법 시행규칙에서 제시하고 있는 심사의 기준의 범위 등은 포괄적으로 애매하고 모호하여 자칫 심사평가원의 자의적인 심사조정의 기준으로 작용할 수도 있음을 배제할 수 없다.

<표 9-2> 심사기준에 대한 응급의료대불과 건강보험의 비교

구분	응급의료대불	건강보험
입법목적	・국민들이 응급상황에서 신속하고 적절한 응급의료를 받을 수 있도록 ・응급환자 생명과 건강 보호, 국민의료의 적정을 기함	・국민의 질병・부상에 대한 예방・진단・치료・재활과 출산・사망 및 건강증진에 대하여 보험급여를 실시함으로써 ・국민보건을 향상시키고 사회보장을 증진함을 목적
근거규정	・「응급의료에 대한 법률 시행규칙」 제9조	・「국민건강보험법 시행규칙」 제21조
내용	・'의약학적인 측면'과 '비용효과적인 측면'에서 응급의료를 '적정'하게 행하였는지의 여부	・요양급여 등의 적정성에 대한 평가를 하는 경우에는 '의약학적 측면'과 '비용효과적 측면'에서 요양급여를 '적정'하게 행하였는지를 평가

	· 응급진료비 및 이송처치료 산출의 '적정성' 여부	
심사처리기한	없음	심사청구를 받은 날부터 40일(EDI 경우에는 15일)

더욱이 심사평가원의 처분과 관련되어 제기되는 건강보험에 대한 이의신청이나 심사청구의 경우 대부분 의약학적 타당성과 심사기준 적용 관련 사안인 것으로 나타나,[217] 심사기준으로서의 '의약학적 타당성' 등은 건강보험에서도 문제가 되는바, 이를 신속하게 처리되어야 하는 응급의료에 적용하는 것은 더욱 문제가 있다고 하겠다.

4. 부양의무자에 대한 구상의 타당성

응급의료대불제도의 구상에 대해 심사평가원은 '응급대불제도는 심사평가원이 환자를 대신하여 응급의료비를 청구기관에 지급하는 것으로 종료되는 것이 아니며, 사후에 환자 등으로부터 대불금을 상환받아야 하는 제도이다'[218]라고 하고 있고, 이 구상제도는 응급의료대불제도가 악용되거나 남용되는 것을 방지하고 나아가 기금을 재충당하여 더 많은 응급환자에게 제공하기 위한 것으로서, 법 제22조 제2항 및 동법 시행령 제21조에서 규정하고 있다. 하지만 대불금을 구상함에 있어, 응급환자 본인, 부양의무자 및 다른 법령에 의한 진료비부담의무자로 정하고 있는데, 이 중 응급의료를 제공받지 아니한 '부양의무자'에까지 대불금의 구상권 행사의 대상에 포함시키고 있는 것은 문제가 있다고 판단된다. 또한 본 제도의 당사자는 의료기관, 응급환자 및 심사평가원인데, 구상대상이 응급환자에서 부양가족에까지 확장되고 이에 대한 부양의무자의 범위도 불합리하다.[219]

---

217) 송기민·고수경·박다진, "현행 사회보험 권리구제제도의 문제점과 개선방안", 『사회보장연구』 제22권 제2호(통권37권), 2006.6, 201면.
218) 건강보험심사평가원 이의신청·응급의료팀, 『의료보험』 제130호, 1999.3, 23면.
219) 보건복지가족부는 '부양의무자'에 대해 '보건복지가족부 지침'으로서 기준을 마련하고 있다. 즉, '응급환자의 1촌의 직계혈족 및 응급환자의 배우자, 생계를 같이하는 2촌 이내

가. 부양의무에 대한 인식의 변화

2005년도 국정감사 보건복지위원회의원요구자료[220]에 의하면, ⅰ) 공공부조제도가 가정해체, 부양의식변화 등 사회의 급속한 변화를 따라가지 못해 사각지대가 많이 발생하여 최후의 사회안전망(Social Safety Net)인 공공부조제도의 역할이 미흡하다고 한다. 또한 ⅱ) 국민의 3%에 불과한 기초생활보장 수급자에 대해 정부지원이 치중되고 있다고 지적하면서, 수급자에 대한 기초생계보장은 상당한 수준으로 향상되었으나, 근로빈곤층 등에 대한 지원확대가 필요하다고 지적하고 있다. 또한 2005년도 보건복지부 국정감사 제출자료[221]에 의하면 경기침체, 가치관 변화 등으로 이혼이 급증하고 있고 가족 간 갈등·학대, 자살, 가계파탄 등도 함께 증가하는 등 가정해체문제가 심각하다고 보고하고 있다(<표 9-3>). 그 근거자료로 제시하고 있는 이혼수준, 가정폭력 및 자살의 심각성은 다음과 같다. 1일 평균 458쌍이 이혼하여 10년 전에 비해 2.8배 수준으로 증가하였는데, 이혼 건수는 59천 건(1993년)→117천 건(1998년)→167천 건(2003년)이고, 이혼율(1천 명당 이혼 건수)은 1.5(1995년)→2.5(1998년)→3.5(2003년)로 각각 증가하고 있다. 또한 가정 내 폭력 건수는 2000년 76천 건에서 2001년 115천 건으로 증가하였고, 이는 곧 2003년도에는 195천 건으로 더욱 증가하였다. 자살률(10만 명당 자살자 수)은 1998년에 19.9, 2000년 14.6, 2002년도에는 19.1로 높은 자살률을 유지하고 있다

<표 9-3> 이혼수준, 가정폭력 및 자살 현황자료

의 혈족'을 응급환자의 부양의무자로 보고, 향후 대불금 상환의무자로 응급환자 본인과 부양의무자를 두고 있는 것이다.

220) 보건복지부 기초생활보장심의관실 2005년도 주요업무보고자료, "국민복지체감도 향상 및 빈곤 걱정 없는 사회로", 『2005년도 국정감사 보건복지위원회의원요구자료(자료Ⅴ)』, 2005.

221) 2005년도 국정감사 자료Ⅴ, 『보건복지위원회의원요구자료』, 2005.9, 680면.

구분		내용		비고
이혼	건수	·1일 평균 458쌍 이혼	59천 건(1993년)→117천 건(1998년) →167천 건(2003년)	
	증가율	·10년 전 대해 2.8배 증가	이혼율은 1.5(1995년)→2.5(1998년) →3.5(2003년)	1천 명당
가정 내 폭력		·2000년 76천 건→2001년 115천 건으로 증가 ·2003년도에는 195천 건으로 더욱 증가		
자살		·자살률은 1998년에 19.9, 2000년 14.6, 2002년도에는 19.1로 높은 자살률을 유지		10만 명당 자살자 수

자료: 2005년도 주요 업무 추진계획(보건복지부 인구가정심의관실), "건강한 가정, 활기찬 노후생활" 국정감사 제출
　　　자료의 재구성.

이처럼 현대사회는 현행 민법상 부양의무를 적용하기에 가족공동체가 일반적이지 않은 경우가 많다. 가령, 경제적 능력은 충분한데 응급환자와 부양의무자의 관계가 악화되어 사실상 가족관계 또는 부양관계가 상실된 경우에는 적용하기 어려울 것이다. 일명 보라매병원사건의 경우, 응급환자의 가족이 병원비가 부담스러워 퇴원을 결정하였고, 병원 측에서는 응급환자에 준하는 증상임에도 불구하고 가족 측의 요구를 거절할 경우 훗날 병원비를 받지 못하는 우려 때문에, 환자가족의 의견을 따라 퇴원을 강행하여 환자가 사망한 사건이다. 이와 같은 응급의료비용의 부담을 부양의무자에게까지 확대하는 것은 현행 가족의 의미와 부양의무자와의 범위에 대한 사회적 변화를 전혀 고려하고 있지 않다고 보인다.

나. 부양의무자 기준 완화

최근 국정감사자료 보건복지부 주요 업무 추진현황에 따르면 기초생활보장 사각지대 축소를 위해 부양의무자 기준 완화 및 긴급지원 확대를 주요 골자로 보고하고 있다. 즉, 부양의무자 기준을 과거와 달리 '생계를 같이하는 2촌의 혈족'을 부양의무자에서 제외시켰다.222) 이처럼 부양의무에 대한 인식의 변화

---

222) 보건복지부, 제269회 국회국정감사자료(정기회) 주요 업무 추진현황(2007.10.17).

로 사실상 가족공동체조차 형성, 유지도 어려운 가정에 부양의무까지 부여하는 것은 실효성이 전혀 없고, 응급환자의 가족에게 부양의무를 부여하여 그 미수금을 상환하는 것은 신속한 응급의료를 제공하는 데 지연 또는 방해요소로 작용하여 할 수 있으며, 나아가 본 제도의 생명과 건강보존의 취지에도 부합하지 않는다고 판단된다. 따라서 응급환자의 부양의무자에게까지 응급의료비 대불금 구상권 대상자에 포함시키고 있는 것은, 본 제도의 취지 파악이 잘못되어 있고, 국민기초생활보장제도 등에 의한 공적부양과 가족이나 친족 등에 의한 사적부양 간의 조화와 균형의 문제가 부각되고 있는 등의 가족구조의 변화, 가족부양기능이 점차 약화되어가는 사회현실을 고려하지 못한 것이라 보인다.223)

5. 이의신청 등 권리구제의 문제

현행 응급의료대불제도에서 정하고 있는 이의신청제도는 행정구제 절차의 하나라고 볼 수 있다. 이러한 행정구제 절차로서 건강보험에서는 이의신청 절차와 심사청구 절차는 기본적으로 가입자 및 요양기관 등이 향유할 수 있는 정당한 수급권과 대불청구권을 보장함으로써, 건강보험 법률관계와 질서를 보호하고 제도를 안정시키려는 목적을 가지고 있다.224) 이러한 권리구제는 행정기관이 국민에 대해 단순히 불만사항을 들어주는 시혜적인 차원에서 접근해서는 안 되며, 단시안적인 해결보다는 체계적인 대책 수립으로 해결해야 한다.

가. 사회보험 권리구제와의 비교

현행 사회보험상의 권리구제는 통상 이중적 구조로, 권리구제 절차를 해당

---

223) 보건신문사, 『2008년도 보건연감』, 보건신문사, 2008.4, 473~490면.
224) 김운묵, "건강보험 권리구제 제도의 개선방향에 관한 연구", 『의료법학』 제7권 제2호, 대한의료법학회, 2006.12.

법률에 규정하고 있다.225) <그림 9-2>는 건강보험, 산재보험, 국민연금의 권리구제 절차를 도식화한 것이다.

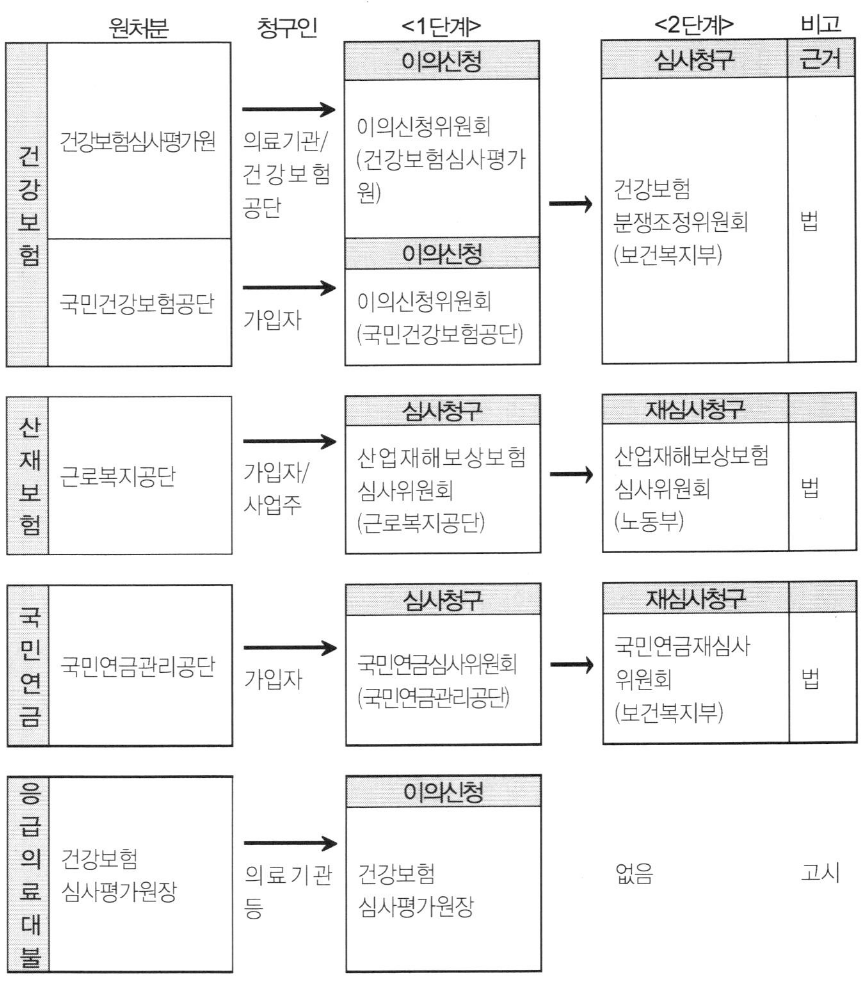

<그림 9-2> 응급의료대불과 사회보험상의 권리구제 비교

---

225) 김동희, 『행정법 I』, 박영사. 1999: 539.

나. 규정상의 문제점

(1) 입법상의 문제

현행 우리나라 사회보험제도상 국민의 권리를 침해받은 경우, 침해받은 권리의 구제에 대한 사항은 입법상 법률에 규정하고 있다. 우선 건강보험의 경우는 국민건강보험법[226])에, 산재보험의 경우 산업재해보상보험법[227])에, 국민연금의 경우는 국민연금법[228])에 각각 권리구제에 대한 사항을 규정하고 있다. 하지만 응급의료대불제도는 해당 법률에서 규정하고 있지 않고, 심사기준을 마련한 고시에 규정하고 있을 뿐이다. 이는 응급의료대불제도에 대해 국민권리에 대한 시각으로의 접근이 아닌, 본 제도 당사자 관계에 대한 오해가 있는 듯하다.

(2) 이의신청 청구인 적격

행정심판의 청구인이란 행정심판의 대상인 처분 또는 부작위에 불복하여, 그의 취소 또는 변경 등을 구하는 심판청구를 제기하는 자를 말한다. 청구인은 처분의 상대방이든 제3자이든 관계없이 행정심판청구에 "법률상 이익이 있는 자"는 심판청구인이 될 수 있다.[229]) 하지만 응급의료대불제도에서는 이의신청 청구인을 '의료기관 등'으로 한정함으로써, 청구인을 일정 제한하고 있는데 이러한 요건을 엄격하게 할수록 권리구제를 제한하는 결과를 초래하게 되는 것이다.[230]) 응급의료대불제도의 당사자에 대해 심사평가원의 자료를 보면, 응급의료비 미수금 대불제도는 의료기관, 응급환자, 심사평가원 3자 간

---

226) 「국민건강보험법」 제76조~제78조, 동법 시행령 제47조~제60조, 동법 시행규칙 제43조.
227) 「산업재해보상보험법」 제103조~제111조, 동법 시행령 제93조~제106조, 동법 시행규칙 제89조.
228) 「국민연금법」 제88조 내지 제92조.
229) 서진배 · 차수봉, 『행정쟁송법강의』, 한국학술정보(주), 2008.3, 396~398면.
230) 이상규, 『행정쟁송법(제5판)』, 법문사, 2000, 63면.

의 관계로서 구성되어 있다고 밝히고 있다.[231] 즉, 응급의료대불제도의 당사자는 ⅰ) 응급의료제공관계에 있어 응급환자와 이를 치료 및 이송하는 의료기관, ⅱ) 비용에 있어 대불을 청구하는 의료기관 등과 대불금을 지급하는 심사평가원, ⅲ) 대불금 구상에 대해, 미수금을 발생시킨 응급환자와 구상권을 가진 심사평가원이 있다. 이처럼 응급대불기금에 대한 당사자는 청구하는 의료기관 등과 심사평가원의 당사자 구조가 아닌 응급환자가 포함된 3자적 관계에 있다고 보아야 한다(<그림 9-1>). 따라서 이의신청 대상에 응급환자를 제외한 것은 권리구제를 제한하는 것으로서, 이의신청을 제기할 수 있는 자의 범위에 응급환자를 추가하거나 법률상 이익이 있는 자가 배제되지 않도록 규정되어야 한다.

(3) 심의절차의 객관성 미흡

「행정심판법」 제5조 및 제6조는 행정심판의 재결기관과 심리기관을 분리시켜 재결에 객관적 공정성을 기하고자 하였으나, 재결청을 처분행정청 또는 그 상급감독청으로 하고 있어 실질적으로 재결청의 객관성을 보장하고 있다고 보기는 어렵듯이, 권리구제의 심의에 있어 객관성과 공정성은 중요하다.[232] 또한 행정심판의 전문성과 신속성 등의 문제로 인하여 심의기관 자체가 처분한 사실에 대해 심의를 하게 되므로 그 심의의 객관성과 공정성을 확보하는 것이 요구된다. 따라서 행정심판은 그 객관성을 높이기 위하여 행정심판의 재결청과 심의기관을 분리하여, 재결청은 원칙적으로 독립적인 제3의 기구로 하는 것이 바람직하되, 부득이하게 처분청 자체 또는 처분청의 직근 상급행정청으로 하는 경우에는 재결청 소속 아래 의결기관인 행정심판위원회를 두어 심판청구에 대한 심의를 담당하도록 하고, 재결청은 행정심판위원회에서 의결된 내용에 따라 의결행위를 하도록 함으로써 재결의 객관적 공정성을 확보하

---

231) 건강보험심사평가원 이의신청·응급의료팀, "응급진료비 대불제도", 『의료보험』 130, 1999.3, 21면.
232) 한견우, 『행정법(Ⅰ)』 제2판, 홍문사, 1995, 735.

도록 하여야 한다. 이러한 의미에서, 권리구제에 대한 사항은 그 전문성과 객관성 등을 담보하기 위하여, 1차적으로는 원처분기관에서 심의하더라도, 이에 대한 재심의는 원처분청과 1차 심의기관으로부터 독립성이 보장되는 기관에서 심의하는 것이 바람직하다 하겠다.

<그림 9-2>에서 보이는 바와 같이, 건강보험 권리구제는 '이의신청'과 '심사청구'의 2단계 구조로 되어 있다. 산재보험 권리구제 역시 근로복지공단에 대한 '심사청구'와 노동부에 제기하는 '재심사청구' 등 2단계 구조로 되어 있고, 국민연금 권리구제는 국민연금관리공단에 대한 '심사청구'를, 보건복지가족부에 대한 '재심사청구' 등으로 되어 있다. 살펴본 바와 같이, 현행 사회보험상의 권리구제는 이의신청, 심사청구, 재심사청구 등의 표현은 다르다 하더라도 모두 2단계를 통하여 권리를 구제받을 수 있게 하고 있다. 하지만 현행 응급의료대불 이의신청제도는 1차적 심의에 그치고 있다. 또한 이의신청 심의기구에 있어, 원처분자인 심사평가원장에 이의신청을 하도록 하고 있다(고시 제10조 제1항). 해당 사안의 전문성과 신속성 등을 고려하여 원처분 기관에서 1차적으로 심의하는 것은 일면 가능하나, 별도의 독립된 심사위원회가 아닌 심사평가원장이 원처분에 대한 이의신청 기관으로 동일한 것은 공정성·객관성 측면에서 문제가 있다.[233] 행정심판의 객관성과 공정성의 확보는 근본적으로 심판위원회의 조직과 구성의 문제라 볼 수 있는데,[234] 현재 건강보험의 경우 이의신청을 위한 '이의신청위원회'와 심사청구를 위한 '분쟁조정위원회'를, 산재보험의 경우에는 심사청구를 위한 산업재해보상보험심사위원회와 재심사청구를 위한 '산업재해보상보험심사위원회'를, 국민연금의 경우에는 국민연금심사위원회와 보건복지가족부 내의 국민연금재심사위원회 등 별도의 위원회를 두고 있다. 따라서 응급의료대불제도 권리구제 심의도 별도의 독립적인 위원회 등에서 심의되어야 하고, 더불어서 2차적인 심의가 될 수 있도록 개선되어야 한다.

---

233) 송기민 외, 앞의 논문, 202면.
234) 한승훈, "우리나라 사회보험행정상 심급적 행정심판을 위한 법제적 고찰", 『사회보장연구』, 제20권 제3호, 205.

6. 소멸시효 기산점 등

정부는 2003년 7월 1일 동법 시행령(대통령령 제17883호) 개정을 통하여 의료기관과 구급차등을 운용하는 자의 대불청구권에 대한 소멸시효를 규정하였다. 즉, 동법 시행령 제20조에서는 "미수금의 대불청구는 진료종료일 또는 이송종료일로부터 3년 이내에 하여야 한다"고 규정한 것이다. 하지만 동법 시행령 제정 당시에는 미수금대불청구권에 대한 소멸시효는 규정하고 있지 않았고, 오히려 미수금의 대불지급기한에 대해 규정하고 있었다. 즉, 제정 시행령(대통령령 제14496호, 1994.12.31) 제21조(미수금 대불의 범위 등) 제2항에서는 "미수금의 대불은 특별한 사유가 없는 한 대불청구를 받은 날부터 1월 이내에 하여야 한다"고 규정함으로써, 미수금 대불지급 기한을 1개월 이내로 하고 있었다. 이는 심사의 지연으로 인해 응급환자에 대한 응급의료제공에 차질이 없도록 하기 위하여, 심사에 대해 법정기한을 둠으로써 대불금의 지급을 신속히 처리하도록 하였던 것이다. 하지만 현행은 이러한 심사평가원의 심사와 지급기한에 대한 규정이 삭제되었고, 이로 인하여 심사처리기한이 2004년도에는 평균 157일로 약 5개월이 소요되었다.[235] 또한 대불금청구의 소멸시효의 문제는 의료기관이 대불금을 실제로 청구할 수 있는 시점부터 기산되어야 함에도 대불금청구에 따른 심사와 그 사전이행사항을 필수절차로 규정하고 있는 상황에서 소멸시효의 기산점만을 "진료종료일" 또는 "이송종료일"로 규정한 것은 타당하지 못하다. 더욱이 심사평가원의 심사에 대해 법정심사기간을 정하지 않은 상태에서 미수금대불청구권의 소멸시효만 규정한 것은 반드시 개선되어야 할 사항이라 판단된다. 또한 심사 등으로 지연된 지급의 이자액에 대해 지급하도록 규정한 내용이 없어, 결국 심사평가원의 심사지연 등으로 인하여 발생하는 손실을 의료기관 등에 전가하는 비난을 면하기 어렵다.

---

235) 손경애, 앞의 논문, 31면.

7. 처벌규정상의 문제

행정작용이 그 본연의 목적을 실효성 있게 달성하기 위해서는 행정법상 의무의 이행을 강제하거나 의무위반에 대해 제재를 가하는 등 의무이행을 확보하기 위한 수단이 마련되어 있지 않으면 아니 된다. 이와 같이 행정법상 의무이행을 확보하기 위한 수단을 행정의 실효성 확보수단이라 한다.[236] 행정의 상대방이 행정법상의 의무를 위반한 경우에 국가 또는 지방자치단체가 행정의 상대방에게 과하는 행정법상의 제재로서의 처벌을 행정벌이라 한다. 이러한 행정벌은 직접적으로는 의무위반에 대하여 대가를 치르게 하는 것이고, 간접적으로는 처벌을 무기로 하여 의무위반을 방지하는 것을 목적으로 한다. 따라서 행정벌은 간접적으로 의무이행을 확보하는 수단으로서 행정법규의 실효성확보에 그 의미를 갖는다고 할 수 있다.[237] 현행법은 규정된 사항의 실효성을 위한 일정한 제재에 대해 크게 제9장의 보칙에서 응급의료종사자의 면허·자격정지 등(제55조) 과징금(제57조)을 규정하고 있고, 제10장에서는 벌칙 등(제60조) 과태료(제62조) 및 의료행위에 대한 형의 감면(제63조)에 대해 규정하고 있다. 또한 동법 제55조의 규정에 의한 행정처분에 대해 동법 시행규칙 제45조의 규정은 시행규칙 별표18에 그 처분의 세부사항을 규정하고 있다.

이처럼 본 법령상 광대한 처벌규정을 마련하고 있음에도 불구하고 실질적으로 중요한 사항에 대해서는 제재규정이 누락되어 있는 등 입법상의 오류를

---

236) 김향규, 『행정과 법』, 대영문화사, 2006.1.

237) 행정벌은 행정형벌과 행정질서벌로 나누어지고, 행정법상 의무위반에 대하여 형법에 규정되어 있는 형벌이 가해지는 행정벌을 행정형벌이라 한다. 또한 일반사회의 법익에 직접 영향을 미치지는 않으나 행정상의 질서에 장해를 야기할 우려가 있는 의무위반에 대해 과태료가 가해지는 제재를 행정질서벌이라 한다. 행정질서벌이나 행정형벌 모두 행정법규 위반의 경우에 과해지는 제재라는 점에서는 같으나, 행정형벌은 공행정 목적을 정면으로 위반하는 경우에 가해지는 것임에 반하여, 행정질서벌은 단순 의무위반으로 공행정 질서에 장해를 줄 가능성이 있는 정도의 경미한 범법행위에 과해지는 제재라는 점에서 다르다고 하겠다. 홍정선, 『신행정법입문』, 박영사, 2008.1, 264~268면. 또한 행정형벌은 법령에 특별한 규정이 없는 한 형법총칙이 적용된다 할 것이다. 조정환, 『행정법(上)』, 진원사, 2006.9, 851~852면. 반면에, 행정질서벌은 행정법상 경미한 의무위반행위에 대한 제재로서, 과태료를 과하고, 이는 형벌의 성질을 갖지 않으므로 형법총칙의 적용을 받지 않는다고 할 수 있다. 김향규, 『행정과 법』, 대영문화사, 2006.1.

범하고 있다. 본 법령규정 중 중요한 내용으로 '응급의료 거부금지 의무(제6조 제2항)', '응급의료의 설명·동의의무(제9조)', '응급의료중단의 금지의무(제10 조)', '응급환자의 이송의무(제11조)'를 들 수 있다. 이에 제6조 제2항(응급의 료 거부금지 의무)에 대해서는 제55조의 규정에 의해 응급의료종사자의 면허·자격정지 등의 사유로 규정하고 있음과 동시에 제60조 벌칙규정에서 3년 이하의 징역 또는 1천만 원 이하의 벌금에 처할 수 있도록 병과 규정하여 중하게 처벌하고 있다. 하지만 응급의료의 설명·동의의무, 응급의료중단의 금지의무, 응급환자의 이송의무 등은 그 실효성을 보장할 수 있는 일정한 제재규정이 마련되어 있지 않다. 이러한 의무들은 응급의료거부금지의무 규정에 비추어 그 중요성이 적다 할 수 없음에도 제재규정이 없는 것은 중대한 입법상 불비로 실효성확보에 문제가 있다고 할 수 있다. 또한 법 제55조 제1항 제7호는 "기타 이 법 또는 이 법에 의한 명령에 위반한 때"라고 하여, 본 법률에서 명령한 사항에 대해 처벌조항을 마련하지 못한 나머지 모든 위반사항을 처벌할 수 있도록 포괄적으로 규정하고 있으나, 해당 처분내용이 행정처분기준(별표 18)에 마련되어 있지 않다.

8. 심사기관의 공정성

응급의료대불제도는 법 제19조 및 동법 시행령 제12조의 규정에 의거하여 '응급의료기금'을 설치하고, 이에 대한 기금의 관리운용에 관한 사항 중 법 제21조 제1호의 규정에 의한 '미수금 대불업무'를 보건복지가족부장관으로부터 위탁받아 심사평가원이 수행하고 있다. 하지만 심사평가원은 「국민건강보험법」 제55조의 규정에 의해 설립된 기관으로서, 이러한 응급의료비수금대불업무의 위탁 수행기관으로서 적합하다고 볼 수 없다.

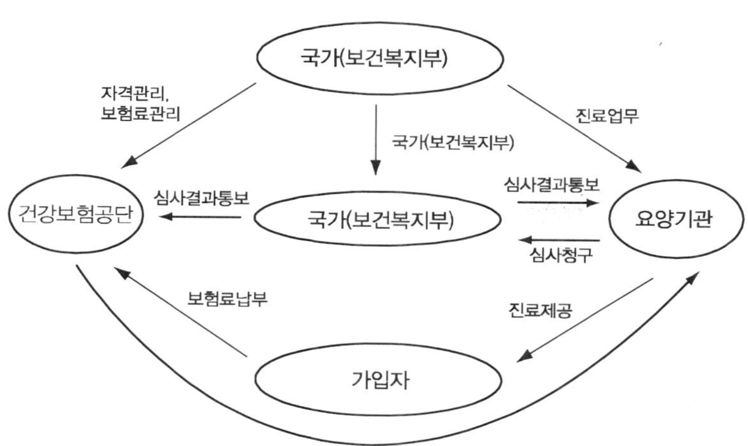

<그림 9-3> 건강보험 심사평가업무 개념도

현행 건강보험의 요양급여비용을 심사평가하고 있는 심사평가원은 <그림 9-3>에서 보는 바와 같이, 보험자, 요양기관, 가입자 및 정부 등으로부터 독립된 기관이다. 과거 건강보험 요양급여비용의 심사는 보험자가 담당하였다. 하지만 보험자의 심사는 보험재정을 고려한 것으로 객관성과 공정성에 문제가 제기되었고, 이에 대해 요양급여비용의 심사를 보험자와 의료계가 아닌 보다 중립적인 위치에서 담당할 필요성이 제기되어 심사평가원이라는 전문기관을 설립(2000.7)하여 진료비 심사업무를 하게 되었다. 이렇게 설립된 심사평가원은 보험자로부터 법상 독립된 중립기관으로서, 보험재정을 담당하고 있는 보험자의 요양급여비용의 심사보다는 재정으로부터 독립된 제3자가 더 객관적으로 심사할 수 있다는 논리에서이다. 이는 심사평가원의 내부 자료에서도 건강보험공단의 업무영역확대를 위해 현행 심사평가원의 업무이관을 주장하는 것에 대해, 심사평가원은 '중립성'에 심각한 훼손으로 건강보험업무에 차질을 초래할 수 있다는 논리로 대응하고 있다.238) 현행 응급의료대불제도에 있어서

---

238) 건강보험심사평가원 조사연구실, "도전받는 심사평가원의 정체성과 발전방향", 『조사연구자료집(Ⅳ)』, 2004.4, 358~360면.

심사평가원은 보험자와 심사기관으로서의 입장을 동시에 갖고 있는 것이라 볼 수 있다. 이는 곧 응급의료대불청구에 대한 심사의 공정성과 객관성에 대한 시비에서 자유로울 수 없으며, 국민건강보험공단으로부터 독립한 심사평가원의 논리도 그 설득력을 상실하게 되는 것이라 볼 수 있다. 따라서 기금운영을 제외한 심사만을 감당하거나, 심사를 하지 않고 기금운영만을 하도록 하여야 한다.

Ⅳ. 결론

현대사회를 살아가는 누구에게나 사고, 응급질환 등으로 응급의료를 제공받아야 할 상황이 발생할 수 있다. 이러한 응급상황에서 국민의 생명과 신체를 보호할 수 있는 것은, 개인보다는 국가의 본연의 임무에 대한 책임영역이 더 큰 공공성 분야라 할 수 있다. 응급의료분야에서 가장 중요한 부분은 적절한 응급처치, 신속한 이송체계, 응급의학의 발달 등 이외에도 치료비 등 사회경제적인 부분도 빠뜨릴 수 없다. 과거 보라매병원사건을 통해 우리는 의학적인 응급의료가 잘 되었음에도, 가족의 치료비 등 의학외적인 요인에 의하여 환자가 죽게 될 수 있음을 경험하였다. 이러한 응급의료에 있어 치료비 등 경제적 요인이 더 이상 개인의 문제를 넘어 공공적인 부분으로 인식함과 동시에, 이에 대해 국가, 국민, 응급의료제공자 등의 책임과 의무, 권리 등을 정할 필요성이 대두되었다. 이에 응급환자는 치료비와 상관없이 우선적으로 응급의료를 제공받을 수 있도록, 응급의료대불제도를 만들게 되었다. 즉, 의료기관 등이 응급환자로부터 응급의료 비용을 지불받지 못하였을 경우에는 법에 의하여 응급의료비미수금에 대한 대불사업을 위탁받은 심사평가원에 응급환자를 대신하여 지불하여 줄 것을 청구하면, 심사평가원은 동 응급의료비용을 대불해주고 사후에 응급환자 본인, 부양의무자 및 다른 법령에 의한 진료비부담의무자에게 대불금을 상환받는 제도이다. 하지만 작금의 응급의료대불기금제도는 그 운영 등 여러 가지 점에서 본래의 취지에 맞지 않게 운영되는 문제점을 나타나게 되었다.

　우선, 본 제도는 모든 국민을 위한 제도임에도, 경제적 빈곤자 등 특정계층에 한정된 제도인 것처럼 적용범위를 축소시키고 있고, 오히려 외국인에 대해서는 법적인 근거도 마련하지 않고 적용하는 문제점을 보이고 있다. 또한 본 제도의 성격상 신속한 응급의료제공이 이루어지도록 하여야 함에도 제도의 취지와 맞지 않는 심사 제도를 운영하고 있고, 그 심사기준은 건강보험상의 기준인 '의약학적 측면, 비용효과적 측면, 비용산출의 적정성' 등의 애매하고 모호한 기준, 무기한심사 등으로 인하여, 대불금 지급의 장기화, 높은 심사조정률 등의 문제점이 나타났다. 구상권제도에 있어서도, 응급환자 이외 부양가족에게까지 구상권을 행사하는 것은, 현대사회의 이혼, 가정폭력 및 자살 등 일반적이지 못한 가족공동체의 현실과 시대변화를 반영하지 못하고 있는 것이다. 이러한 현실과 제도의 괴리는 자연스럽게, 제도의 활성화를 저해하고 유명무실하게 만들고 있는 것이다. 이의신청 등 권리구제에 관한 부분에 있어서는, 형식적 측면에서 이의신청 1단계에 머무르고 있고, 원처분기관과 이의신청 심의기관이 심사평가원장으로 동일하게 되어 있는 문제점이 있다. 이는 객관성과 공정성을 보장할 수 없는 심각한 문제를 가지고 있고, 입법적으로 법률에서 규정하여야 함에도, 심사처리에 관한 고시에 규정하고 있는 부분, 이의신청 청구인이 의료기관 등으로 한정하여 응급환자, 국민 등 관련된 법률상 이익이 있는 자의 청구를 원천적으로 배제하고 있는 점 등은 개선이 필요하다. 소멸시효 문제에 있어서도, 의료기관이 미수금에 대한 대불금을 청구할 수 있는 시점부터 기산되어야 함에도 심사평가원의 심사에 대해 법정심사기간을 정하지 않은 상황에서 소멸시효의 기산점을 "진료종료일" 또는 "이송종료일"로 규정한 것은 타당하지 못하다. 더욱이 심사 등으로 지연된 지급의 이자액에 대해 지급하도록 규정한 내용이 없어, 결국 심사평가원의 심사지연 등으로 인하여 발생하는 손실을 의료기관 등에 전가하고 있는 것이다.

　처벌규정에 있어서도 '응급의료의 설명·동의의무', '응급의료중단의 금지의무', '응급환자의 이송의무 등'은 그 실효성을 보장할 수 있는 일정한 제재

규정이 마련되어 있지 않거나, 포괄적으로 처벌규정을 두고 있다. 또한 법 제 55조 제1항 제7호는 "기타 이 법 또는 이 법에 의한 명령에 위반한 때"라고 하여, 본 법률에서 명령한 사항에 대해 처벌조항을 마련하지 못한 나머지 모든 사항에 대해 면허, 자격의 상실·정지시킬 수 있다고 규정하여 포괄적 처벌 위임으로 불합리하다고 하겠다. 현행 응급의료대불제도를 위탁 수행기관으로서 심사평가원은 심사의 공정성과 객관성에 대한 시비에서 자유로울 수 없으며, 국민건강보험공단으로부터 독립한 심사평가원의 논리도 그 설득력을 상실하게 되는 것이라 볼 수 있다.

지금까지 현행 응급의료대불제도가 가지고 있는 문제점에 대해 법리적인 이해와 고찰을 통해 알아봄과 동시에 그 개선방안에 대해서도 제시하였다. 정부와 사회가 법과 더불어 응급의료대불제도를 마련한 것은 신속하게 응급환자의 생명과 신체를 보호하려 하는 이유일 것이다. 따라서 현행응급의료대불제도 중 응급의료의 신속성을 저해하는 요소는 개선되어야 하고, 모든 국민의 신속한 응급의료제공 받을 권리는 보장받을 수 있도록 하여야 한다.

제10장 저출산 · 고령사회대응정책

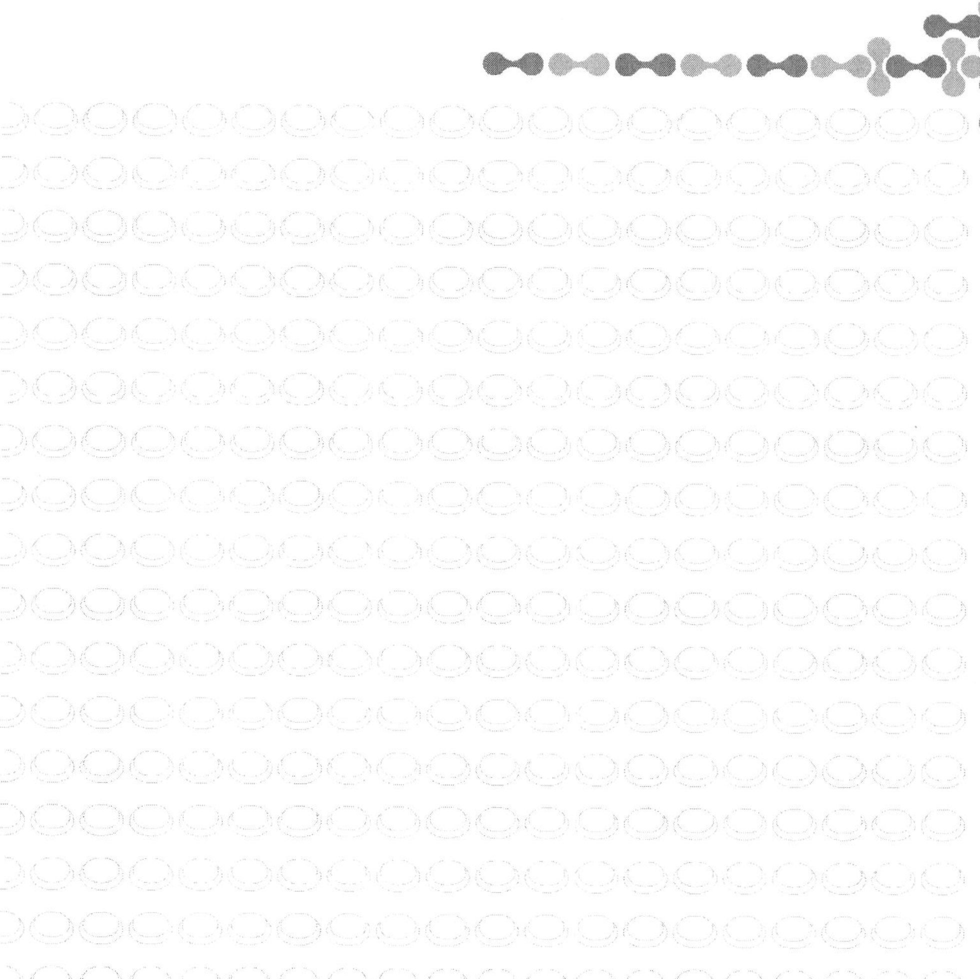

Ⅰ. 저출산·고령사회기본계획의 수립배경

1. 우리나라 인구정책의 발전

우리나라는 1962년부터 반세기도 되지 않는 짧은 기간 동안에 세계인구 역사상 그 유례가 없는 출산억제정책(1962~1995), 인구자질향상정책(1996~2003), 출산장려정책(2004~)이라는 여러 형태의 인구정책을 경험해왔다. 1960년대만 해도 대부분의 개발도상국은 과잉 인구증가에 대처하기 위한 가족계획 위주의 인구증가 억제대책에 치중한 반면에 유럽국가 중에서 가임여성 1인당 출산율이 2.1명 이하인 국가는 독일, 덴마크, 핀란드에 불과했다. 그러나 최근에는 우리나라를 포함한 60여 개국이 저출산으로 인한 사회, 경제, 인구학적인 문제를 최소화하기 위한 출산율 회복정책을 도입하고 있고 이러한 저출산 국가의 수는 연차적으로 증가하고 있다.

1950년대 우리나라는 한국동란 이후에 있었던 출산 붐의 여파로 높은 인구증가율로 경제성장률이 잠식되어 빈곤의 악순환이 반복되어 경제개발을 위해서는 인구증가억제정책이 수반되어야 한다는 정책적 판단에 따라 정부는 가족계획 위주의 인구정책을 1961년도에 채택하고 1962년부터 경제개발5개년계획과 병행하여 추진한 것이 우리나라 인구정책의 효시였다. 경제개발계획의 성공적인 수행과 출산억제정책의 효율적 추진은 상호 시너지 효과를 극대화하여 우리나라의 합계출산율은 1960년의 6.0명에서 1983년에 2.1명 수준으로 둔화되어 세계 인구역사상 그 유례가 없는 성과로 평가되고 있다. 따라서 1980년대 중기부터는 출산억제정책의 기본 목표는 실현되었기 때문에 인구증가억제정책은 폐지되어야 한다는 주장이 대두되기 시작하였으나 이에 대한 외국의 사례나 경험이 부재한 상태에서 정부는 1989년부터 정부의 무료 피임보급을 의료보험 및 자비부담으로 전환하는 조치를 취했으나 이와 같은 정책변화에도 불구하고 출산율은 1.6명 수준으로 계속 저하하는 추세를 보였다.

이와 같은 저출산의 지속은 장기적으로 사회경제적 발전에 도움이 되지 못

한다는 많은 의견이 1990년대에 접어들면서 본격화되었고 국내에서는 인구증
가억제정책의 존폐에 관한 두 전문가 집단 간의 치열한 논쟁이 있었다. 즉, 한
집단의 주장은 출산율이 지속적으로 감소하는 경우 장기적으로 노동인구의
감소와 급격한 노령인구의 증가 등으로 사회경제적 발전에 부정적인 영향을
미치기 때문에 인구증가억제정책은 즉시 폐지되어야 하고, 폐지되어도 출산
행위의 속성상 출산율은 증가하지 않는다는 것이었다. 또 다른 주장은 한국과
같이 국토면적이 협소하고 부존자원이 빈약한 상황하에서 인구증가억제정책
은 지속되어야 하고, 인구증가억제정책을 중단할 경우 피임 실천율은 감소되
고 동시에 출산율은 증가하여 그간의 정책성과가 무위로 전환하게 될 것이라
고 경고했다.

　이와 같은 상황하에서 정부는 1995년에 각계 전문가로 구성된 인구정책심
의위원회를 구성하고 기존 인구증가억제정책의 성과와 향후 인구규모 및 구
조의 변동에 따른 사회경제적 영향과 인구정책의 추진방향을 종합적으로 분
석·평가토록 하였다. 이 위원회의 연구결과에 따라 당시 저출산(1.75명)이 지
속될 경우 예견되는 노동력의 감소, 노령인구의 급증에 따른 복지부담의 가중
과 노동생산성의 감소, 인구구조의 변동에 따른 사회보험 재정의 악화가 예상
될 뿐 아니라 성비불균형의 심화, 청소년 성문제 및 높은 인공임신중절 등 제
반 여건을 고려할 때, 인구정책을 인구증가억제정책에서 인구자질 및 복지증
진정책으로 전환해야 함을 강력히 정부에 건의했다. 이에 정부는 1996년 6월
위원회의 건의에 따라 종래의 인구증가억제정책을 폐지하고 인구자질 및 복
지증진 정책으로 인구정책의 방향을 전환하게 되었다.239)

---

239) 조남훈, "인구정책의 개념과 발전 개황", 『저출산·고령사회기본계획의 이해』, 한국보건
　　사회연구원, 2006.12.

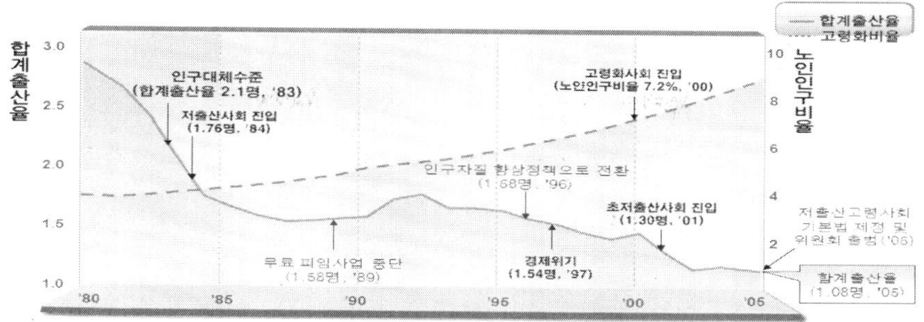

※ 자료: 대한민국정부, 제1차 저출산·고령사회기본계획(2006).

<그림 10-1> 우리나라 저출산·고령화 추이 및 인구정책의 변화

이러한 정부의 인구정책 전환에도 불구하고 우리나라의 합계출산율은 계속 저하되어 정부를 포함한 사회 일각에서는 출산장려정책을 추진해야 한다는 의견이 대두되었으나 정책적으로 실현되지 못하다가 1997년 경제위기에 봉착하면서 우리나라의 출산율은 1.5명 이하의 극저 수준으로 저하되면서 정부는 2004년에 저출산에 대처하기 위한 출산율회복정책을 공식화하는 한편 2005년에 '저출산·고령사회기본법'의 제정과 대통령을 위원장으로 하는 '저출산·고령사회위원회'의 설치와 더불어 2006년에는 저출산·고령사회기본계획(2006~2010: 일명 '새로마지플랜 2010')을 시행 추진하고 있다.

2. 출산율 변동과 인구전망

가. 출산율 변동

우리나라 합계출산율은 1980년대 중반부터 1990년대 중반까지 합계출산율 1.6수준에서 불규칙적으로 약간의 변동은 있었으나 저출산이 지속되고 있었다. 그러한 가운데 1997년 국가재정위기를 겪으면서 급격한 출산율 하락을 보여, 2000년대에는 1.2수준 이하로 낮아졌고 특히 2005년에는 세계에서 가장 낮은 1.08명으로 추락하였다. 1960년부터 1971년 사이 기간에는 매년 태어나는 어린아이 수가 100만 명을 넘었으나, 2002년 이후에는 그 절반수준으로 감소되었다.[240) 따라서 우리나라는 1983년 이래 출산율이 2.1명 이하인 저출산 수준이 20년 이상 지속되었고, 1.5명 이하인 초저출산이 5년 이상 지속되는 가운데, 2005년 합계출산율 1.08명으로 세계최저 출산율을 기록하다가 2006년 1.13명, 2007년 1.26명을 연이어 상승하는 듯하다가 전 세계적 경제위기(미국의 서브프라임모기지에서 발단)로 인하여 2008년 1.19명으로 OECD 국가 중 최저를 기록하였다. 2006년과 2007년에 잠시 출산율이 상승한 것은 정부의 각종 출산장려정책의 효과도 어느 정도 있다고 할 수 있으나, 이보다는 사회 심리적 영향으로 결혼과 출산율이 상승한 것이라고도 한다. 즉, 2006년은 입춘이 두 번인 '쌍춘년'과 2007년 '황금돼지해'의 영향이 일시적으로 작용했다는 주장은 다시 하락하는 출산율 현상에 대해 더욱 설득력이 있다.

우리나라의 출산율의 저하는 인구학적 요인으로 여성의 초혼 연령의 상승과 기혼부인의 출산율 저하에 기인된 것이다. 먼저 여성의 초혼 연령은 대학진학률(1990년 31.3%에서 2008년 83.8%로 증가)과 경제활동참가율의 증대(1990년 47.0%에서 2007년 50.1%로 증가)에 따라 1985년의 24.5세에서 2007년에 28.1세로 증가하여 저출산의 주요 원인이 되고 있다. 우리나라는 서구사회와는 달리 전체 출산의 98.5%가 합법적인 결혼을 통한 출산이라는 점에서 최근의 초혼연령 상승은 출산율 저하에 지대한 영향을 미치고 있다.

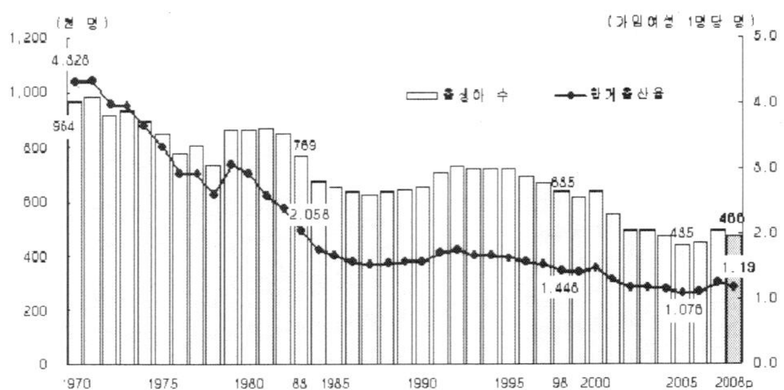

※ 자료: 대한민국정부, 제1차 저출산·고령사회기본계획 2009년도 중앙부처 시행계획(2009).

<그림 10-2> 합계출산율 및 출생아수 추이(1970~2008)

240) 이삼식, 『Low Fertility and Policy Responses in Korea』, 한국보건사회연구원.

나. 인구전망

우리나라의 출산율이 2005년의 1.08명에서 2030년까지 1.28명으로 회복될 것이라는 가정하에 추계된 통계청의 인구추계결과(2006)에 의하면 총 인구규모는 2018년에 4,930만 명으로 정점에 도달한 후 감소하기 시작하고, 생산가능인구(15~64세)는 2016년을 정점으로 계속 감소하는 한편 50~64세 인구는 지속적으로 증가하여 생산가능인구의 고령화가 가속화되고 2050년에는 전체 인구 중 고령인구의 비율이 총 인구의 38.2%를 차지하여 세계에서 가장 높고 빠른 속도로 고령화가 진행될 전망이다.

<표 10-1> 인구 전망 및 구성비

(단위: 천 명, %)

구분	2005년	2010년	2020년	2030년	2050년
총인구	48,138 (100%)	48,875 (100%)	49,326 (100%)	48,635 (100%)	42,343 (100%)
유소년인구 (0~14세)	9,241 (19.2%)	7,907 (16.2%)	6,118 (12.4%)	5,525 (11.4%)	3,763 (8.9%)
생산가능인구 (15~64세)	34,530 (71.7%)	35,611 (72.9%)	35,506 (72.0%)	31,299 (64.4%)	22,424 (53.0%)
노인인구 (65세+)	4,367 (9.1%)	5,357 (11.0%)	7,701 (15.6%)	11,811 (24.3%)	16,156 (38.2%)

※ 자료: 통계청, 장래인구추계, 2006. 12.

UN에서 정의하는 고령화사회는 전체 인구 중 고령인구의 비율이 7% 이상인 경우를 말하며, 고령사회는 65세 이상 고령인구 비율이 14% 이상, 초고령사회는 전체인구 중 65세 이상 고령 인구 비율이 20% 이상인 사회를 말한다. 영양 및 건강상태 개선, 의료기술향상 등으로 평균수명이 연장되어 1971년 62.3세에서 2005년 77.9세로 상승하였고, 2020년에는 81세로 늘어날 전망이다. 이에 따라 노인인구는 2005년 437만 명에서 2020년 782만 명(약 2배), 2030년

1,190만 명(약 3배)로 증가가 예상되고, 특히 75세 이상의 후기고령인구가 크게 증가할 것으로 전망된다.241)

　　미국고령화협회(AGE) 설립자이자 상임이사인 폴 휴잇 박사는 한국은 현재 진행 중인 저출산·고령화 문제가 앞으로도 개선되지 않고 지속된다면, 2100년 한국 인구는 현재의 3분의 1이하로 줄고, 2200년에는 총인구가 140만 명에 불과하게 될 것으로, 결국 한국은 지구상에서 사라질 최초의 국가가 될 것이라고 경고하고 있다.242) 더욱이 75세 이상의 후기 고령노인도 증가하여, 우리나라의 경우 2000년 전체 노인 인구에서 후기 고령노인이 차지하는 비중은 48만 명 정도로 14.2%였으나, 2040년에는 257만 명 26.1% 정도로 전체 노인의 1/4 정도 차지할 것으로 예상되고 있다. 이와 같은 주장은 앞으로 한국에서 저출산·고령화 문제의 해결이 향후 사회경제적 발전을 위해서 최우선 정책과제로 설정해야 함을 강조하기 위한 것이라고 볼 수 있다(Paul Hewit, 2009).

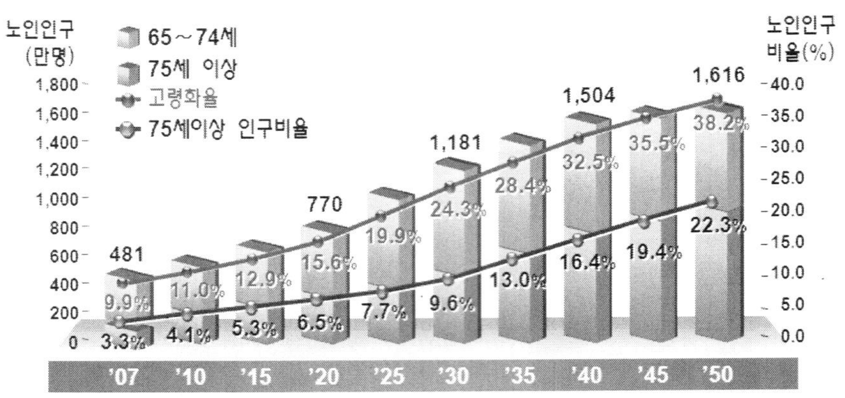

※ 자료: 통계청, 전국장래인구추계(2005); 통계청, 2005 인구주택총조사 인구부문 전수집계결과, 2006.

<그림 10-3> 고령화의 추이 및 전망

---

241) 대한민국정부, 제1차 저출산·고령사회기본계획(2006).
242) 2009년 2월 20일자, 문화일보 보도자료.

한편 2009년 세계 인구의 중위연령(median age)은 28.9세, 한국의 중위연령은 37.3세로 전망되었다. 이는 2050년 세계 인구의 중위연령은 38.4세로 2009년보다 9.5세 높아질 것으로 전망되는 반면, 2050년 한국은 56.7세로 아시아(40.2세), 선진국(45.6세)보다 더 높을 것으로 전망되어 노동생산성과 잠재성장률을 높이기 위한 노력이 경주되어야 할 것이다.

다. 인구구조의 변화

인구피라미드는 사회의 사회경제적 내지 인구학적 특성을 '개괄적으로 그리고 일차적으로' 살펴, 사회경제문제의 진단과 정책방향의 결정에 유용한 자료가 된다. 또한 인구피라미드의 형태는 피라미드형, 종형, 주발형 등이 있는데, 피라미드형은 높은 출생률과 사망률로 대표되는 전근대사회나 후진국의 인구구조 유형이다. 종형은 출생률과 사망률 모두 낮은 수준을 유지하고 있는 경우로서 인구증가가 극히 낮아서 정지인구에 접근하는 경우이다. 오늘날 많은 선진국의 인구구조가 여기에 속한다. 주발형은 사망률이 낮고, 출생률은 그 이상으로 낮아서 인구증가율이 마이너스로 나타나는 형태이다. 오늘날 일부 서구사회에서 발견되고 있으며, 우리나라의 장래 인구구조가 여기에 속할 것이다.

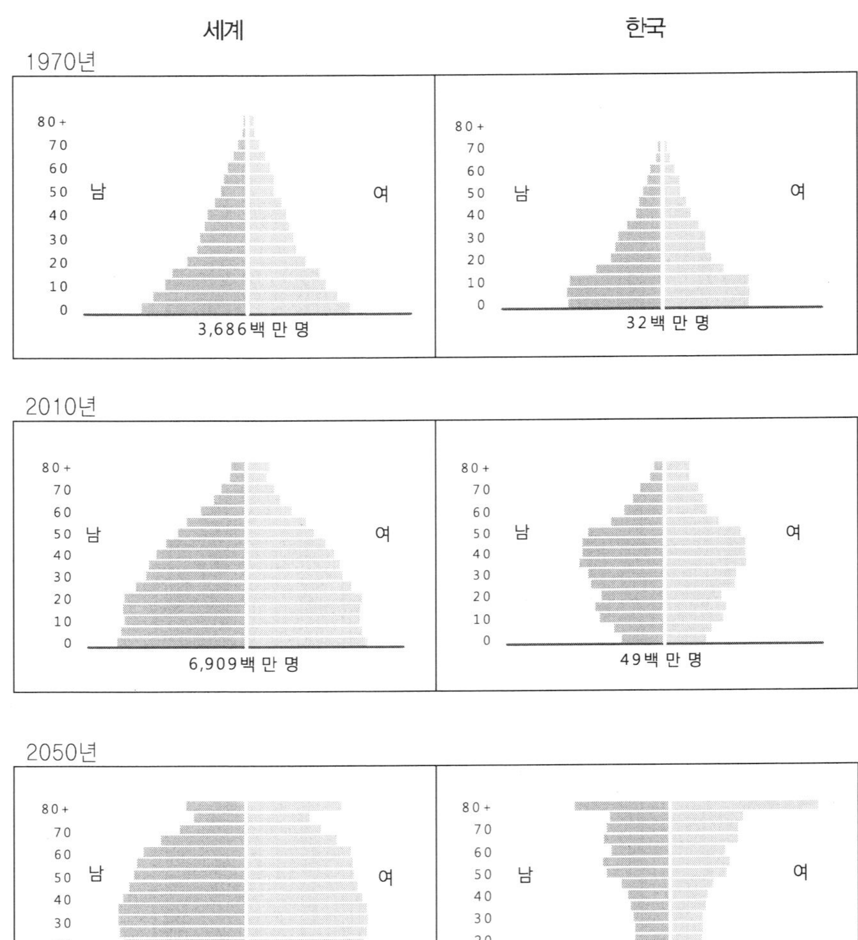

※ 자료: 통계청, 세계 및 한국의 인구현황('09.7.10/http://www.nso.go.kr).

<그림 10-4> 세계 및 한국 인구 피라미드

Ⅱ. 저출산·고령화의 원인과 파급효과

1. 저출산·고령화의 원인

가. 평균수명의 연장과 사망률 저하

우리나라에는 1962년부터 경제개발계획과 가족계획 위주의 인구증가억제 정책의 병행추진으로 단기간에 압축적 고도 경제성장과 출산율 저하가 동시에 이루어졌고 보건의료수준의 향상과 영양개선으로 인한 사망률의 감소와 평균수명의 연장으로 급격한 인구고령화를 야기하게 되었다. 대부분의 OECD 선진국은 장기간에 걸친 출산율 변동을 경험하는 과정에서 견고한 사회보장체계를 구축할 수 있었지만 우리나라를 포함한 많은 국가들은 저출산·고령화 대책을 위한 시간적 여유나 경험이 부재한 상태에서 새로운 도전에 직면하고 있다. 저출산 대책의 효율화로 출산회복이 조속 실현될 수 있다면 장기적으로 노년 부양부담의 경감, 노동생산성의 증대, 사회보장재정의 건실화 등 지속적 발전을 위한 기반이 조성될 수 있을 것이다. 설사 고령화 문제가 완화된다고 할지라도 인구 고령화 문제는 피할 수 없는 숙면적인 과제로 슬기롭게 해소해 나가야 한다. 현재 정부에서 추진 중인 "저출산·고령사회기본계획"의 내용도 저출산과 고령사회정책을 통합하여 하나의 인구정책 5개년계획으로 수립하게 된 것도 두 개의 정책과제가 상호 분리될 수 없는 성격임을 보여 주고 있다.

나. 여성의 학력 및 사회경제적 지위 상승

일반적으로 경제가 발전하면 여성의 학력 및 사회경제적 지위가 상승하면서 혼인 연령이 상승하고 혼인율이 저하되는 한편 출산·육아에 따른 직간접 비용도 증가하므로 유배우 출산율도 저하될 수밖에 없다. 간접비용은 출산·

육아로 포기되는 소득, 즉 기회비용으로서 여성의 경제적 기회가 많을수록 크고 농경사회에서 산업사회, 지식정보사회가 될수록, 개인의 능력과 학력 및 경력 등 인적자본수준이 높을수록 커진다. 그리고 직접비용은 지식정보사회로 이행하면서 교육 등 인적자본이 중요해지고 그 결과 자녀의 교육비 부담이 커짐에 따라 증가할 수밖에 없다.

다. 양육부담의 증가

부모들은 자녀양육에 소요되는 경제적 부담을 가장 큰 어려움으로 지적하고 있다. 2006년 실태조사 결과를 보면, 자녀 1인당 월평균 양육비용은 영아 30.0만 원, 유아 43.7만 원으로 나타났다. 또한 자녀 양육의 어려운 점을 묻는 질문에는 보육비 부담이 1위(57.7%), 안심하고 맡길 곳 없음이 2위(23%)로 조사되었다.

라. 고용여건의 불안정

1997년 외환위기를 겪으면서, 청장년층의 불안정한 고용여건은 결혼과 출산의 연기로 이어져 저출산 심화요인으로 작용하고 있다. 또한 경제적 불안정 상태의 심화는 교육기간 증가 등 다른 사회적 요인과 맞물려 초혼연령 상승과 25~29세 청년층의 미혼율이 증가하는 현상으로 이어지고 있다.

마. 결혼관 및 자녀관 변화

유배우 부인의 자녀의 필요성에 대한 긍정적인 태도가 지속적으로 하락하고 있는 것으로 나타났다. 또한 결혼을 하지 않은 미혼남녀는 결혼에 대해 소득적인 것으로 나타났다. 이는 결혼과 자녀에 대한 가치관이 부정적이고 소극적으로 변화하는 가치관의 변화가 저출산의 주요한 요인으로 지목되고 있다.

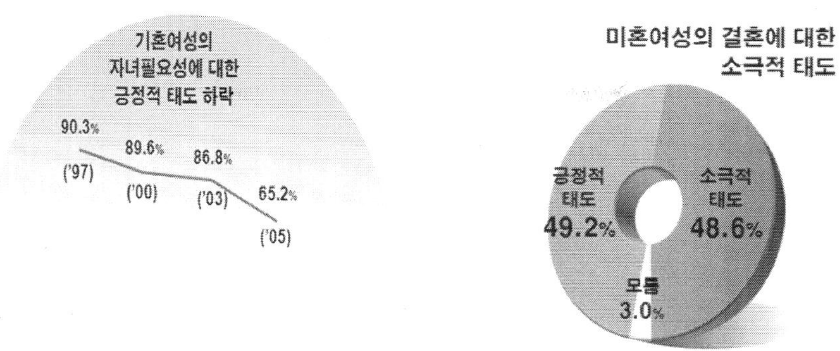

<그림 10-5> 결혼자녀에 대한 가치관의 변화

2. 저출산·고령화의 파급효과

저출산·고령화는 경제 성장잠재력의 감소와 부양부담의 증가라는 2중고를 초래하게 된다. 고령화는 생산능력의 저하 또는 상실을 뜻하므로 노인 인구가 많으면 생산보다는 소비 지출이 증가하고 저축률은 저하될 수밖에 없다. 따라서 투자율도 감소할 수밖에 없다. 노인인구의 비중이 크다는 것은 생산연령인구의 비중이 그만큼 작다는 것을 뜻하므로 결과적으로 노동인구의 상대적 부족을 뜻한다. 인구의 고령화로 인한 부양부담은 성장잠재력을 낮추는 만큼 가중되며, 부담의 가중정도는 고령화속도가 빠를수록 커진다. 이러한 저출산 인구고령화의 문제점은 성장잠재력의 저하와 가중되는 노인부양 부담 및 이로 인한 재정 압박으로 압축된다. 이러한 저출산 및 고령화로 인한 파급효과를 최소화하기 위해서는 무엇보다도 출산율을 적정 수준으로 회복시켜 인구구조의 균형을 유지하기 위한 전 사회적 노력이 필요하다 하겠다.[243]

---

243) 조남훈 외, 『새로운 정부출범에 따른 저출산·고령사회정책 신규과제 발굴』, 보건복지가족부·한국보건사회연구원, 2008.

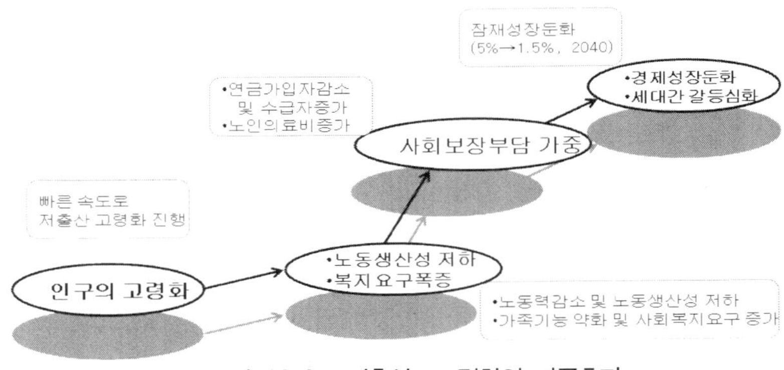

<그림 10-6> 저출산·고령화의 파급효과

가. 노인 진료비 증가

2008년 노인진료비는 10조 4904억 원으로 전체 요양급여비용의 약 30%('07년 28.2%)를 차지하고, 전년도에 비해 15.5%(14,091억 원)가 증가하였다. 또한 65세 이상 노인 1인당 진료비는 228만 원으로서, 국민 1인당 연간진료비 72.8만 원에 비해 3.1배 높은 것으로 나타났다. 이는 만성질환, 장기요양 등 지속적으로 진료비용이 많이 발생하고, 의료이용량이 많은 노인인구의 계속적증가가 주요 원인으로 작용하기 때문이다.

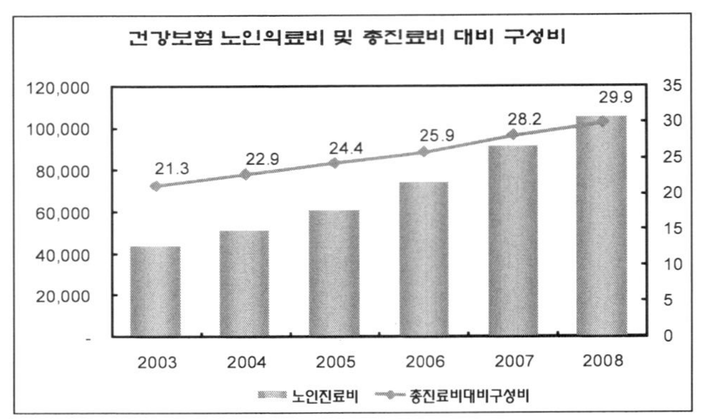

자료: 건강보험심사평가원, '2008년 진료비통계지표.'

<그림 10-7> 건강보험 노인의료비 및 초진료비 대비 구성비

만성질환 부담 증가

우리나라 65세 노인인구의 90% 이상이 만성질환을 앓고 있다. 만성질환 중 심뇌혈관질환 및 당뇨병은 우리나라 사망원인 1위(27.6%)이며, 지난 10년간 ('95~'05) 고혈압, 당뇨병 환자의 건강보험 진료비는 각각 9배, 8배 증가하여, 건강보험 재정 악화의 주요 원인으로 작용하고 있다.

<표 10-2> 국민의료비 대비 만성질환 진료비 증가

구분	1995년	2005년	증가율
고혈압 총진료비	3,593억 원	3조 2,439억 원	803%
당뇨병 총진료비	2,142억 원	1조 7,120억 원	699%
건강보험 총진료비	6조 1,400억 원	24조 8,000억 원	304%
국민의료비	16조 5,000억 원	48조 1,000억 원	192%

자료: 건강보험심사평가원, 2008년 진료비통계지표.

나. 노동력 감소 및 노동생산성 저하

(1) 생산가능인구 감소와 노동력의 고령화로 노동생산성 저하

저출산·고령화로 인한 생산가능인구는 2005년 3,369만 명에서 2050년 2,276만 명으로 감소할 것으로 전망되고 있다. 또한 15세에서 64세 사이의 생산가능인구는 2016년을 정점(3,619만 명)으로 감소하는데, 특히 주축인 30~40대는 이미 2006년을 정점으로 감소를 시작하였다. 따라서 우리나라의 노동력은 2015년에 63만 명, 2020년에 152만 명이 부족할 것으로 전망되고 있는 실정이다(한국노동연구원, 2005).

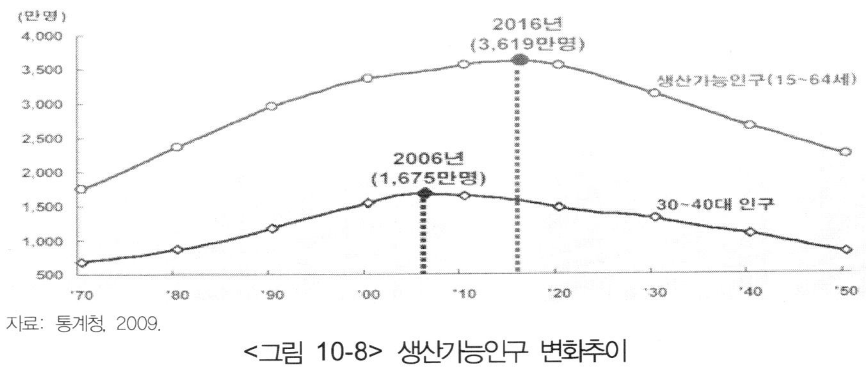

자료: 통계청, 2009.

<그림 10-8> 생산가능인구 변화추이

생산가능인구 평균연령은 38.7세(2008년)→41.8세(2020년)로 향후 10년 이 내 3세 이상 고령화될 것으로 전망되고, 이는 노동력의 고령화로 인한 노동생 산성 증가율이 1.8%(2000년대)에서 1.1%(2040년대)로의 감소로 이어질 전망이 다(경총, 2005).

(2) 소비 및 자본스톡 증가율 감소

그동안 각종 시장에서 수요를 증폭시켰던 베이비붐 세대가 은퇴를 시작하 여 15년 이후 소비가 감소할 것으로 보인다. 이러한 소비의 감소는 저축감소 와 사회보장에 대한 공공지출증가로 이어지고, 이는 결국 금융시장의 자금감 소를 유발하여 자본스톡 증가율을 5.14%(2000년대)→0.80%(2040년대)로 감소 시킬 것으로 예상되고 있다(합계출산율 1.2명 가정, KDI, 2004).

다. 가족기능 약화 및 복지요구로 인한 사회적 부담 가중

핵가족화, 여성의 사회참여증대 및 가치관의 변화 등으로 약화된 가족기능 은 가족복지의 국가·사회 공동부담 전환될 것이고, 이러한 다양한 복지서비 스 요구는 폭증하여 사회적 부담이 가중될 것으로 보인다. 2015년을 정점으로 국민연금 가입자는 감소, 2044년 국민연금 당기 적자 발생 및 2060년 기금 소진을 초래하는 연금수급자의 지속적 증가는 공적연금 지출의 본격화를 예상케 하고 있다(국민연금연구원, 2007년). 또한 노인의료비의 증가와 보험가입자의 감소 등은 GDP 대비 의료비 지출이 2005년 6.16에서 2030년 9.09로 상승 전망(건강보험연구원, 2007)되어, 건강보험 지출확대를 감당하기 어려운 사회보장 재정 부담으로 이어질 전망이다.

라. 젊은 세대의 노인부양부담 증가로 세대 간 갈등 첨예화

노년부양비와 부양부담의 증가

2010년 한국의 노년부양비[244]는 15로 선진국(24)보다 낮으나 점차 높아져 2030년에 38로 선진국(36)보다 더 높아질 것으로 전망된다. 참고로, 2050년 노년부양비는 72로 이는 선진국 평균 45보다 높다. 2005년에는 생산가능인구 7.9명당 노인 1명을 부양했지만, 2020년에는 4.6명이, 2050년에는 1.4명이 노인 1명 부양은 젊은 세대들에게 부담으로 작용할 것으로 보인다. 이러한 생산가능인구의 노인부양부담 증가는 노인세대에 대한 적정성·형평성 논란 등 세대 간 갈등을 조장할 것으로 예상된다.

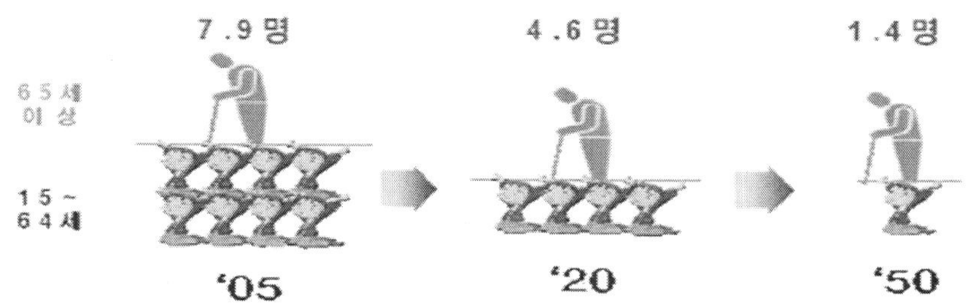

자료: 대한민국정부, 제1차 저출산·고령사회기본계획(2006).

<그림 10-9> 노인 1명에 대한 부양자수 전망

244) 노년부양비는 생산가능인구에 대한 고령인구의 비(=고령인구(65세 이상)÷생산가능인구(15~64세)×100).

바. 경제성장 둔화 및 잠재성장률 하락

노동생산성 저하, 저축감소, 소비·투자위축, 재정악화, 생산가능인구 감소에 따른 노동력 부족, 근로연령 상승, 소비·저축·투자 위축과 정부 재정수지 위기는 총체적으로 잠재성장률 둔화를 야기할 것으로 전망된다. 이 중 인구고령화에 따른 노동공급의 감소는 경제성장 둔화와 잠재성장률 하락의 주요 요인으로 지목되고 있다. 잠재성장률은 2000년대 4.56%에서 2020년대 2.91%로, 2040년대 0.74%로 감소 전망된다(합계출산율 1.2명, 총요소생산성 증가율 1.5% 가정, KDI, 2006년). 최근 OECD가 우리나라의 2011~2017년 중기 성장률을 4.9%로 전망했는데, 우리나라 기획재정부가 금융위기 여파로 우리나라의 잠재성장률이 3%대로 하락 전망된다.[245]

Ⅲ. 저출산·고령사회에 대한 외국사례

1. OECD 국가의 저출산·고령화 대책 추진배경

제2차 세계대전 이후 OECD 국가의 출산율은 전반적으로 저하되었으며, 1960년대에만 해도 출산율이 2.1명 이하인 국가는 독일을 포함한 소수 국가에 불과하였으나 최근에는 대부분의 선진국이 저출산과 고령화 문제가 각국의 주요 정책과제로 부각하게 되었다. 그러나 스웨덴, 영국, 덴마크 등 OECD 국가에서는 저출산 대책을 인구정책차원에서 그 해결책을 모색하기보다는 오랜 기간에 거쳐 구축된 가족정책이나 사회보장정책을 포함한 복지정책차원에서 자녀양육과 관련된 시책들이 적절하게 추진되어 왔다. 출산율 회복에 성공한 주요 국가의 성공요인은 전반적으로 가사-육아를 위한 남녀분담, 일-가정의 양립지원, 자녀양육을 위한 경제적 지원, 육아 인프라의 구축, 동거 및 혼외출

---

245) 2009.7.15 기획재정부 보도자료.

산 등 다양한 가족의 사회제도적 수용, 해외 이민의 사회적 수용 등으로 요약될 수 있다. 특히 스웨덴은 여러 가지 성공요인 중에서 가사·육아를 위한 남녀 분담이, 그리고 프랑스는 자녀양육을 위한 정부의 재정적 지원이, 그리고 미국의 경우는 해외 이민자의 수용과 이들의 높은 출산율로 2명 수준의 출산율을 유지하고 있는 실정이다.

가. 프랑스

프랑스의 출산율은 1970년대에 하락하기 시작하여 1993년에 1.65명까지 낮아졌으며, 1980년에 고령사회에 진입하였다. 프랑스에서 출산율 회복에 성공한 요인으로는 첫째, 출산과 자녀양육을 국가 차원의 문제로 인식하고 자녀출산과 가족형성을 범정부적으로 지원하는 가족친화적 정책을 장기간 지속하였다.[246] 둘째, 취업여성의 일-가정 양립을 지원하기 위한 정책을 보편적으로 적용하였다. 셋째, 건실한 공공보육 지원, 넉넉한 가족수당 및 육아휴직수당 제공, 탄력적 근무제 등 여성의 경제활동 및 출산율 제고를 동시에 고려한 포괄적인 가족정책을 강력히 실시하였다. 이들 수당은 모성의 대가가 아닌 출산으로 인한 임금의 대가로 지급 포괄적인 프랑스의 GDP 대비 가족수당비율(2001년)은 2.8%로 다제공국가들에 비해 상대적으로 높다. 넷째, 셋째아 정책(third policy) 등 대가족 구성을 위한 정책들을 지속적으로 추진하였으며, 취학자녀를 둔 가족 등 특정 계층을 배려하는 정책들을 확대하였다. 프랑스는 2006년 7월부터 셋째 자녀에게 매월 750유로 보조금을 지급키로 결정하였다. 다섯째, 세금감면, 연금 크레디트제도 등 간접적인 혜택의 적용을 확대하였다. 이처럼 프랑스는 지난 20여 년 동안 지속적이고 강력한 자녀출산 및 양육지원시책 덕분에 출산율을 2명 수준으로 회복했다. 프랑스와 같은 선진국도 저출산과 고령화 문제에 직면해 있지만, 이를 충분히 대비한 결과 완전고용과 발달한 사회보장제도와 노인복지제도 덕분에 고령화는 큰 문제가 되지 않고, 저출산 극

---

246) 조남훈 외, 『새로운 정부출범에 따른 저출산·고령사회정책 신규과제 발굴』, 보건복지가족부·한국보건사회연구원, 2008.

복에 더욱 많은 노력을 기울이고 있다.

나. 스웨덴

스웨덴의 출산율이 1.7명 이상 수준에서 유지가 가능한 주된 요인들을 요약하면, ⅰ) 양성평등에 기반한 출산·양육과 노동시장참여 간의 양립 제고, ⅱ) 미혼모 및 동거 등 다양한 가족형태의 제도적 수용, ⅲ) 넉넉한 육아휴가, 잘 정비된 공보육제도, 자녀양육부담 경감 등을 통해 육아를 사회화하여 여성의 직장 참여를 적극적으로 지원, ⅳ) 출산간격을 줄이기 위한 Speed-Premium 정책의 추진, ⅴ) 가족친화적 제도 창출에 최우선 순위를 부여하고 있다. 결과적으로 스웨덴에서는 일-가정 양립을 통해 여성의 높은 경제활동참가율과 출산율의 양립을 실현하고 있다. 스웨덴의 노인인구비율은 1965년 12.7%에서 1985년 17.9%로 급속하게 상승하였으나, 그 후에는 높은 출산율 추이로 오히려 감소하여 2005년에 17.7%로 나타났다. 즉, 스웨덴은 인구고령화 전개과정(1970년대 초 고령사회 진입)에서 여성의 적극적인 노동시장 참여를 지원하는 정책을 통해 높은 출산율 유지와 여성인력 활용도를 동시에 제고하고, 고령자 고용확대정책 등을 추진하여 고령사회에 안정적으로 적응하였다.

다. 독일

독일은 1965년 이후 출산율 회복을 위한 시책을 추진하여 왔으나 지속적으로 출산율이 저하되어 왔으며, 그 원인은 독일의 경우 동거나 혼외출산이 낮고 전통적인 결혼규범과 부모의 직접적인 자녀양육전통이 강하고 가톨릭문화의 영향으로 생업을 책임지는 남편과 가정을 책임지는 부인으로 구성된 성분업적 역할규범이 지속되어 출산율 회복이 거의 실현되지 못하고 있다. 특히 독일은 출산모에 대한 연금혜택부여, 자녀양육비 세액공제, 아동수당 및 자녀양육휴가 수당지급, 출산휴가 및 육아휴직(3년간 무급휴직), 보육서비스 및 세

제지원 등 다양한 지원시책에도 불구하고 오랫동안 저출산 늪을 벗어나지 못하고 있다.

라. 일본

1989년 일본은 합계출산율이 1.56으로 저하되어 저출산 문제를 일본의 사회적 이슈로 부각시키는 데 성공하였다. 이에 일본 정부는 내각에 출산율 회복을 위한 특별기구를 설치하여 저출산 대책이 계속적으로 수립, 추진되고 있으나, 일-가정 양립 지원 미흡, 가정 내 육아에 대한 경제적 지원 및 사회보장 혜택 불충분 등 부분적 정책 실패로 인해 초저출산 현상이 지속되고 있다(2005년 1.25명). 일본의 정책적 대응의 특징들을 제시하면 다음과 같다. 첫째, 노동에 대한 양성 간의 전통적 역할규범이 변하지 않고 있다. 특히 가사와 양육에 대한 남편의 분담이 매우 낮다. 즉, 노동시장의 유연성 부족(첫아이 출산 시 퇴직률 70%)으로 출산여성의 노동시장 재진입이 곤란하고 양성 간 역할분담에 대한 전통적 가치관이 불변하여 미혼여성의 결혼 및 출산기피 현상을 지속되었다. 둘째, 정부목표에 비해 재정 투입이 미약하고 기업에 대한 계몽과 권고에 의존한 정책의 한계로 출산율 제고 효과가 미흡한 실정이다. 소액이나마 현금지원은 서민층(빈곤층)을 대상으로 하고 있어, 이런 지원이 필요 없는 중산층에 대한 출산 장려책은 불충분하다.

엔젤플랜(1995~1999)에서는 일-가정 양립을 중심으로, 신엔젤플랜(2000~2004)에서는 보육을 중심으로, 그리고 향후 10년 동안의 소자화대책에서는 가족친화적 고용환경개선을 중심하고 정책적인 대응 노력을 하고 있다. 또한 일본 정부는 1990년대 "골든 플랜"을 추진하여, 공적 부문에 의한 재가복지와 시설복지를 강화하면서 기업들은 '실버 마크인증제도' 등을 통해 서비스의 고급화 · 고품질화를 시도하고 있다.[247]

일본은 고령화 대책으로 1989년 12월에 골드플랜(고령자 보건복지추진 10

---

247) 저출산 · 고령사회위원회, 『2006년 일본 고령사회백서』.

개년 전략)을 수립하여 장수사회 만들기 모델사업, 장수과학연구소 및 연구재단설립, 고령자를 위한 종합적 복지시설의 정비 등 다양한 시책이 포함되어 있다. 최근 "향후 5년간의 고령자 보건복지시책의 방향사업"인 골드플랜 21에서는 개호서비스 기반의 정비, 치매성 고령자 지원 대책을 위한 의학적 연구 및 개호서비스의 내실화, 종합적 질병관리시책 및 개호예방사업 등 건강 고령자 만들기 대책의 구체화, 주거환경 및 자원봉사활동 등 고령화에 바탕을 둔 지역생활 지원체계의 정비, 개호서비스의 육성을 위한 정보제공과 고용기회의 창출, 복지용품의 연구개발 보급촉진 등이 핵심내용으로 포함되어 있다. 이와 같이 일본의 고령사회대책은 주로 고령자를 위한 중장기 노인복지대책이 핵심을 이루고 있으며 저출산 대책과 고령화 대책이 각각 분리적 상태에서 기획, 추진되고 있는 것이 우리나라와 상이한 점이다.

마. 싱가포르

싱가포르의 경우 1980년대 후반 선택적 출산정책(고학력여성 대상)을 도입한 결과, 전체 출산율 제고에 한계가 있었다. 싱가포르는 2004년에 이르러서야 결혼, 출산, 양육, 보육, 일-가정 양립의 다섯 가지 영역을 고려한 종합적인 정책을 수립하였으며, 이에 따라 출산율에 대한 정책의 가시적인 효과는 상당 기간이 필요할 것이다. 결혼에 대한 정책에는 주택 지원이 포함되어 있으며, 일-가정 양립 지원에는 육아휴직이, 가족친화적 고용환경 조성 정책에는 친가족적 기업육성기금 운영 등이 포함되어 있다.

2. 시사점

서구 국가의 저출산·고령화 대책에 관한 사례를 종합하여 보면, 이들 국가의 저출산·고령화 대책은 30년 이상의 오랜 기간에 체계적으로 조성된 가족정책과 복지정책의 범주 내에서 저출산 및 고령화에 대응할 수 있는 시책이 비교적 슬기롭게 적응되어 왔고 이들이 경험한 저출산·고령화 대책은 매우 유용하여 우리의 기본계획 수립에도 크게 반영되었다. 그러나 서구의 성공사 례가 바로 사회문화적 여건이 상이한 한국을 포함한 동아시아 국가에서는 문화적으로 정서적으로 쉽게 적용될 수 없다고 본다. 즉, 프랑스와 스웨덴의 경우와 같이 동거 및 혼외출산이 상당수에 이르고 있는 사회에서는 양성평등과 출산친화적 사회환경이 조성될 경우 일정 수준의 출산율 회복은 가능하다고 보지만 동거나 혼외출산이 용납되지 않는 동아사아 국가에서의 출산율 제고 는 한계가 있을 것이다. 현재 우리나라에서 추진하고 저출산·고령화 대책의 주요 골격은 선진국의 성공사례를 면밀히 분석하여 체계적이고 합리적으로 수립된 것으로 판단된다. 따라서 저출산·고령화 대책의 성급한 성과를 기대 하기보다는 기존의 저출산·고령화 대책에 관한 사회분위기 조성과 국민인식 개선을 위한 노력을 배가하고 우리나라의 사회문화적 특성에 적합한 시책이 지속적으로 연구, 개발되어야 한다.

IV. 저출산·고령사회기본계획의 추진체계와 내용

1. 기본계획 추진체계

2005년도에 제정된 '저출산, 고령사회기본법'은 우리나라 저출산 및 인구의 고령화에 따른 저출산·고령사회정책의 기본방향과 그 수립 및 추진체계에 관한 사항을 규정하여 국가의 경쟁력을 높이고 국민의 삶의 질 향상과 국가의 지속적인 발전에 기여함을 목적으로 하고 있다. 동 기본법에 의하면 보건복지 가족부장관은 관계 중앙행정기관의 장과 협의하여 5년 간격으로 기본계획안 을 작성하고 국무회의의 심의를 거쳐 대통령의 승인을 얻어 확정, 시행하도록 명문화되어 있다. 현재 기본계획의 추진에는 중앙단위의 보건복지가족부, 노 동부, 교육과학기술부를 포함한 15개 부처와 지방자치단체가 참여하고 있다.

중앙단위의 기본계획에는 저출산·고령사회정책의 기본목표와 추진방향, 기관별 추진과제와 그 추진방법, 필요한 재원규모와 조달방안 등이 포함되며, 중앙 행정기관의 장은 기본계획에 따라 소관별로 연도별 시행계획을 수립·시행하고, 자방자치단체의 장은 기본계획 및 중앙행정기관의 시행계획에 따라 당해 지방자치단체의 시행계획을 수립·시행하여야 한다. 이와 같이 기본법에 명기된 저출산·고령사회정책의 수립 및 추진체계에 따라 '제1차 저출산·고령사회기본계획('06~'10)'이 2006년 8월에 시행되었으며, 제1차 기본계획은 이명박 정부의 출범에 맞추어 주요 국정과제를 비롯한 과년도 실적평가 결과를 토대로 주요 핵심과제를 보완하여 2008년 12월에 보완판을 마련하여 시행 중에 있다.

2. 기본계획의 주요 내용

범정부차원에서 추진 중인 저출산·고령사회기본계획은 2020년까지 저출산·고령사회에 대응한 전반적인 사회경제적 개혁에 중점을 두고 있으며, 제1차 기본계획(2006~2010)의 비전은 저출산·고령화에 능동적으로 대응할 수 있는 기반을 구축하여 지속적 발전을 확보하고, 정책목표로는 출산율 하락을 반전시키고 고령사회 대응기반을 구축하는 데 있다. 이와 같은 정책목표를 실현하기 위하여 세 가지 영역별로 세부과제를 개발되었다. 첫째로 저출산 대책과 관련된 것으로 출산과 양육에 어려움이 없는 사회환경을 조성하여 가족행복의 증진과 출산율 회복을 위한 기반을 구축하며, 둘째로 고령화 대책과 관련해서는 건강하고 활기찬 노후생활 기반구축을 통해 노인의 삶의 질을 개선하고, 셋째로 저출산과 고령사회 두 영역과 관련된 것으로 향후 저출산·고령화의 파급효과에 대응하기 위한 여성 및 고령인력의 활용 등 미래 성장동력의 확보를 위한 것이다.

<표 10-3> 2009년도 저출산·고령화 중앙부처 투자계획 및 과제 수

(단위: 억 원)

구분	예산	과제 수	비고
저출산	47,619	90	
고령화	46,768	62	
성장동력	15,080	64	
계	109,467	216	

자료: 대한민국정부, 제1차 저출산고령사회기본계획 2009년도 중앙부처 시행계획, '08년 대비 '09년 투자계획 및 과제 수 자료 재구성.

2009년도 기본계획에 포함된 총 과제 수는 216개로 이 중 저출산 분야가 90개, 고령사회 분야가 62개, 그리고 성장동력 분야가 64개로 구성되어 있으며, 10조 9천억 원이 투입되고 있으며, 이는 2008년도 8조 4천억 원에 비하여 약 2조 5천억 원(29.7%)이 증가된 것이다. 분야별 세부사업 내용을 요약하면 다음과 같다.

가. 출산과 양육에 유리한 환경조성

(1) 출산과 양육에 대한 사회책임 강화

- 0~4세 영유아 보육·교육비를 중산층까지 확대: 2010년까지 도시근로자 가구 평균소득 130%까지 지원
- 방과 후 학교 프로그램 확대 등 사교육비 부담 경감지원
- 자녀양육 가정에 대한 조세감면 및 사회보험 확대: 국민연금 출산 크레디트제도[둘째 자녀 1년, 셋째 자녀부터 18개월(최장 50개월)]
- 결혼 시 및 다자녀가정의 주거안정 지원: 3자녀 이상 무주택 가구에 대한 주택특별공급 및 신혼부부에 대한 주택자금 특별대출
- 18세 미만의 입양아동에 대한 양육수당(월 10만 원) 및 입양 수수료(200만 원) 지원

(2) 다양하고 질 높은 육아 인프라 구축

- 어린이집, 유치원 등 육아지원시설 확충 및 다양화: 국공립 보육시설을 이용아동 대비 30% 수준으로 확충
- 민간보육시설을 이용하는 0~2세 영아보육 부모에 대한 보조금 지급

(3) 임신 및 출산에 대한 지원 확대

- 불임부부에 대한 시험관아기 시술비용지원
- 저소득 출산가정에 대한 산후조리 및 신생아 육아지원
- 모성 및 영유아 건강관리 체계화 및 무상예방접종 병의원의 확대

(4) 일과 가정의 양립환경 조성

- 산전후휴가 급여 등 지원확대: 90일분의 급여를 고용보험기금에서 지급
- 배우자 출산 시 남성근로자에게 3일간의 출산간호휴가제 도입
- 가족친화적 직장문화 개선을 위한 기업 인증제 및 교육프로그램 개발
- 양성평등·가족친화 문화조성을 위한 학교 및 사회교육 활성화 등

나. 고령사회 삶의 질 향상 기반 구축

(1) 안정적인 노후소득보장체계 구축

- 기초노령연금제도 도입: 2008년 1월 1일부터 70세 이상 노인 1인당 월 약 84,000원을, 그리고 동년 7월 1일부터 65세 이상 노인에게 월 87,000원 지급(2009년에는 노인 중 약 70%가 수혜대상)
- 특수직역연금제도 개선 및 국민연금과의 가입기간 연계추진
- 퇴직연금제도 조기 정착 및 4인 이하 사업장의 퇴직급여 도입추진
- 개인연금 활성화를 위한 세제지원 및 장기자본시장 육성 등

(2) 노후 건강관리 및 요양보호 기반 확충

- 노인장기요양보험제도 도입('08.7) 및 노인요양 인프라 확충
- 생애주기별 평생건강관리체계 구축: 찾아가는 보건소 및 맞춤형 보건의료서비스와 생활체육의 활성화
- 치매노인에 대한 종합적 관리 및 지원체계 구축: 치매요양병원 확충('05년 6,027개→'10년 8,577개), 급성기병상의 요양병원 전환지원 등

(3) 노인 사회참여 기반 조성

- 노인 적합형 일자리를 지속적으로 확대('06년 18만 명→'10년 38만 명)
- 노인 여가·문화활동 참여기회의 확대
- 노인권익 증진 및 효문화 고양을 위한 사회분위기 조성 등

(4) 활기찬 노후생활 기반 조성

- 고령자가구 주거기준 설정 및 주택개조비용 지원
- 고령친화적 교통환경 조성: 모든 지하철역에 엘리베이터, 에스컬레이터 설치 및 저상버스 보급 확대
- 지역특성을 고려한 노인복지모형개발 추진
- 도시지역 은퇴노인을 위한 의료, 주거, 여가, 복지 등이 통합된 복합노인단지 조성 등

다. 저출산·고령사회 미래 성장동력 확보

(1) 여성 및 고령인력의 경제활동 참여 및 취업지원

- 여성 취업확대를 위한 임용목표제를 통해 사회 각 분야에 여성 진출 확대
- 연령차별금지법의 법제화 및 정년제도 개선: 임금피크제의 확산, 파트타임 및 일자리 나누기와 점문계약직 재고용 등 실질적 정년연장 여건조성
- 고령자 고용촉진장려금 지원 확대 및 산업기술인력 전직지원

(2) 외국적 동포 및 외국인력의 활용과 사회통합기반 조성

- 해외 우수인력 유치활동 강화 및 외국인 고용허가제 조기정착
- 외국인 근로자 인권보호를 위한 인프라 구축 및 다문화 사회적응을 위한 사회통합 프로그램의 활성화

(3) 인적자원의 경쟁력 제고

- 학교교육-직업훈련-노동시장이 연계된 체험학습 프로그램의 강화
- 산업재해 예방을 통한 노동력 손실 방지: Clean사업장 조성과 안전취약 재해다발업종에 대한 안전관리 강화 등

(4) 고령친화산업 육성 및 고령사회 금융기반 조성

- 고령친화제품 기술개발 촉진 및 표준화 확대
- 산업육성 및 연구개발 확대를 위한 고령친화육성법의 제정, 시행
- 고령자의 주거안정과 노후소득보장을 위한 주택에 대한 역모기지제도 활성화 등

(5) 저출산고령화 대응 사회분위기 조성 및 정책효과 제고

- 결혼, 자녀에 대한 가치관의 변화와 저출산·고령사회에 대응한 국민인식의 개선을 위한 생애주기별 홍보교육의 지속적 추진
- 시민사회단체, 종교단체 등 각계각층의 협력을 유도하여 정책 파트너십을 구축
- 지자체별 전담조직 및 인력을 확보하고 전문적 사업관리를 위한 역량 강화
- 성과관리평가를 통한 저출산·고령사회기본계획 및 세부시행계획의 지속적 보완으로 정책효과성 제고

V. 맺음말

　현재 전 세계는 저출산·고령화 문제를 겪고 있다. 특히 우리나라는 유례없는 빠른 고령화로 더욱 충실하게 대비하여야 한다. 이러한 저출산·고령화의 원인과 영향은 앞서 살펴본 바와 같이, 고령화의 본질적 원인은 저출산이고, 이에 정부도 저출산에 대해 많은 역량을 기울이고 있다. 선진국의 저출산 대책의 경험을 통해서 볼 때 이는 단기간에 해결되는 것이 아니고 설사 저출산 문제가 완화된다고 할지라도 우리나라의 인구 고령화는 지속될 전망이기 때문에 고령사회에 대비한 삶의 질 향상을 위한 기반이 조속 구축되어야 한다.

　저출산·고령화 문제는 국가의 지속적 성장과 존립에 관한 문제로서, 국가의 지속적 경제성장을 유도할 수 있도록 하는 데 역량이 집중되어야 한다. 이는 저출산 극복을 통한 출산율 회복과 고령인력 활용을 통한 성장동력 확보라는 두 가지 축을 중심으로 문제 해결 역량을 집중해 나아가야 하는 것을 의미하고 있다.

　고령인력 활용을 위해서는 관련 제도 마련은 물론이거니와, 실질적으로 노인인력이 경제활동을 할 수 있도록 신체적·물리적 건강을 지원하여야 한다. 이를 위해 노인성 만성질환을 관리할 수 있는 건강장수의학에 대해 연구개발 등으로 노인을 건강하게 하여 성장동력으로 활용될 수 있다면, 고령화에 따른 개인적·사회적·국가적 문제와 부담을 해결할 수 있을 것이라 판단된다.

　현행 저소득층 위주의 보편화되지 못한 저출산·고령화 정책을 전 국민을 대상으로 하는 보편화된 서비스로 전환하여야 한다. 이와 같은 서비스의 대상 확대와 고령인구자질 향상을 통하여 성장동력으로 대체 활용할 수 있도록 대책을 강구하고 이를 실현하기 위한 모든 노력을 경주하여야 할 것이다. 끝으로 저출산·고령화 문제 해결을 위해서 조속히 시정되어야 할 과제는 저출산 고령 친화적 사회환경을 조성하고 이와 관련된 가치관과 규범을 새롭게 설정하고 이를 범 국민운동으로 확산하는 노력을 경주하는 것이며, 이는 곧 국가의 지속적 성장과 삶의 질을 담보하는 첩경임을 인식해야 할 것이다.

참고문헌

감신, 『건강보험 급여제한 제도 개선방안 연구』, (사)시민건강증진연구소, 2006.

건강보험심사평가원, 『역사와 해설 국민건강보험법』, 건강보험심사평가원, 2011.

건강보험심사평가원 조사연구실, "도전받는 심사평가원의 정체성과 발전방향", 『조사연구자료집』(IV), 2004.4.

건강보험심사평가원, "응급진료비 대불제도", 『의료보험』 제130호, 1999.3.

건강보험심사평가원, "2008년 진료비통계지표", 2009.

고수경 외, 『인구고령화시대를 대비한 한방병원산업의 사회적역할 증대방안에 관한 연구』, 건강보험심사평가원, 2005.

고수경·송기민·박다진, 『국내외 사회보장 권리구제 제도연구』, 건강보험심사평가원, 2005.8.

곽윤직, 『채권총론(민법강의 III)』, 박영사, 1992.

국민권익위원회, "요양급여 심사 및 진료수가의 합리성·효율성 제고를 위한 제도개선", 『요양급여 심사 및 진료수가 제도개선 공청회 자료집』, 2008.3.

김광수, "공공장소의 흡연규제를 위한 제도화 방안", 『서강법학』 제11권 제2호: 1-21, 2009.

김광태, "중대한 과실을 이유로 한 건강보험 급여의 제한", 『대법원판례해설』 통권 제45호, 2004.

김경신, "가족가치관의 세대별 비교연구: 노년, 중년, 초중등학생 세대를 중심으로", 『대한가정학회지』 36(10), 1998.

김대순, "보건과 국제법의 인터페이스", 한국의료법학회, 한국의료법학회지, 15(1): 29-48, 2007.

김대순, 『국제법론』, 삼영사, 2006.

김대순, "WHO '담배통제에 관한 골격협약(Framework Convention on Tobacco Control)'의 개관 - 국내 이행법률 제정에 대비하여-", 『법학연구』, 14(3): 1-18, 연세대학교 법학연구원, 2004.

김대정, 『채권총론』, fides, 2007.8.

김동희, 『행정법 I』, 박영사, 1999.

김운묵, "건강보험 권리구제 제도의 개선방향에 관한 연구", 『의료법학』 제7

권 제2호, 대한의료법학회, 2006.12.

김영춘·유시민·장복심, 『국민의료비 심사일원화를 위한 입법공청회 자료집』, 국회, 2005.3.

김정열·이득주, 『자동차손해배상제도 해설』, 청화출판사, 2001.

김준호, 『채권총칙』, 법문사, 2007.2.

김진수·박수경, "사회보험의 중복급여체계 개선방안에 관한 연구", 『사회보장연구』 제19권 제2호 통권 28호(2003. 12): 35-62.

김진현, 『자동차보험 진료수가체계의 문제점과 개선방안』, 대한손해보험협회, 2001.9.

김진현 외, 『자동차보험 진료수가기준 개선방안 연구』, 인제대학교·한림대학교·한국소비자보호원, 2003.11.

김진현·송기민·유왕근·이태진, "업무(공무)상 질병·부상 및 경과실 자피 교통사고 요양급여비용 부담주체에 관한 연구", 서울대학교, 2009.

김진현 등, 『자동차손해배상보장법상 가불금지급제도 개선방안』, 교통안전공단, 2006.12.

김유선·홍주환, 『2007 보건의료산업의 인력·임금 현황 및 실태조사 보고서』, 서울: 전국보건의료산업노동조합, 2007.

김민서, "조약의 유형에 따른 국내법적 지위의 구분", 『국제법학회논총』, 제46권 제1호(통권 제89호): 27-45, 2001.

김철수, 『헌법학신론(第18全訂新版)』, 박영사, 2008.3.

김태헌, "저출산·고령사회에서의 학교인구교육의 방향", 『인구교육』 제1권 제1호, 한국인구교육연구회, 2008.

김태홍, "응급의료체계의 문제점과 개선방향", 국회의원실 정책자료집, 2001.9.

김향규, 『행정과 법』, 대영문화사, 2006.1.

국민건강보험공단, 『국민건강보험법 해설』, 서울: 국민건강보험공단, 2011.

국민건강보험공단, 『2010 상해요인 사후관리 전문과정-자동차사고와 건강보험』, 서울: 국민건강보험공단, 2010.

대한민국정부, "제1차 저출산·고령사회기본계획(2006~2010)", 대한민국정부, 2006.8.

대한민국정부, "제1차 저출산·고령사회기본계획 2009년도 중앙부처 시행계획".

대한의사협회, 자동차보험협의회장, 의견서, 2011. 5.

대한의사협회,『의료법원론』, 법문사, 2008.

대한의사협회 의료정책연구소 편,『자동차보험제도의 문제점 및 개선방안: 의료부문을 중심으로』, 2006.

문영화, "자동차손해배상보장법 제9조에 의하여 피해자에게 직접 손해배상책임을 지는 책임보험자가 국민건강보험법 제53조 제1항에 규정된 제3자에 포함되는지 여부",『대법원판례해설』통권 제52호(2005): 9-21.

박다진·고수경·송기민, "건강보험·자동차보험·산재보험 제도의 국내외 비교: 의료비 심사일원화 논의에서의 함의",『서울대학교 보건학논집』제43권 제2호 통권 제61호(2006): 113-121.

박세민,『자동차보험법의 이론과 실무』, 세창출판사, 2007.

박찬운, "국제인권조약의 국내적 효력과 그 적용을 둘러싼 몇 가지 고찰",『법조』, 55(6): 141-179, 법조협회, 2007.

배성민, "車보험료 치료비 비중, 한국이 獨 8배 이유는",『머니투데이』, 2011.04.27.

배현아, "응급의료법체계에서의 의사의 책임", 연세대학교 박사학위논문, 2006.

범경철, "응급의료에 있어서 의사의 미수금 대불청구권",『의료법학』 제4권 제1호, 2003.6.

법제처,『법제업무편람』, 법제처, 2011.

보건복지가족부·건강보험심사평가원, "응급의료비용 미수금 대불제도",『교육자료』, 2006.2.

보건복지가족부, "2005년도 보건복지백서", 보건복지가족부, 2006.7.

보건복지가족부, "제269회 국회국정감사자료(정기회) 주요업무 추진현황", 2007.10.17.

보험개발원,『자동차사고 상해에 관한 분석』, 보험개발원, 2004.12.

보험개발원,『자동차보험 의료비 지급 적정화방안(CEO Report 2006-07)』, 유성사, 2006.

서진배·차수봉,『행정쟁송법강의』, 한국학술정보(주), 2008.3.

손경애, "응급의료비 대불제도의 효율적 운영에 관한 연구", 석사학위논문, 서강대학교 공공정책대학원, 2004.

송기민,『가족의 치료중단요구와 의사의 생명보호의무』, 한국학술정보(주), 2011.2.

송기민, "의약분업 10년 현재와 미래에 대한 국민평가", 『대한병원협회지』 통권 330호(2011.3 · 4월호), 대한병원협회, 2011.3.

송기민 · 고수경 · 박다진, "현행 사회보험 권리구제제도의 문제점과 개선방안", 『사회보장연구』 제22권 제2호(통권 37권), 2006.6.

송기민 · 최호영 · 김진현, "건강보험과 자동차보험의 선택적 우선적용에 대한 고찰", 『의료법학』 제10권 제2호, 2009.

신수식 외, 『산재보험급여체계의 합리적 개선방안에 관한 연구』, 노동부, 2005.

안민경, "응급의료비 미수금대불제도의 활성화방안", 석사학위논문, 연세대학교 보건대학원, 2006.

유호종 · 손명세, 『의료법윤리학 서설』, 동림사, 2002.3.

윤상일(2007), "담배 규제 기본 협약(WHO framework convention on tobacco control)에 따른 국내법 정비방안에 관하여", 『인권과 정의』 통권 370호: 32-56, 대한변호사협회.

윤혜순(2010), "리스크의 관점에서 본 담배규제의 법적 쟁점", 『행정법연구』 제27호: 105-126, 행정법이론실무학회.

은기수, "결혼출산관련 가치관의 변화와 대응", 한국보건사회연구원, 2006.12.

이경재, "자동차사고 시 의료보험 급여제한에 대한 소고", 『손해보험』 통권 제257호, 1990.

이삼식 외, "제1차 저출산 · 고령사회기본계획 수립연구", 한국보건사회연구원, 2005.

이삼식 외, "저출산 및 인구고령화 대응 연구-미래세대의 결혼 · 출산 친화적 가치관 정립을 위한 종합연구-", 한국보건사회연구원, 2006.

이상규, 『행정쟁송법(제5판)』, 법문사, 2000.

이상훈(2003), "헌법 제60조 제1항에 대한 고찰: 국회동의의 법적 성격 및 입법사항에 관한 조약을 중심으로", 『국제법 동향과 실무』 제2권 제3호 통권 제5호: 93-107, 외교통상부 조약국.

이정원, "의학적 권고에 반한 퇴원으로 사망한 환자에 대한 형사책임", 『비교형사법연구』 제6권 제2호(통권 제11호), 한국비교형사법학회, 2004. 12.

장복심 · 유시민 · 김영춘, 『산업재해보상보험, 자동차보험, 건강보험 진료비 심사평가체계 일원화 정책제안』, 장복심의원실, 2004.

전광석, 『한국사회보장법론』(제4판), 법문사, 2002.

정경수, "국제법의 국내적용에 관한 한국의 법체계와 경험", 『국제법평론』 2008-Ⅱ(통권 제28호): 95-125, 2008.

정인섭, "조약체결에 대한 국회의 동의제도 - 재정적 부담을 지우는 조약을 중심으로-", 『서울대학교 법학』 제43권 제3호: 79-100, 2002.

정홍기, 『국민건강보험법』, 서울: 한국법제연구원, 2005.

조남훈, "인구정책의 개념과 발전 개황, 저출산·고령사회기본계획의 이해", 한국보건사회연구원, 2006.12.

조남훈 외, "새로운 정부출범에 따른 저출산·고령사회정책 신규과제 발굴", 보건복지가족부·한국보건사회연구원, 2008.

조정환, 『행정법(上)』, 진원사, 2006.9.

지원림, 『민법강의(제6판)』, 홍문사, 2008.1.

차우규, "저출산·고령사회에서의 가치관 교육의 새로운 방향", 『인구교육』 제1권 제1호, 2008.

최성재·장인협(2010), 『고령화사회의 노인복지학』, 서울대학교출판문화원.

통계청, "세계 및 한국의 인구현황"('09.7.10/http://www.nso.go.kr).

통계청, 『인구동태통계연보』, 각 연도.

한견우, 『행정법(Ⅰ) 제2판』, 홍문사, 1995.

한승훈, "우리나라 사회보험행정상 심급적 행정심판을 위한 법제적 고찰", 『사회보장연구』, 제20권 제3호.

한국교통연구원, 『2005년 교통사고비용 추정』, 2007.5.

한국보건사회연구원, "2005년도 결혼 및 출산동향조사", 2005.

한국행정학회, 『산재보험과 자동차보험과의 조정방안연구』, 근로복지공단, 2003.2.

황성기·이희정·정호경·이헌욱(2009), "담배규제에 관한 국내법제도 개선 방향", 『보건복지포럼』 통권 제152호: 38-58, 한국보건사회연구원. Bitton, Asaf., Green, Carol., and Colbert, James.(2011). Improving the Delivery of Global Tobacco Control. Mount Sinai Journal of Medicine: A Journal of Translational and Personalized Medicine. 78(3): 382-393.

헌법재판소, 『헌법재판소실무제요』, 서울: 헌법재판소, 1998.

홍정선, 『신행정법입문』, 박영사, 2008.1.

홍정룡, "자동차보험과 건강보험의 심사평가체계 일원화에 대하여", 『대한병원협회지』 제34권 제2호 통권 294호(2005): 57-66.

Centers for Disease Control and Prevention.(2008). Smoking-attributable mortality, years of potential life lost, and productivity losses-United States, 2000-2004. MMWR Morb Mortal Wkly Rep. 2008 Nov. 14; 57(45): 1226-1228.

Kinsella, K. and D. R. Phillips, "Global Aging: The Challenge of Success" The Population Bulletin 60(1), 2005.

Pope, Thaddeus Mason. The Slow Transition of U.S. Law Toward a Greater Emphasis on Prevention. In Halley S. Faust & Paul T. Menzel eds., PREVENTION VS. TREATMENT: PHILOSOPHICAL, EMPIRICAL AND CULTURAL REFLECTIONS, Chapter 10. Oxford University Press, 2011(Widener Law School Legal Studies Research Paper No. 11-01).

Paul Hewitt, "고령화의 도전과제: 글로벌 맥락에서 바라본 한국과 미국", 강원발전연구원, 주한미국대사관, 2009.2.11, http://www.kdri.re.kr/main/index.php.

U.S. Department of Health and Human Services.(2010). Ending the Tobacco Epidemic: A Tobacco Control Strategic Action Plan for the U.S. Department of Health and Human Services. Washington, D.C.: Office of the Assistant Secretary for Health, November.

Villanti, Andrea C., Vargyas, Ellen J., RNiaura, aymond S., SBeck, tacy E., Pearson, Jennifer L., and Abrams, Daivid B.(2011). Food and Drug Administration Regulation of Tobacco: Integrating Science, Law, Policy, and Advocacy. American Journal of Public Health, 101(7): 1160-1162l.

송기민 ───

한양대학교 보건학박사
서강대학교 법학석사

현) 한양대학교 고령사회연구원 연구교수
　　한국의료분쟁조정중재원 감정위원
　　보건복지부 건강보험분쟁조정위원회 심의위원
　　국토해양부 자동차보험 진료수가분쟁심의회 심의위원
　　한국고령친화건강증진학회 이사
　　한국건강증진재단 평가위원
　　법무법인 인화·정세 연구위원
　　고려대학교 법무대학원 강의 / 한양대학교 보건학과 강의

저서
『가족의 치료중단요구와 의사의 생명보호의무』

연구보고서
"노령지식인 사회참여사업 교육과정개발 연구"
"담배 안전관리 및 흡연예방을 위한 정책방향 연구"
"업무(공무)상 질병·부상 및 경과실 자기피해 교통사고 관련 연구"
"종합전문요양기관 당연지정제 운영결과 평가 및 개선방향 연구"
"u-Healthcare 활성화 중장기 종합계획 수립 - 미국 법제도분야"
"수요자중심의 한방공공보건사업의 내실화 방안에 관한 연구"
"의료기관 종별구분 개선에 따른 의료기관 종별 인정·평가기준 개발"
"자동차손해배상보장법상 가불금지급제도 개선방안"
"국내외 사회보장 권리구제제도 연구" 외 다수

연구논문
「현행 사회보험 권리구제제도의 문제점 및 개선방안」
「건강보험·자동차보험·산재보험 제도의 국내외 비교 연구」
「보건소 한방공공보건사업에 대한 사업담당자의 인식」
「의료기관 종별기준에 대한 현행 법령상의 문제점과 개선방안」
「현행 응급의료비미수금대불제도에 대한 법리적 고찰」
「건강보험과 자동차보험의 선택적 우선적용에 대한 고찰」
「결혼·출산 친화적 가치관 정립에 관한 연구」
「의료관광 활성화를 위한 제도적 개선방안에 관한 연구」
「고령화시대 노인 연령규범에 대한 현행 법제적 고찰」
「의약분업 10년 현재와 미래에 대한 국민평가」
「국민건강증진을 위한 담배사업 규제정책의 동향과 타당성 검토」
「자동차사고시 자동차보험과의 중복급여로 인한 건강보험 급여제한의 타당성 고찰」 외 다수

최신 보건의료법정책
세미나 I

초판인쇄 | 2012년 6월 11일
초판발행 | 2012년 6월 11일

지 은 이 | 송기민
펴 낸 이 | 채종준
펴 낸 곳 | 한국학술정보㈜
주　　소 | 경기도 파주시 문발동 파주출판문화정보산업단지 513-5
전　　화 | 031) 908-3181(대표)
팩　　스 | 031) 908-3189
홈페이지 | http://ebook.kstudy.com
E-mail | 출판사업부　publish@kstudy.com
등　　록 | 제일산-115호(2000. 6. 19)

ISBN　　978-89-268-3341-4 93360 (Paper Book)
　　　　978-89-268-3342-1 98360 (e-Book)

이 책은 한국학술정보(주)와 저작자의 지적 재산으로서 무단 전재와 복제를 금합니다.
책에 대한 더 나은 생각, 끊임없는 고민, 독자를 생각하는 마음으로 보다 좋은 책을 만들어갑니다.